浙江省哲学社会科学规划课题"新时代背景下在华非洲商人文化适应模型构建"

（课题编号：20NDJC066YB）成果

本书得到浙江师范大学出版基金（Publishing Foundation of Zhejiang Normal University）资助

外国语言学及应用语言学研究丛书

The Acculturation of African Businessmen
in China in the New Era

新时代背景下
在华非洲商人文化适应研究

胡伟杰　印晓红　著

ZHEJIANG UNIVERSITY PRESS
浙江大学出版社
· 杭州 ·

图书在版编目（CIP）数据

新时代背景下在华非洲商人文化适应研究 / 胡伟杰，
印晓红著. — 杭州：浙江大学出版社，2023.1(2024.1 重印)
ISBN 978-7-308-23132-9

Ⅰ. ①新… Ⅱ. ①胡… ②印… Ⅲ. ①非洲－商人－
商业文化－适应性－研究－中国 Ⅳ. ①F752.74

中国版本图书馆 CIP 数据核字(2022)第 185499 号

新时代背景下在华非洲商人文化适应研究

胡伟杰　印晓红　著

责任编辑	黄静芬	
责任校对	田　慧	
封面设计	项梦怡	
出版发行	浙江大学出版社	
	（杭州市天目山路 148 号　邮政编码 310007）	
	（网址：http://www.zjupress.com）	
排　　版	杭州朝曦图文设计有限公司	
印　　刷	浙江新华数码印务有限公司	
开　　本	710mm×1000mm　1/16	
印　　张	15	
字　　数	261 千	
版 印 次	2023 年 1 月第 1 版　2024 年 1 月第 2 次印刷	
书　　号	ISBN 978-7-308-23132-9	
定　　价	58.00 元	

序

中非友好交流源远流长,早在 2000 多年前,海上丝绸之路就已通往埃及。新中国成立后,中非关系进入全面发展新时期,尤其是近年来,在"一带一路"倡议、中非命运共同体以及中非合作论坛成果背景下,中非经贸合作持续蓬勃发展,来华非洲商人的数量、规模和层次也逐步提升,为我国经济发展和城市文化建设增添了独特的力量和元素。

这些来自非洲不同国家的商人,本身就具有文化、语言、宗教等方面的多样性背景。他们通过何种方式抵达中国,来华的动机与目的是什么,如何在中国生存发展并与当地中国人交往? 在他们适应中国陌生环境并随之发生变化的过程中,他们获得了怎样的新的生存能力,其文化与生活方式出现了什么样的变化? 这一批批来华的非洲商人在中国城乡的经商贸易活动,以及随之发生的虽然数量不多但也广受瞩目的中非民间通婚现象,又对当地的中国社会产生了什么样的影响? 中国民众是如何看待这些陌生的远道而来的非洲商人及其生活方式的? 日益扩大的中非民间往来又会在多大的层面上影响中非双方的民间认知与交往,从而在更大的层面上影响到中非战略合作关系? 这些都是新时期中非关系面临的实实在在的问题,也是新时期中非人文交流中具有挑战性的问题,值得学术界、理论界、政府部门重视(刘鸿武、林晨,2020)。

事实上,来华非洲商人的社会适应与管理问题,本身还是一个双向的、互动的涉及国家治理与对外关系走势的复杂问题,因为国际经商贸易总是一个双向的国家间交往现象。近年来,随着来华非洲商人的日益增多,在非洲的中国商人数量增加得越来越快,分布也越来越广泛。从数量上看,在非洲的中国商人远远超出在中国的非洲商人。正因如此,如果我们在国内不能很好地管理在华非洲商人,发挥好他们的正面作用,管理上、舆情上、民间情感上的矛盾和纠纷一旦出现,往往会波及在非的中国商人群体的生存与经商环境,形成双向共振放大的负面效应,甚至严重冲击中非友好合作关系,也给西方一些有偏见的政客及媒体以口实,让他们有机会抹黑中非关系(刘鸿武,2012)。因而,无论是从提升国内治理能力、营造良好的中国外交内部环境，还是从中国侨民利益维护的角度来看，加强来华非洲商人管理问题的理论与政策研究，并在此基础上因地制宜地不断改进和完善国家的移民政策、外商管理政策，都具有特殊的理论研究价值与现实参考意义。

近年来，浙江师范大学外国语学院胡伟杰团队利用学校非洲研究的学科优势，以及义乌等地来华非洲商人比较集中的特点，持续开展相关研究，通过调查问卷和深度访谈，借用《抑郁自评量表》(Zung，1965)和《社会适应文化量表》(Searle & Ward，1990)，深入考察在华非洲商人的心理适应、社会文化适应及其影响因素，并构建起相关的测量和理论模型。

他们的研究结果发现，在华非洲商人的心理适应问题表现在多个方面，在情感层面、生理层面以及行动层面均有体现。其中，情感层面较为明显，主要表现在原动力缺乏和焦虑抑郁2个方面，而生理层面则主要表现在睡眠问题、体重问题等方面。在华非洲商人的社会文化适应主要包含文化观念、生活环境及人际交往3个维度。相比较而言，非洲商人在人际交往维度适应得最差，文化观念维度次之，生活环境维度最好。在华非洲商人的文化距离也包含3个维度，分别为基础建设、日常生活、价值观念。总体来看，文化距离与社会文化适应没有明显的相关性，但文化距离中的部分要素和社会文化适应各维度之间存在一定的相关性。文化距离中的价值观念维度与社会文化适应中的总分、文化观念维度以及生活环境维度存在显著的相关性；文化距离中的基础建设维度与社会文化适应的总分、人际交往维度存在显著的相关性。此外，在华非洲商人的心理适应和社会文化适应受到性格、在华时长、家人陪伴情况、年龄、汉语水平、社会支持、海外生活经历以及对中国的了解等因素的影响，且不同要素对在华非洲商人的影响程度存在一定差异。

该研究的主要意义和价值主要包括：

(1)拓展了文化适应研究的理论模型。研究在量化分析与质性分析的基础上，基于现有的文化适应理论模型，如 Berry(1980)的双向双维模型和 Ward(2001)的 ABC 模型，构建在华非洲商人文化适应的心理适应模型、社会文化适应模型以及跨文化适应影响因素模型。

(2)为在华非洲商人的文化适应提供对策。研究从心理、社会、文化等层面考察在华非洲商人的适应问题，并针对相关问题提供相应的对策和建议，为有关社会管理部门制定政策、配置人员、设置机构等方面提供一定的参考和依据。

(3)为中国商人"走出去"提供参考。研究考察了在华非洲商人的文化适应问题及其应对策略,有助于中国企业和商人增加跨文化敏感度,增强跨文化适应能力,为"走出去"和国际化提供借鉴与参考。

(4)为海外回流人才的适应提供借鉴。不少回流人才长年或者从小在海外学习生活,其如何适应国内的社会文化环境也是一个需要关注的社会问题。从这个意义上看,本研究也可以为海外回流人才的适应和发展提供理论和实践方面的参考借鉴。

本书是胡伟杰团队承担的浙江省哲学社会科学规划课题"新时代背景下在华非洲商人文化适应模型构建"(课题编号:20NDJC066YB)的成果。在此,对课题成果的出版表示祝贺!

目　录

图目录

表目录

第一章 导 言

随着中国经济的崛起和综合实力的提升,加上稳定的政治和社会环境,中国逐渐从一个移民输出国转变为移民目标国,且已经成为"最吸引外籍人士居住的国家或地区"之一(HSBC Expat,2015)。根据相关数据,1980 年中国境内常住外国人不到 2 万人(马守敏,2012);而 2000 年则突破了 15 万人(中华人民共和国国务院,2012);到了 2010 年,中国境内居住的外籍人士数量已超过 59 万人(中华人民共和国国家统计局,2011),达到了 30 年前的近 30 倍。在来华外国人当中,非洲人所占比例最大;而来华非洲人群体中,商人又占据绝大部分(姜飞、孙彦然,2017)。

回顾历史,中国与非洲国家具有悠久的交流史,早在 2000 多年前就已开辟海上航道,早期的丝绸之路也已通向埃及。根据考古资料和史料文献的记载,中非交流在汉朝时期就已存在,借助陆上丝绸之路,汉朝已与埃及进行贸易往来(吴长春,1991)。根据《史记》记载,汉武帝时期,埃及曾派使臣来华(许永璋,1983)。同时,汉武帝时期所开辟的丝绸之路也使丝绸远销西亚和北非等地(陆庭恩,2005)。此外,《汉书·地理志》中就有相关非洲地名的记载,如"已程不国"(陈乐民,1994);也有一些学者认为,在汉代,中国就已有非洲早期移民(岑仲勉,1935)。

到了唐代,中非贸易得到了加强,中国同北非、东非等地萌发了直接贸易,同中非等地也有了间接的贸易往来(艾周昌、沐涛,1996)。中国和非洲贸易频繁,中国向非洲出口丝绸、瓷器等,从非洲进口珍珠、珊瑚、琥珀、玛瑙、宝石和玉石等(沈福伟,1990)。唐代典籍中有非洲人的相关记载,他们被称作"昆仑"或是"僧祇"(杜葆仁,1979)。中国的青瓷和硬币也曾在埃及、肯尼亚等地被发现(Lahtinen,2018)。

宋元时期,中非交流的领域和深度都有所扩展,涉及政治、经济和文化等各方面。宋元时期的经济和贸易繁荣昌盛,带来了更为频繁的经济交流,中非借助海上丝绸之路开设了多条海上航线,为中非的经济贸易提供便利。宋代的中非贸易主要存在朝贡贸易、市舶贸易、民间贸易和转口贸易等多种形式。在宋代,我国与桑给巴尔①建立了中非历史上最早的外交关系(陈公元,1980)。随着外交关系的建立,我国与非洲国家的贸易和友好往来也得到进一步发展,据史书记载,当时我国所产的瓷器和绸缎在桑给巴尔极为珍贵,还被当作流通手段之一(冯承钧,1956)。此外,中国的四大发明、医学技术以及戏剧等也传播到了非洲。

在明代,中非之间就曾互派使节。14世纪,中国赠送了大量的丝绸给马穆鲁克王朝的苏丹。随着明代中国对非洲的认识进一步加深,郑和及其船队下西洋,曾到达非洲东海岸等地,记载了许多关于非洲风土人情的资料。《郑和航海图》中也有多处对非洲地区名称的记载。这一时期,中国与非洲多个国家和地区皆有贸易往来,中国的瓷器也输出到非洲多地。在非洲的考古中发现的明代钱币,也证实了明代中非之间较为频繁的经济贸易往来。但是,到了明代末期,我国实行"海禁"政策,阻断了中国与其他国家之间的贸易往来渠道,此时中非之间的合作关系也受到了极大的影响。

在清代,移民现象已经较为普遍,移民数量也大幅增加。有许多华人移民到非洲,并在非洲形成了早期的华侨社会。有学者认为,非洲早期的中国移民多是务工人员,是"契约华工"。这一时期,也因葡萄牙等国贩卖黑奴,有大量的非洲人开始出现在中国境内。

新中国成立后,中非关系进入全面发展的新时期,尤其是改革开放以来,中非经贸往来更为频繁,1950年中非双边贸易额为1214万美元,1960年达1亿美元,1980年超过10亿美元,2000年突破100亿美元,2008年突破1000亿美元达1068亿美元(丁峰,2015)。近年来,中国提出"一带一路"倡议,使得非洲成为中国在海上丝绸之路上的重要合作伙伴之一,另有中非合作论坛等国家级合作机制,更是有力地保障了中非合作的深度与广度。

在中非友好合作的大背景下,中非之间人员交流更加频繁,在华非洲人数也逐年增长,且人员涵盖社会的各领域和各层次,例如非洲在华外交官及其他政府工作人员、非洲在华务工人员以及非洲在华商人等。他们极大地推动了中非经济的发展,也成了中非文化交流的重要组成部分。尤其是在当下贸易保护主义和单边主义抬头、多边主义受到冲击的严峻形势下,中非合作为全球合作和经济发展带来了更为突出的价值和意义。然而,到目前为止,极少有研究关注在华非洲商人这一人数快速增长的特殊群体的文化适应问题,以往研

---

① 桑给巴尔现属于坦桑尼亚。

究主要关注非洲人整个群体(许涛,2009;博艾敦,2018)或者非洲留学生群体(罗梦云,2015;李安山、沈晓雷,2018;陈秀琼、龚晓芳,2018;温国砫,2020)。当前,我们需要对非洲商人群体在中国的文化适应状况、存在的问题及文化适应策略和模式展开深入研究,以促进非洲商人群体更好地适应中国的社会环境。

第一节　研究的背景

一、国际背景

自 2008 年全球金融危机后,逆全球化"浪潮"此起彼伏,尤其是近几年,单边主义、贸易保护主义盛行,"美国优先"、英国脱欧、"退群"、贸易摩擦等事件接连不断。而且,2020 年以来,受新冠肺炎疫情的影响,逆全球化现象更为突出和严峻,国际投资直线下滑,全球对外贸易缩减。

然而,中非贸易始终保持着良好的势头,从 20 世纪六七十年代中国实施对非援助开始,中非一直是经贸合作中的真诚伙伴,中非关系完成了从"新型伙伴关系""新型战略伙伴关系"到"全面战略合作伙伴关系"的三级跳(王毅,2020)。进入 21 世纪以来,在中非合作论坛的引领下,中非经贸合作实现了良好发展;"一带一路"倡议的提出畅通了中非贸易渠道,驱动了中非贸易升级,为中非经贸合作带来了新的发展机遇(张绍泽,2019)。2019 年,中国对非直接投资存量为 491 亿美元,较 2000 年增长近百倍,且中非贸易额为 2087 亿美元,是 2000 年的 20 倍(王毅,2020)。2020 年以来,新冠肺炎疫情给中非双方带来了严重冲击,但与此同时,卫生健康领域成了中非经贸合作的新亮点,中国向非洲国家和非洲联盟提供物资援助,积极协助非洲国家来华采购抗疫物资,共同打造中非卫生健康共同体(钟山,2020)。

中非双方加强双边经贸合作,不仅仅是大时代背景的需要,更是双方务实精神的体现、互利共赢的基础。中国和非洲经济互补性强,双方在产业结构、市场需求、要素资源等方面各具优势,14 亿多人口的中国市场和近 14 亿人口的非洲市场发展潜力巨大,经贸合作基础坚实、动能强劲。另外,中非合作领域极为广泛,从商品贸易和发展援助,到产业投资、装备制造、工程建设、项目运营、电子商务、航运物流等领域,形成了全方位、立体式的合作格局。

在"一带一路"倡议、中非命运共同体以及中非合作论坛成果的背景下,越来越多的非洲人士来华留学,到 2018 年已达 81562 人,占来华外国留学人员的 16.57%(中华人民共和国教育部,2019)。随着中非经贸的飞速发展,不仅来华的非洲留学生和商务人士的数量急剧增长,而且在一些重要城市如广州、上海、义乌等也形成了非洲人聚居的国际社区(吕红艳、郭定平,2020)。据不完全统计,每年在中国的非洲人有 40 万~50 万,其中商人群体数量最多,达 30 万~40 万(博艾敦,2018),另外则主要包括派往中国的非洲外交官和其他官方代表、在中国短期进修或长期留学的非洲学生以及在中国生活和工作的非洲员工(牛冬、张振江,2018)。

随着在华非洲商人数量的日益增多,他们的文化适应问题也越发凸显,而他们能否很好地适应中国文化,这一问题在一定程度上关系着中非未来合作的大局。

二、国内背景

我国已经实现第一个百年奋斗目标,全面建成小康社会,并向着第二个百年奋斗目标迈进,全面建设社会主义现代化国家的新征程已开启。《中华人民共和国国民经济和社会发展第十四个五年规划和 2035 年远景目标纲要》描绘出我国未来发展的宏伟蓝图。中国正在构建以国内大循环为主体、国内国际双循环相互促进的新发展格局,推动形成各国共商、共建、共享、共赢的发展格局,为促进世界经济复苏注入正能量。中国有 14 亿多人口,中等收入群体超过 4 亿人,是极具潜力的大市场;而中国制造也已经成为全球产业链供应链的重要组成部分。构建新发展格局的中国,在世界经济中的地位将持续上升,同世界经济的联系将更加紧密,为其他国家提供的市场机会将更加广阔,将成为吸引国际商品和要素资源的巨大引力场(和音,2020)。

在全球化的发展趋势下,国内大循环的良性运行离不开国际大循环的有力支撑,国际大循环能够更好地支撑国内大循环发展,是国内大循环的重要保障,因此我国必须大力发展高质量、高水平的开放型经济。非洲与中国存在很强的经济互补性,是南南合作的典范。同时,非洲也是“一带一路”国际合作不可或缺的重要组成部分,截至 2021 年年底,52 个非洲国家和非盟委员会已同中方签署“一带一路”合作文件(邹多为、戴小河,2022)。

在华非洲商人作为中非合作与贸易的重要践行者,其在华的生活和适应值得我们着重关注,因为这不仅关系到中非之间的经贸往来,还关系到我国社会的现代化治理水平。

第二节　研究的价值和意义

　　文化适应研究不仅能为全球化社会中的流动人群提供更为完善的文化适应理论指导,有助于增强他们的文化适应能力,也有助于避免不同文化之间的矛盾和冲突,促进不同文化之间的和谐共生,而且能为政府管理部门的政策制定、社会治理提供理论和现实依据。非洲商人的文化适应研究也能为跨文化教育培训提供教学参考。

　　新时代背景下,中非经贸合作持续蓬勃发展,来华非洲商人的数量、规模和层次也随之逐步提升,为我国的经济发展和城市文化建设增添了独特的力量和元素。然而,长期以来学界对这一特殊群体在华的文化适应缺乏足够关注,既缺少对其现状和问题的深入认识,也缺乏相关模型的构建,而这些都是本研究的重点探讨内容。本研究的主要意义包括:

　　(1)拓展文化适应研究的理论模型。国内外现有的文化适应理论模型多以移民、难民及少数民族为主要调查人群,仅有极少部分以外籍商务人员为调查对象;另外,专门针对在华非洲商人群体而设计的文化适应模型尚未建立。本研究力图在现有的文化适应理论模型,尤其是 Berry(1980)的双向双维模型和 Ward(2001)的"ABC 模型"的基础上,对在华非洲商人群体文化适应研究的适用度进行调查和检验,并在量化分析与质性分析的基础上,构建针对在华非洲商人文化适应的模型。

　　(2)为在华非洲商人的文化适应提供对策。进入中国特色社会主义新时代后,中非贸易深入发展,来华和在华的非洲商人规模不断扩大。因此,提高对这一特殊人群的关注,缓解其在中国文化适应方面的困难,增强其文化适应能力,就显得尤为重要了。本研究将从心理、社会、文化等层面,考察在华非洲商人的适应问题,并针对相关问题提供相应的对策和建议,为有关社会管理部门制定政策、配置人员、设置机构等提供一定的参考和依据。

　　(3)为中国商人"走出去"提供参考。"一带一路"倡议的提出,为中国企业和商人加快"走出去"步伐提供了更多、更大的机会和平台。然而,中国企业和商人在走向全球的同时,普遍存在文化适应和管理能力不足的问题,导致中国企业和商人的国际化步履维艰。本研究考察在华非洲商人的文化适应问题及其应对策略,有助于中国企业和商人增强跨文化敏感度,提升克服文化适应困难的能力,为"走出去"提供借鉴与参考。

（4）为海外回流人才的适应提供借鉴。随着中国经济的发展，中国国内人均收入水平日益提高，创新创业环境及政策制度不断优化和改善，越来越多的海外人才选择回国发展，这为我国带来了丰富的人力资本，也对产业升级具有重要意义。然而，不少回流人才长年或者从小在海外学习生活，其如何适应国内的社会文化环境成了急需关注的社会问题。本研究可以为海外回流人才的适应提供理论和实践借鉴。

第二章　文化适应的理论背景

第一节　文化适应定义

　　"文化适应"(acculturation)首先让人想到的是一些从发展中国家移民到发达国家的人,在新环境中学习一种新的语言,理解和接受一种新的文化习俗。作为当代少数民族社会行为研究的一个核心概念(Chun,Organista & Marín,2003),文化适应已经成为一个大众较为熟知的概念,但是在社会科学领域,其意义和内涵却仍然较为模糊(Phinney,2006)。

　　关于文化适应的相关问题,早在4000多年前已有记载。公元前2370年的碑文显示,美索不达米亚的苏美尔统治者设立了法典,来保护其传统文化习俗不受其他文化的影响,并为其与外国人的贸易建立了固定的规则(Gadd,1971)。公元前2000年左右的考古证据也表明,古埃及对努比亚人的文化政策从分离转变为同化(Smith,1995)。约在公元前1780年,巴比伦统治者汉谟拉比制定了法典,来融合苏美尔人和闪米特人(Wiseman,1971)。而西方文明史更可以说是一部文化适应史(Rudmin,2003),从古希腊、古罗马帝国到现代西方世界,一直都是多元文化共存且不断经历文化适应的过程。

　　文化适应概念由人类学家较早提出,后来逐渐受到社会学家、心理学家和教育家的关注。Berry(2003)指出,早期的文化适应研究主要关注欧洲人对殖民地和土著居民统治的影响;后来,人们开始关注移民,考察他们在进入新环境时所发生的变化。近年来,文化适应研究的范围越来越广泛,开始关注民族文化群体之间的相互联系,以及这些群体和个人在多元文化社会中所产生的变化(Sam & Berry,2006)。

　　在文化适应研究的进程中,各领域学者研究的侧重有所不同,采用的术语也不尽相同。我们可以通过梳理文化适应的概念来厘清其内涵与外延,这有助于文化适应研究的深入。Kim(2007)将文化适应概念分为宏观和微观2个层面。早期的人类学家和社会学家主要从宏观层面看待文化适应,注重文化适应中群体的变化;而心理学家则常常从微观层面入手,关注个体在文化适应中的变化。

一、宏观层面

根据《牛津英语大词典》(*Oxford English Dictionary*),"文化适应"一词于1880年首次出现在英语文本中,由美国民族事务局Powell(1880)提出。Powell(1880:46)指出:"由占绝对数量优势的数百万(欧洲人)所带来的文化适应力量已经引发了巨大的变化。"[The force of acculturation under the overwhelming presence of millions (of Europeans) has wrought great changes.] Powell(1883:206)认为,人类的进化离不开文化适应,他还指出文化适应是一个过程,即人们在跨文化接触时发生的调整和变化的过程。

另一位社会学家McGee(1898)指出,文化适应是一个交流和相互改进的过程,在这个过程中社会从原始阶段开始,经过野蛮时期,到开化阶段,再发展到启蒙阶段。McGee(1898)借助塞里印第安人(Seri Indians)和帕帕哥印第安人(Papago Indians)的例子,论证人类社会不同阶段的文化适应,并指出文化适应程度是衡量人类发展的手段之一。

Simons(1901)同样从社会学的角度出发,将文化适应看作一个相互适应的双向过程,认为它是发生在2个不同种族群体之间的调整或适应过程。他将文化适应等同于同化(assimilation),但这一概念与后来学者们所讨论的同化概念存在较大差异,Simons(1901)的"同化"的内容更加符合"文化适应"的内涵。

20世纪30年代,Redfield、Linton和Herskovits(1936)提出了文化适应的其中一个定义,这是目前最经典和引用数量最多的定义之一。Redfield、Linton和Herskovits(1936:149)在其文章《文化适应研究备忘录》("Memorandum for the Study of Acculturation")中提出:"文化适应是指具有不同文化的个体或群体在持续的直接接触中,一方或双方的原有文化模式发生变化而产生的现象。"(Acculturation comprehends those phenomena which result when groups of individuals sharing different cultures come into continuous first-hand contact,with subsequent changes in the original culture patterns of either or both groups.)Redfield、Linton和Herskovits(1936)对文化适应概念的界定,主要包含接触(contact)、影响(influence)和变化(change)

3 个核心内容。

Redfield、Linton 和 Herskovits(1936)认为,接触是文化适应的一个先决条件,只有 2 个或 2 个以上来自不同文化的群体或个人发生持续、直接的接触,文化适应才会发生。由于接触,群体和个人之间就产生了相互影响。这种影响可能发生于群体间的一方或是双方身上,且产生的影响可能不尽相同,由于政治、经济、人口数量的差异,一个群体(主导群体)的影响力往往比另一个群体(非主导群体)的影响更大。这些影响逐渐导致了群体和个人在行为、心理、价值观等各方面的变化。

Gillin 和 Raimy(1940:371)同样从社会学的角度出发,将文化适应称为"一个社会的文化由于与一个或多个其他社会的文化接触而被修改的过程"(the culture of a society is modified as the result of contact with the culture of one or more other societies),文化适应的研究可以为我们理解文化动态提供许多重要的线索。Gillin 和 Raimy(1940)通过观察那些受到欧洲文明冲击的非欧洲文明的早期民族,探索文化适应类型并研究文化适应对个体或群体的影响。他们认为,文化适应主要表现在以下 3 个方面:(1)文化中的物质变化;(2)社会组织和个人参与群体生活模式的变化;(3)族群和组织结构的变化。Gillin 和 Raimy(1940:371)对跨文化适应的认识已经开始从历时层面向共时层面进行转变。

20 世纪 50 年代,美国社会科学研究委员会(Social Science Research Council,1954:974)提出,文化适应是由 2 个或多个自主文化系统的结合而引发的文化变迁(culture change that is initiated by the conjunction of two or more autonomous cultural systems)。文化异变可能直接来自文化传播,也可能来自非文化因素,如文化碰撞引起的生态或人口变化,还可能是对传统生活方式的一种反应性的适应。这一概念强调,同化不是唯一的文化适应模式(Berry,1997:7),文化适应具有反应性、创造性和延迟性,2 个文化群体可能会抵制变化,也可能会出现新的文化形式,还可能在接触一定时间后再发生变化。

二、微观层面

文化适应的微观层面研究主要将研究焦点从群体转向个体,侧重研究个体在文化适应中的心理变化以及个体其他要素发生的影响。

Thurnwald(1932)指出,文化适应是人们适应新生活环境的过程。个体在这些过程中可能会出现一些显而易见的外部行为变化,也可能会在态度、价值观等更为隐性的层面产生变化。

Graves(1967)区分了文化适应的群体层面和个体层面,指出前者为群体文化的变化,后者为个体心理的变化。Graves(1967)针对个体层面的变化提出了"心理适应"(psychological acculturation)概念,他认为心理适应指个体的观念、态度、价值观等方面的变化,并指出针对心理适应方面的研究亟待加强。Furnham 和 Bochner(1986)指出,文化适应的群体层面和个体层面的区分有利于我们考察这两组变量之间的关系。Berry 和 Sam(1997)进一步指出,同一群体中的个体在适应和变化程度上并非一致,可能会存在巨大的差异。

Berry 和他的团队(Berry,Kim,Minde,et al.,1987;Williams & Berry,1991)将文化适应定义为群体和个体在接触另一种文化时所经历的变化,指出群体层面的文化适应包括经济、技术、社会、文化和政治的转变,个体层面的文化适应则包括行为、价值观、态度和身份的改变。跨文化心理学家同时关注到2 个层面的变化,并将个体层面经历的文化适应状况置于更为广阔的群体心理文化系统(psychocultural system)中。他们指出,文化适应可能会产生 5 种变化:一是物理上的变化,如新的居住环境;二是生物层面的变化,如新的疾病;三是文化方面的变化,如政治、经济、语言的变化;四是社会关系的变化,如交际群体的变化;五是个体心理和行为的变化,如态度和精神压力的变化。

Ward 及其同事(Ward & Kennedy,1993;Ward & Rana-Deuba,1999)结合 Berry(1980)的文化适应策略理论,将文化适应进一步区分为 2 种适应:心理适应和社会文化适应。这 2 种适应在结果上相互关联,但在概念上有所区分。心理适应和社会文化适应由不同的变量进行预测,且随时间变化呈现不同的波动模式。心理适应主要基于情感反应,指的是在跨文化转换过程中的幸福感或满足感,且受人格特征、生活变化和社会支持等因素的影响。社会文化适应属于行为领域,指的是在新的文化环境中"适应"或进行有效互动的能力,主要与语言水平、文化距离和在新文化社会中居住的时间等因素有关(Ward,2001)。

在跨文化适应的过程和结果方面,Ward 及其同事(Searle & Ward,1990;Ward & Kennedy,1993)主要采用 3 种理论和实证方法——压力和应对(stress and coping)、文化学习(culture learning)与社会认同(social identification)——进行了文化适应研究。他们将适应结果与潜在的理论结构联系起来,并从情感的(affective)、行为的(behavioral)和认知的(cognitive)3方面因素描述和解释跨文化适应。文化适应的情感因素主要体现在压力和应对方式上,行为因素为文化学习所强调,认知变量为社会认同所强调。

总体而言,微观层面的文化适应既可以指人们在多元文化环境中生活的心理体验过程,也可以指在不同文化接触中对其他文化适应的结果(Segall,Dasen,Berry,et al.,1999)。

三、相关概念

(一)同化

在《社会学科学导论》(*Introduction to the Science of Sociology*)中,Park和 Burgess(1921)将"同化"(assimilation)定义为一个相互渗透和融合的过程。在这个过程中,个人和群体获得他人或群体的记忆、情感和态度,并通过分享他们的经验和历史,与他人融合在共同的文化生活中。长期以来,"同化"与"文化适应"被看作同义词,而人类学家则更倾向于使用"文化适应"一词,人类学家主要关注"原始社会"在与文明人群进行文化接触之后向文明演进的过程。而社会学家则使用"同化"或"文化适应"来主要针对"移民"群体,认为他们通过与东道国国民的接触,逐渐适应东道国国民的生活方式。随着人类学家研究对象的逐渐转移,他们也转而开始关注"移民",但在术语上仍采用"文化适应"。因此,早期的研究者多从人类学和社会学的角度出发,将"文化适应"与"同化"作为同义词来使用。

尽管"文化适应"与"同化"经常作为同义词使用,但 Berry、Poortinga 和 Segall 等(2002)指出,在"同化"与"文化适应"中,他们更倾向于使用"文化适应",并说明了理由:一是"文化适应"反映了双方文化群体在文化接触中的相互影响;二是"文化适应"涵盖各种过程和结果,不同的群体和个人在文化适应过程中可能采用不同的应对方式,其结果也可能会存在差异;三是"文化适应"可将变化视为双向和双维的,而"同化"是一种单向单维的过程。同化理论认为,当个人获得与第二种文化相似的新文化时,个人就会逐渐失去原有的文化和身份,即认为个体对新文化的习得越多,对原有文化的保留就越少。Berry(2017)还指出,人们不一定只是朝着获取主导文化的方向发展,人们还可能独立地认同或习得新文化,而丧失原有的文化。也就是说,变化可以沿着 2 个独立的维度发生:一是原始文化的维持或丧失,二是新文化的参与或吸收。

也有一些其他研究者指出两者之间的差异。Teske 和 Nelson(1974)认为,"文化适应"和"同化"是独立且不同的过程,在许多维度上都可能有所区别。Teske 和 Nelson(1974)指出,文化适应在影响方面可能是双向且互惠的,而同化的影响则是单向的。Kim(1995)认为,同化是一种更全面的变化过程,即移民通过文化价值观和个人价值观融合、经济水平变化和职业主流化而融入主流群体中。

"文化适应"和"同化"这两个术语虽然有时会被当作同义词替换使用,但有时也被当作彼此的子集。有时"同化"被视为"文化适应"的一种形式或阶段,有时则"文化适应"被视为同化的一种形式或阶段。Gordon(1964)将文化适应等同于同化的一个阶段,他认为文化同化或行为同化是个体受东道国社会文化模式的影响而最终发生的改变。然而,Berry(1997)认为,同化是个体在文化适应过程中可能使用的4种策略(融合、分离、同化、边缘化)之一。

(二)文化习得

文化习得(enculturation)是人们对自身本土文化的社会化(socialization)以及维持本土文化中价值观、思想和观念等规范的过程(Herskovits,1948),通常指人们在儿童时期接受本土文化的思想、语言、信仰和生活方式,形成种族认同的过程(Phinney & Ong,2007)。可见,文化习得主要指文化内(intra-cultural)的适应,而文化适应主要指文化间(inter-cultural)的适应(Kim & Abreu,2001)。然而,学者们对文化习得和文化适应的看法至今没有统一:一些人倾向于将文化习得仅包括在文化适应中,即文化适应既包括文化间适应也包括文化内适应;而另一些人则认为,文化习得仅包括文化间适应(Kirshner & Meng,2012)。总体而言,目前学者们倾向于将文化习得和文化适应看成正交的过程(Kim & Omizo,2006),将文化适应定义为少数族群适应主流群体规范的过程,而将文化习得定义为保持少数民族群体规范的过程。

Kim(2007)指出,人们应将文化习得与文化适应区分开来:一方面可以对出生在主流文化中的少数族群的文化适应进行更准确的描述,将他们与成年的移民群体相区别,既要适应传承文化(文化习得),也要融入主流文化;另一方面可以使文化习得和文化适应这2个维度都得到关注,我们不仅需要关注少数族群对主流文化的适应过程,还需要关注少数族群学习和保持本土文化的过程。

(三)文化萎缩

文化萎缩(deculturation)是指非主流文化群体成员失去与原有群体和主流文化群体的文化和心理的联系,并失去2个群体的文化认同的情况(Sales & Mirvis,1984)。Berry(1980)指出,一部分人在文化接触中,既未能适应主流社会文化,也未能保留自身本土文化身份,进而产生了文化边缘化(marginalization)。一些学者则将文化萎缩比喻为"文化无家可归",在这种状态下,个人会觉得自身与任何文化团体都没有联系(Vivero & Jenkins,1999)。Berry和Sam(1997)认为,文化萎缩最可能发生在殖民地的土著人群中,因为此类群体常常受歧视且被隔离。殖民统治政策试图使土著人群"现代化",阻止他们延续本土的习俗和规范,然而又由于受到歧视,土著人群难以获得新的主导文化规范,这导致他们同时疏离了所有文化,产生了文化萎缩。

另外,Del Pilar 和 Udasco(2004)质疑文化萎缩概念,认为文化萎缩概念存在被过度使用的风险。他们认为,研究人员有时将文化萎缩视为一个群体过程(Nwadiora & McAdoo,1996),有时则将其视为一个个体现象(Ward & Rana-Deuba,1999),削弱了文化萎缩概念的有效性。Rudmin(2003)以及 Schwartz 和 Zamboanga(2008)也质疑文化萎缩概念的有效性,他们的研究数据未能支持文化萎缩的假设;他们认为,如果一个人既不吸收传统文化也不接受新文化,那么他的文化身份难以形成。

（四）文化汇融

古巴人类学家 Ortiz(1987)较早使用了"文化汇融"(transculturation)这一术语。文化汇融主要指一个社会在吸纳外国文化时所经历的变化过程,也包括该社会吸收外国文化而导致本土社会文化丧失或转变的过程,还包括融合本土与外来文化而创造出的新的、原创性文化的过程(Taylor,1991)。

Ortiz(1987)基于他对古巴社会的观察,提出了"文化汇融"一词。古巴社会是一个混合了欧洲、非洲和土著元素的社会,在这个社会中,多种文化互动并造成强烈的结构性对比。文化汇融关注原始文化与其他文化在语言、种族和经济方面的混合,且关注到不同文化元素的共存,同时也强调在创建新的文化系统时,原始文化系统和其他文化系统元素的丢失。

Le Brun-Ricalens(2019)认为,文化汇融是指一个社会或文化在与另一个社会或文化接触中不断演变的动态过程,能以不同的形式进行,包括复制(imitation/copying)、嵌入(addition/insertion)、同化(assimilation)、重新解释(reinterpretation)、融合(hybridisation/syncretisation)和复兴(revitalisation)。

文化汇融与文化适应既有相似性,也有差异性。文化汇融与文化适应这两种理论的基础都源于移民研究。然而,文化适应主要描述欧洲人、非洲人和其他移民学习英语并融入美国社会的过程,而文化汇融则讨论语言、经济、种族、性别和文化交流的复杂过程。文化汇融一方面体现了不同文化之间的异质性,另一方面体现了不同文化之间差异的可调和性(Arroyo,2016)。

（五）交互文化性

《批判心理学百科全书》(*Encyclopedia of Critical Psychology*)将交互文化性(interculturality)定义为所有跨文化现象(intercultural phenomena)的总称(Allolio-Näcke,2014)。Jackson(2018)认为,交互文化性是一个评价性概念

(evaluative concept)，其中的"交互"(inter-)意味着群体、个体以及身份认同方面的关系和相互影响。

交互文化性可以从描述性和规定性的角度来界定。从描述性角度看，交互文化性指的是社会中不同群体之间的关系，这些关系不仅根据文化，还根据族裔、语言、国籍等来进行界定(Dietz，2018)，而由于政治和社会经济地位不同，这些关系往往是不对称的(Dietz，2009)。从规定性角度看，交互文化性有时也被称为"交互文化主义"(interculturalism)，目的是增强当代社会对其内部多样性的意识，以及对少数群体的包容性(Gundara，2000)。

交互文化性与文化适应的含义具有一定的相似性，均涉及两种或两种以上文化之间的相互作用(Rodat，2018)。然而，交互文化性强调文化的共存和多元身份，不将占主导地位的集体的文化霸权强加于少数群体，而是增加人们对差异的认可，承认这种差异自身的价值(Blanchet & Francard，2005)。

第二节　文化适应影响因素与测量

文化适应的影响因素众多，比如原文化、目标文化、个人特点(如年龄、性别、出生地和教育程度)以及个人所处群体的特点(如规模、结构、地位、价值观和信仰)(Phinney，2006)。由于视角和关注点等的差异，相关测量研究的结论也往往存在较大的区别。

一、文化适应影响因素

文化适应影响因素可以被简要地分为外部因素和内部因素。外部因素主要为社会因素，内部因素主要为个人因素。

(一)社会因素

社会因素主要包括文化距离、社会支持、歧视与偏见、社会经济地位、社会文化环境、人口统计学等。

1. 文化距离

文化距离通常指不同文化之间的差异，包括文化价值、行为规范、语言、交际风格、宗教、政治、经济制度(Kogut & Singh，1988)。Hofstede(1980)以及Kogut 和 Singh(1988)将文化距离划分为 5 个维度：权力距离(power distance)、个人主义与集体主义(individualism versus collectivism)、男性气质与女性气质(masculinity versus femininity)、不确定性规避(uncertainty avoidance)、长期取向与短期取向(long term versus short term orientation)。权力距离指一个国家中权力较弱的成员接受权力分配不平等的程度;个人主义与集体主义指社会成员之间的相互依赖程度;男性气质与女性气质指男女在社会角色上的分配;不确定性规避指社会如何应对未来的不确定性;长期取向与短期取向指一个社会在多大程度上显示出一种面向未来还是面向传统的倾向。Hofstede、Hofstede和Minkov(2010)在5大维度的基础上,进一步将文化距离分为6个维度,包括放任型与约束型(indulgence versus restraint)、权力距离、个人主义与集体主义、不确定性规避、男性主义和长期导向。

基于Hofstede等(1980、2010)的研究,有学者提出相关文化距离的计算公式。Kogut和Singh(1988)从权力距离、不确定性规避、男性气质与女性气质、个人主义4个维度,提出了如下公式:

$$CD_j = \sum_{i=1}^{4} [(I_{ij} - I_{iu})^2 / V_i] / 4$$

CD_j指某国(j)与美国之间的文化距离;I_{ij}指j国的第i个文化维度的指数;I_{iu}指美国的第i个文化维度的指数;V_i指第i个文化维度指数的方差。

目前,文化距离已被证明是文化适应的一个重要预测因素。一般来说,差异越大预示着文化适应越困难(Furnham & Bochner,1982;Ward & Kennedy,1999;Ward,Bochner & Furnham,2001)。Babiker、Cox和Miller(1980)指出,文化距离是旅居者文化适应的调节变量,并设计了《文化距离问卷》(Cultural Distance Questionnaire,CDQ),用以测量2种文化之间的相似性与差异性。问卷由10个项目组成,分别为气候、食物、语言、服装、教育水平、物质舒适程度、家庭结构和家庭生活、婚姻、休闲活动、群体间冲突。每个项目包含1~7个问题,每个问题以3分制进行评分,完全相似用1分表示,完全不相似用3分表示,介于两者之间的用2分表示,10个项目中每一项的分数为该项中所有题目的平均值。文化距离指数(Cultural Distance Index,CDI)总分为10个项目的得分之和,最小值为10,最大值为30。Babiker、Cox和Miller(1980)也承认,文化距离问卷存在一定的局限,并未考虑到其他一些重要方面(如艺术)的文化差异。他们认为,这些方面虽然重要,但实际上难以进行测量。

文化距离也常用来测量旅居者在文化适应过程中遇到的压力和困难。Furham和Bochner(1982)根据宗教、语言和气候的相似性,将研究对象分为3组,考察在美国的外国学生文化距离和社会技能之间的关系。他们的研究结果表明,文化距离和适应困难密切相关。他们发现,与美国文化距离最近的群体,如北欧和西欧国家(瑞典、法国等)的学生在跨文化适应方面产生的困难最小，与美国文化距离中等（意大利、西班牙等）的学生产生的适应问题其次，与美国文化距离最大（亚洲、非洲等）的学生产生的跨文化适应问题最多。Searle和Ward（1990）的研究结果表明，文化距离越大，旅居者在跨文化适应中遇到的困难越严重，心理压力就越大。Redmond和Bunyi（1993）通过调查美国大学留学生的文化距离和社会融合之间的关系，发现与来自东南亚国家的学生相比，欧洲和南美的留学生的社会整合程度更高，而东南亚国家的学生与美国文化存在较大的距离。Galchenko和Van de Vijver（2007）则以俄罗斯的交换生为被试，研究文化距离在文化适应过程中的影响。他们同样发现，主流文化和传统文化的文化距离越大，群体的文化适应就越困难。Demes和Geeraert（2014）以1929人的大样本考察了文化距离与文化适应的关系，指出文化距离与文化适应有显著的负相关性，即2种文化之间的距离越大，则适应越困难，适应结果越差。

2. 社会支持

社会支持是个体与他人和群体联系的社会网络。Caplan（1974）认为，社会支持在调节身体和心理健康方面起着重要作用。旅居者在适应新环境时常常向他们的社会网络（如自己国家的朋友和家人，来自同一国家的旅居者，东道国的新朋友、工作伙伴、资助团体等）寻求支持（Coleman，1988；Williams & Johnson，2011）。这些社会网络可以为旅居者提供情感和社会支持，共同承担任务、共享资源（金钱、技能和信息等）、提供建议、分享经验等（Fontaine，1986）。

Bochner、McLeod和Lin（1977）提出了外国留学生的社会网络模型，他们指出，外国学生具有3个由高到低的社会网络：来自本国①的留学生网络、来自东道国的国民网络、来自其他国家的留学生网络。他们选取美国夏威夷大学的30名亚洲留学生进行调查，对各社会网络的功能进行了解释。Bochner、McLeod和Lin（1977）指出，来自本国的留学生网络的主要功能是展现、维持自身的国家和文化身份；来自东道国的国民网络的功能主要是促进学术和职业发展，具有工具性；而来自其他国家的留学生网络的主要功能是娱乐。Furnham和Alibhai（1985）对Bochner、McLeod和Lin（1977）的研究进行了验证性研究，他们选取了更大的样本（来自六大洲的140名留学生），而研究结果与Bochner、McLeod和Lin（1977）的基本一致：留学生倾向于向东道国国民寻求学术和语言的帮助；向本国留学生群体寻求情感支持，一起购物、参加派对

---

① 本书中提到的"来自本国"，均指与旅居者等来自同一国家。

等;而他们与其他国家留学生群体的接触相对较少,且接触主要是出于观光游玩等娱乐目的。

基于 Bochner、McLeod 和 Lin(1977)的社会网络模型,学者们开展了大量的后续研究(Trice & Elliott,1993;Shu,Ahmed,Pickett,et al.,2020;等等)。大部分研究发现,移民和旅居者的主要社会网络来自本国的人群网络,这些网络为他们提供了最有力的社会支持、情感支持,同时也帮他们增强了文化认同感,而讨论、交流和活动有助于减轻移民和旅居者在跨文化交际中感受到的压力和困难,加强其对新文化的理解(Woolf,2007)。Berry、Kim、Minde 等(1987)的研究表明,在移民加拿大期间,一般来说,韩国移民如果拥有较为亲密的韩国朋友网络,他们的文化适应压力就会较小。Ward 和 Kennedy(1993)在研究中也发现,在新西兰的马来西亚留学生和新加坡留学生对自己和本国群体关系的满意度是他们心理适应的一个强有力的预测因子,但他们对自己和东道国国民关系的满意度与其心理压力的减轻无关。此外,研究还发现,与来自本国的群体建立牢固的友谊,可以提高留学生的自尊水平(Al-Sharideh & Goe,1998)。然而,这种自身文化身份的强化也会使留学生不太愿意适应当地的风俗习惯(Ward & Searle,1991),从而一定程度上阻碍了他们与东道国国民建立友谊和社会网络(Church,1982)。Kim(2001)提出的跨文化适应理论也认为,与本国群体的接触为留学生提供了短期的支持,但阻碍了其长期的适应过程。

一些研究也表明,虽然留学生最大的社会网络来自本国留学生,但是也有一些留学生更喜欢与东道国国民建立友谊,希望与东道国国民有更多的接触和交流(Hayes & Lin,1994)。有研究表明,与东道国国民接触较多的留学生对其海外留学经历具有更高的满意度、更少的思乡感和孤独感(Church,1982),他们能够更好地适应海外生活,社会困难较少,沟通能力更强(Ward & Kennedy,1993),同时对东道国文化具有更为积极的态度(Pruitt,1978)。Zimmerman(1995)也指出,留学生适应美国文化的最重要因素是与美国学生互动的频率。与东道国国民的互动对留学生的文化适应起着不可或缺的作用,通过这些互动,留学生能够更好地了解当地人的思想和行为(Kim & Abreu,2001)。当然,由于语言能力方面的问题及可能受到的歧视,留学生在尝试与东道国国民建立社会网络时也会遇到不少困难(Sam,2001)。

大量研究也证实,与东道国国民的社会接触对旅居者的文化适应具有重要的作用(Ward & Rana-Deuba,2000;Yeh & Inose,2003)。旅居者与东道国国民建立的友好关系对其了解东道国文化以及促进其文化适应具有重要作用。一般来说,更多的社会支持和社会联系通常有助于旅居者和移民进行心理调整,提升其在文化转型期间的情感健康和满意度(Ward,2001;Ward,Bochner & Furnham,2001)。而且,一些研究指出,跟与东道国国民的社会关系相比,旅居者与本国留学生的社会关系对其社会文化适应具有更为重要的作用(Ward & Searle,1991;Ward & Kennedy,1993;Ward & Rana-Deuba,1999)。Fontaine(1986)专门讨论了本国社会支持和东道国社会支持对旅居者文化适应的利弊。他认为,旅居者如果主要依靠本国的群体支持,则可能在短期内比较容易适应,但如果必须在东道国的文化环境中工作,则可能产生更多的长期困难;而在初始阶段建立与东道国国民的友谊或许相对来说更为困难,但最终会产生更加有效的适应结果,并更易促进其对新文化的长期适应。

Church(1982)指出,移民和旅居者与东道国国民社会接触的数量、种类和深度可能是影响他们文化适应的最重要且最复杂的变量。一些研究指出,移民和旅居者与东道国国民互动的质量跟他们的心理调整有密切关系(Searle & Ward,1990)。Ward 和 Rana-Deuba(2000)系统调查了本国和东道国文化变量对旅居者文化适应的影响,指出主要的变量包括情感(如满意度和接触质量)、行为(如接触数量)和认知(如身份认同)等。研究结果表明,接触质量而不是接触数量会对旅居者的心理调适产生显著影响:对东道国国民关系和本国国民关系质量的满意度与心理适应显著相关;而与东道国国民、本国国民的实际互动数量以及对互动数量的满意度,则并非心理健康的重要预测因素。然而,也有研究强调,与东道国国民的互动对旅居者的文化适应至关重要;并且该研究指出,与东道国国民的广泛接触是移民和旅居者文化适应的先决条件(Klineberg & Hull,1979)。

尽管许多研究者已经认识到文化适应过程中个人与东道国文化相互作用的重要性,但在跨文化适应中,移民和旅居者与东道主国家的社会接触仍不理想。Furnham 和 Bochner(1986)指出,旅居者与东道国国民一起进行的社交活动(如购物、去酒吧、看电影或观光)占其全部社交活动的比重不到20%。同样,Bochner、Hutnik 和 Furnham(1985)也指出,在英国留学的外国学生的社会网络当中,与东道国国民建立的社会网络只占17%。

3. 歧视与偏见

歧视是人们在接触不同文化时经常会经历的一个过程,也是个人或群体层面适应新文化环境过程中的重要组成部分(Trimble,2003)。歧视包括公开和隐晦的排斥、回避或疏远行为(Hecht,1998),指移民和旅居者因自己的身份而不受欢迎或受到不公平待遇。歧视和偏见对移民和旅居者的文化适应方式与适应结果具有重要影响,降低了移民和旅居者文化适应成功的可能性(Stone & Han,2005),阻碍了移民和旅居者与东道国社会的融合(Lee,2003),被认为是少数文化群体文化适应最有害的因素之一(Jasinskaja-Lahti,Liebkind,Jaakkola, et al. ,2006;Berry & Sabatier,2010)。歧视容易增加移民和旅居者的情绪压力,而情绪压力或不公平的感觉会削弱移民和旅居者文化适应的动机和积极性(Liebkind,Jasinokaja-Lahti & Solheim,2004)。此外,歧视也会减少移民和旅居者获得资源的机会,包括物质资源(Mays,Coleman & Jackson,1996)和社会资源(Lee,2003),从而阻碍他们文化适应水平的提高。

Berry、Phinney、Sam 等(2006)通过结构方程模型发现,歧视是文化适应的最强预测因子,对心理和社会文化适应都有强烈的负面影响。同时,他们也发现,采用不同文化适应策略的人群受到的歧视存在差异:寻求融入的年轻人受到的歧视最少,而被边缘化的年轻人受到的歧视最多;寻求隔离的年轻人受到中等程度的歧视(低于被边缘化的年轻人),而寻求同化的年轻人也受到中等程度的歧视(高于融入社会的年轻人)。然而,也有不少研究的结果与Berry、Phinney、Sam 等(2006)的研究结果有分歧:Juang 和 Cookston(2009)的研究并未发现歧视与文化适应策略之间存在相关性;Badea、Jetten、Iyer 等(2011)的研究则发现,东道国社会的歧视与跨文化适应者的同化和融入策略呈负相关性,而歧视与分离和边缘化策略之间没有显著关系。

不少研究结果表明,来自主流群体的歧视是移民群体和旅居者文化适应的主要压力源之一(Pak,Dion & Dion,1991;Jasinskaja-Lahti,Liebkind,Jaakkola, et al. ,2006;Ahmed,Kia-Keating & Tsai,2011)。Jasinskaja-Lahti、Liebkind、Jaakkola 等(2006)调查了芬兰的 3 个不同群体(俄罗斯移民、爱沙尼亚移民和被遣返的芬兰人)的焦虑、抑郁和心理健康水平,考察他们遭受歧视的经历与他们的心理健康之间的关系。研究结果显示,被试人群遭受的歧视与心理健康之间存在显著关联:遭受歧视程度越高,他们的总体心理健康水平就越低;而与女性相比,男性普遍经历更多的歧视,但表现出更少的心理压力症状;相较于居住时间较长、单身或离异,居住在很小的社区、大城市或首都地区的群体,在芬兰停留时间较短、居住在中等规模社区(居民少于 5 万人,但超过 1 万人)、已婚的群体受到的歧视更少,也较少出现心理压力症状。Ahmed、Kia-Keating 和 Tsai(2011)调查了 240 位留学生,通过结构方程模型分析,他们发现歧视与文化适应压力和心理健康之间存在很强的关联:歧视是文化适应的重要预测变量之一,也是主要的心理压力来源。

有的研究考察歧视对文化适应的影响机制(Ramos,Cassidy,Reicher, et

al.,2016)。Ramos、Cassidy、Reicher 等(2016)选取了 113 名在英国留学的外国学生,进行了为期一年的纵向跟踪调查,运用社会认同理论(social identity theory)考察了歧视对在英国留学的外国学生的文化适应策略的影响机制。结构方程模型结果表明,歧视是通过群体的渗透性感知而作用于文化适应策略的选择。渗透性指一个人在一个特定社会系统中进行群体间转移的可能性(Tajfel,1978)。歧视使留学生们认为,他们和主流群体之间的界限难以逾越,但他们不可能离开自己的少数群体而成为主流群体中的一员,这导致留学生回避东道国社会及其文化,倾向于认同自身文化。Ramos、Cassidy、Reicher 等(2016)的研究也证明,歧视会导致文化适应策略的改变,这支持了 Berry、Phinney、Sam 等(2006)的结论。这 2 项研究都认为,遭受更多歧视的个人对主流文化的认可率较低。

针对偏见和文化适应,Allport(1954)提出了群体接触理论。该理论认为,群体间的接触可以有效减少群体间的偏见,尤其是在群体之间地位平等且具有共同目标、团体合作以及法律或习俗支持的条件下。Allport(1954)提出的群体接触理论激发了广泛的研究(Pettigrew,1998;Tropp & Pettigrew,2005),这些调查涵盖了各种社会群体,结论普遍支持群体接触理论,表明群体间的接触通常会减少群体间的偏见。

Wright、Aron 和 Tropp(2002)的研究表明,移民和旅居者与外部群体成员的亲密感越强,对外部群体整体的偏见就越少。Tropp 和 Pettigrew(2005)的研究结果也表明,跨文化人员与外部群体成员的接触可以有效减少其对外部群体的整体偏见。但研究也表明,这种接触—偏见效应会对不同维度的偏见产生不同的效果,情感维度的偏见指标与群体间的接触具有显著的正相关性,而认知维度的偏见指标则不会产生这种效应。Pettigrew 和 Tropp(2006)对 515 项群体接触理论相关研究进行了汇总分析,研究结果同样能够支持群体接触理论,他们同时发现,最初为种族和民族接触而设计的接触理论,可以应用于其他群体。对于大部分跨文化接触者而言,群体间的接触可以减少群体间的偏见、减轻跨文化的适应压力,从而促进移民和旅居者跨文化适应水平的提升。

4. 社会经济地位

社会经济地位(socioeconomic status,SES)是衡量一个人经济和社会地位的综合指标(Galobardes,Shaw,Lawlor, et al.,2006)。社会经济地位是心理健康研究中常用的概念,有时也会成为文化适应研究的一个影响因素(House,2002;Baker,2014)。

Negy 和 Woods(1992b)调查了墨西哥裔美国大学生的文化适应和社会经济地位之间的关系,发现尽管可通过不同的指标来推断社会经济地位,但文化适应与社会经济地位之间存在显著的正相关性。这表明,文化适应程度较高的群体通常具有较高的生活水平,其父母也有较高的受教育程度。在前人研究的基础上,Cuellar 和 Roberts(1997)进一步调查了拉美裔成年人样本中抑郁症状、文化适应和社会经济地位之间的关系。研究发现,抑郁症状随着文化适应度的提高而减少,但这一点仅限于被同化的墨西哥裔美国人,且种族地位和文化适应对抑郁得分总分的影响比社会经济地位或性别的影响小,较低的社会经济地位会增加抑郁风险。

(二)个体因素

跨文化适应的内部因素主要为个体因素,包括语言能力、人格、文化智力、动机、适应策略、心理健康等。

1. 语言能力

大量的研究表明,语言能力对移民和旅居者的文化适应具有重要作用(Ward & Kennedy,1994;Poyrazli,Arbona,Nora, et al.,2002;Yeh & Inose,2003;Zhang & Goodson,2011;Bierwiaczonek & Waldzus,2016)。Ward 和 Kennedy(1994)的研究显示,目的语语言水平对个体的文化适应具有直接的影响,较高的语言水平可以使个体具备较强的跨文化交际能力,尤其是语用能力,这能够帮助他们与目的语文化人群建立和发展良好的社会关系。

对于大多数留学生而言,语言交际困难是其在国外留学、生活期间最具挑战性的问题之一(Mori,2000)。外语技能的缺乏可能会影响留学生的学业成绩,而学业困难反过来又会影响他们的心理适应(Lin & Yi,1997)。Puck、Kittler 和 Wright(2008)的研究表明,外语语言能力与跨文化适应具有显著的相关性,熟练掌握目的语国家的语言不仅方便留学生或旅居者在东道国文化中自由交往,还可以方便其阅读报纸、进行上网等,帮助他们更好地理解东道国的文化。

Poyrazli、Arbona、Nora 等(2002)考察了 122 名在美国学习的外国留学研究生(51%硕士研究生,49%博士研究生)的英语水平与心理适应之间的关系。通过回归分析,Poyrazli、Arbona、Nora 等(2002)发现,英语水平能够有效预测心理适应,但不能有效预测孤独感。他们的研究主要关注留学生在教育、文化适应、与美国人建立社会关系等方面的心理适应,而这些方面均依赖于英语交际能力。但是,孤独感依赖于留学生建立个人关系的能力,同时,留学生与自己具有共同语言的人在一起可能更能消除孤独感。

Yeh 和 Inose(2003)调查了美国东北部一所城市大学的 372 名外国留学本科生和研究生的外语水平和文化适应压力的关系,结果显示外语的流利程度是文化适应压力的一个重要预测因子。一般来说,具有越高的语言水平和外语流利程度,留学生的文化适应压力就越小。他们认为,具有更高外语水平的留学生可以与主流社会群体更顺畅地进行互动,这或许有助于其更快、更容易地进行心理调整。此外,外语流利程度较高的留学生可能较少对自己的口音感到尴尬和难为情(Barratt & Huba,1994),他们可以在日常生活中更自信地互动,比如寻求帮助、点餐、认识新朋友。而且,较高的外语水平有助于留学生在一些学术课程中取得更好的成绩,因为他们可以更自如地在课堂上发言、参与讨论(Kao & Gansneder,1995)。

El Khoury(2019)调查了语言能力对难民的社会文化适应和幸福感的影响。该研究共调查了德国斯图加特的 214 名叙利亚难民,通过《人口统计问卷》《文化适应态度量表(AAS-16)》《修订的社会文化适应量表(R-SCAS)》和《心理健康量表(MHI-18)》获取相关数据。研究结果表明,德语习得水平与社会文化适应显著相关,二者具有正相关性。

国内也有不少学者对此进行研究,同样认为个体的语言能力会影响其跨文化适应水平。杨军红(2005)的研究表明,语言水平是影响留学生适应的一个重要因素;黄慧莹(2010)的研究表明,在沪法国留学生的心理健康水平、社会文化适应皆会受到中文能力的影响。文雯、刘金青、胡蝶等(2014)的研究结果显示,汉语水平较高的学生能够更好地适应当地的环境,比如用餐和银行服务,同时也能更好地适应当地的一些风俗习惯。

2. 人格因素

人格是一个非常宽泛的概念,一般指各种性格维度、应对策略和认知过程的总称,相当于"自我"(self)这一概念(Kosic,2006)。虽然存在许多不同的性格特征,但研究发现性格的一些主要因素均与文化适应较为相关,如外向性(Padilla,Wagatsuma & Lindholm,1985;Ones & Viswesvaran,1999)、开放性(Ward,Berno & Main,2002)、自我监控(Kosic,Mannetti & Sam,2006)、自尊(Valentine,2001)。

(1)外向性

旅居者和移民的重要任务之一是建立和培养新的社会关系。外向性有助于旅居者和移民与东道国国民建立友好的关系,同时也有利于其进行特定文化技能的学习及跨文化调整(Gardner,1962;Locke & Feinsod,1982)。虽然外向性受到较多的关注,但是结论缺乏一致性(Viswesvaran & Ones,1999)。

部分研究发现,外向性对文化适应具有积极的作用,能够促进社会文化适应和心理适应(Searle & Ward,1990;Ward,Leong & Low,2004);也有研究发现,外向性对文化适应具有负面作用,会导致旅居者和移民较高程度的抑郁、沮丧和无聊(Armes & Ward,1989);还有研究认为,二者没有直接关系(Ward & Kennedy,1993)。针对这些不一致的结论,Ward 和 Chang(1997)提出文化适合(cultural fit)假说,认为外向性本身并不能预测文化适应;相反,旅居者和移民的性格与主流文化规范的适合度有益于他们的心理健康,且能有效预测他们的文化适应。Ward 和 Chang(1997)以旅居新加坡的美国人作为研究对象,通过《Eysenck 人格问卷》(Eysenck & Eysenck,1975)获得外向性分数,将旅居新加坡的美国人的外向性分数与新加坡当地人的外向性分数进行比较。结果发现,虽然外向性与心理幸福感没有显著相关性,但是与当地人的分数更为接近的美国人具有更高的心理适应水平。

(2)开放性

Arthur 和 Bennet(1995)认为,开放性指对群外成员以及不同文化规范和价值观的一种不带偏见的态度。开放性也常被认为是文化适应的重要促进因素(Mendenhall & Oddou,1985)。一般认为,开放性较高的人,其观点不那么僵化,会持续、主动地学习新文化,积极调整自身行为,以符合新的文化规范。Ones 和 Viswesvaran(1997)指出,开放性可以有效预测外派企业高管的沟通能力。Ward、Berno 和 Main(2002)以新西兰的国际学生为调查对象,证明了开放性可以减少文化适应困难。Van der Zee、Atsma 和 Brodbeck(2004)以160 名留学生为调查对象,通过《多元文化人格问卷》(Van der Zee & Van Oudenhoven,2000)收集数据,研究发现开放性对良好的情绪和安全感都有一定影响。

(3)自我监控

自我监控是一种性格特质,指在社会交往中调节自身行为、思维的能力(Snyder,1974)。自我监控能力强的人具有较高的敏感性,洞察力强,善于关注社会暗示,从而善于与人建立社会关系(Gangestad & Snyder,2000)。自我监控能力强的人不仅能够根据社会环境中的反馈及时调整自己的反应,还能够主动与陌生人进行交谈(Graziano & Waschull,1995),表现出更强的适应能力(Montagliani & Giacalone,1998)。Kosic、Mannetti 和 Sam(2006)考察了自我监控对文化适应的作用,他们选取 160 名居住在意大利罗马的波兰移民为研究对象,通过《自我监控量表》(修订版)(Lennox & Wolfe,1984)和 Kosic(1998)修订的《文化适应策略量表》《社会文化适应量表》及《心理适应量表》来获取相关数据。研究结果发现,自我监控与文化适应具有高度相关性,自我监控程度高的移民能更好地适应东道国文化,且自我监控与社会文化适应($r=0.53$)和心理适应($r=0.35$)之间也具有正相关性,说明自我监控程度更高的移民在这两方面的适应往往也更成功。

（4）自尊

自尊是自我意识的评估,涉及个人对自我价值、重要性和能力的认知(Rosenberg,1965),通常与自我接受、环境应对和自我提升等个人因素相关(Brandon,1992;Pilegge & Holtz,1997)。自尊心强的人往往更善于交际,对自己的职业抱负更乐观,在压力应对方面也更积极(Tharenou,1979;Negy & Woods,1992a)。一些研究表明,自尊和文化适应之间存在积极的关系(Moyerman & Forman,1992;Valentine,2001)。

Valentine(2001)选取了 110 名拉美裔美国移民为研究对象,采用Rosenberg(1965)的《自尊量表》(Self-Esteem,Scale,SES)和 Marin、Sabogal、Marin 等(1987)的《拉美裔文化适应简要量表》(A Short Acculturation Scale for Hispanic)为数据收集工具。研究结果表明,自尊与文化适应具有正相关性($r=0.29,p<0.01$)。此外,Sam 和 Virta(2003)考察了在挪威和瑞典的 3 个移民群体(智利人、土耳其人和越南人)的社会身份认同,结果表明,文化融合或双文化认同与自尊具有正相关性。他们认为,一个人越重视自己,就越有可能做出额外的努力,去适应新文化和应对新的挑战。

（5）人格维度理论模型

一些研究试图结合个人取向和他人取向的因素,并在此基础上提出了文化适应中人格维度的相关理论,其中五要素模型(Five-Factor Model,FFM)是较为有名的一个理论模型。五要素是指人格中的五大特点,分别为外向性(extraversion)、情绪稳定性(emotional stability)、宜人性(agreeableness)、意识性(conscientiousness)和精神敏感性(neuroticism)(Kosic,2006)。部分研究也将五要素分为外向性(外向、社交性)[extraversion(surgency,sociability)]、宜人性(温暖、可爱性)[agreeableness(warmth,likebility)]、意识性(控制、有序性)[conscientiousness(control,orderliness)]、精神敏感性(情绪化、焦虑性)[neuroticism(emotionality,anxiety)]和智力自主性(独立性、好奇心)[intellenct autonomy(independence,curiosity)](Digman,1990;Goldberg,1993;Costa & McCrae,1995)。Ward、Leong 和 Low(2004)提出心理适应与外向性、随和性、意识性和较低的神经敏感性有关。随和性通常有助于有效的沟通和社会关系,在这一特质上表现突出的人一般对他人更有同情心,同时也更愿意与他人合作;而责任心则是指个人谨慎、勤奋和自律的程度。

Schmitz(1994)将五要素与其他人格特征结合考虑,试图探索文化适应过程中风险与保护的复杂关系。他的研究表明,人格维度的差异可能使人们倾向于采取不同的文化适应策略,其中,整合与神经敏感性、攻击性、冲动、焦虑、场依赖具有负相关性,与外向性、情绪稳定性、社交性、亲和性、感觉寻求、思想开放具有正相关性;同化与亲和性和社交性具有正相关性,与神经质、焦虑、封闭、场依赖具有负相关性;分离与神经质、焦虑、冲动、感觉寻求、攻击性具有正相关性,与外向性、社交性、自信、自尊具有负相关性;边缘化与高度不合群、神经质、焦虑和思想封闭具有正相关性。

(6)新五要素模型

由于五要素模型并未对跨文化环境下的人格特征进行良好区分,因此学者们提出了新五要素理论模型,用于描述跨文化背景下的人格特征(Zee,Benet-Martínez & Oudenhoven,2016)。

Van der Zee 和 Van Oudenhoven(2000、2001)提出了跨文化背景下的新五要素模型,分别为文化同理心(cultural empathy)、开放性(open-mindedness)、社交主动性(social initiative)、情绪稳定性(emotional stability)和灵活性(flexibility)。文化同理心指对来自不同文化个体的感觉、想法和行为的强调;开放性反映了对待文化差异的开放和平等态度;社交主动性指主动参与社交活动的倾向;情绪稳定性反映了在新环境或在有压力的环境下保持平静的能力;灵活性指适应新环境的能力。

3. 文化智力

文化智力(cultural intelligence,CI)研究有助于我们更好地理解外派人员的工作效率。Earley 和 Ang(2003)介绍了文化智力的结构,以解释个体跨文化适应的差异。一般而言,文化智力较高的个体更容易理解、驾驭陌生文化,故文化智力较高者在其他国家工作、管理时更容易适应并获得成功。目前,对智力的分类主要有情绪智力(emotional intelligence)、社会智力(social intelligence)、一般智力(general mental ability,GMA)以及一个相关但不同的"智力"概念——智商(intelligence quotient,IQ)。文化智力与其他形式的"智力"相似却又不同,Earley 和 Ang(2003)将文化智力视作解释跨文化环境中个体功能差异的基础(Zhang,2013)。

Kirkman & Chen(2006)认为,文化智力包括 4 种,即元认知文化智力(meta-cognitive CI)、认知文化智力(cognitive CI)、动机性文化智力(motivational CI)和行为文化智力(behavioral CI)。元认知文化智力指一个人识别和理解适当的文化情境的认知能力；认知文化智力指关于不同文化的经济、法律和社会方面的文化知识；动机性文化智力指个体适应不同文化环境的动力，这也被概念化为内在动机（即源于个体内部）和跨文化背景下的自我效能感（即一个人相信自己能够有效完成给定任务的自信程度）；行为文化智力反映了个体与来自不同文化背景的人互动时沟通和交流的能力。

Kirkman 和 Chen（2006）认为，文化智力水平较高的人能更好地适应东道国的文化环境，因为他们可以在适应过程中获得更多的情感和信息支持。Mokhothu 和 Callaghan（2018）采用验证性因素分析和多元线性回归分析方法，对南非一所大型高校的 263 名国际学生进行了调查，结果发现，不同于元认知、认知和行为文化智力，只有动机性文化智力与社会文化适应、学习成绩具有显著正相关性。

二、文化适应测量

由于国际交流和人口流动的不断增加，研究者们针对不同的群体开发了大量的文化适应测量工具，其中一些针对不同移民，如非裔移民（Landrine & Klonoff，1994；Klonoff & Landrine，2000）、拉美裔移民（Ramirez，Cousins，Santos，et al.，1986；Marin & Gamba，1996）、亚裔移民（Suinn，Rickard-Figueroa，Lew，et al.，1987；Kim，Atkinson & Yang，1999）；一些针对儿童（Martinez，Norman & Delaney，1984）；也有一些针对青少年（Norris，Ford & Bova，1996；Unger，Gallaher，Shakib，et al.，2002）。

相对来说，目前针对非裔移民文化适应的量表并不多，其中较为著名的有《非裔美国人文化适应量表（1994）》（African American Acculturation Scale 1994）（Landrine & Klonoff，1994）和《非裔美国人文化适应量表（1999）》（African American Acculturation Scale 1999）（Snowden & Hines，1999）。

《非裔美国人文化适应量表（1994）》包含 8 个部分，共 74 个题项[①]，分别为个人偏爱（11 个，包括音乐、艺术、娱乐节目、杂志等）、传统家庭观念（12 个，包括家庭成员关系、家庭生活习惯、家庭成员地位等）、传统健康观念（12 个，包括对疾病、治疗、生理的认识和做法等）、传统社会交往（11 个，包括童年时期上学情况、童年时期的主要活动和交往人群等）、传统食物（10 个，包括主要食物、饮食习惯、食物做法等）、宗教信仰（6 个，包括信仰内容和教堂情况等）、种族态度（7 个，包括个人和家庭对白人的态度和对社会上一些做法的态度等）、

---

① 本书中量表和问卷中的问题和陈述性的项目，统一称为"题项"。

迷信(5 个,包括对一些迷信观念和做法的态度等)。量表 8 个部分均具有很高的信度,α 值在 0.71 到 0.90 之间:个人偏好,0.90;传统家庭观念,0.71;传统健康观念,0.78;传统社会交往,0.81;传统食物,0.81;宗教信仰,0.76;种族态度,0.79;迷信,0.72。量表的折半信度 $r=0.93$($p<0.01$)。

Landrine 和 Klonoff(1995)对《非裔美国人文化适应量表(1994)》进行了交叉验证,并对量表进行了精简。结果显示,量表各部分信度仍然较高(α 值在 0.64 到 0.83 之间),但两次调查结果间也存在一定的差异。总体而言,第一次调查(1994)比第二次调查(1995)的 α 值高;但在"种族态度"和"宗教信仰"上,第二次调查比第一次高。在第二次调查的基础上,Landrine 和 Klonoff(1995)将问卷精简到 33 个题项,并将题项分为 10 个部分(个人偏好,6 个;宗教信仰,6 个;传统食物,4 个;传统童年,3 个;迷信,3 个;种族态度,3 个;脱离群体,2 个;传统游戏,2 个;家庭价值,2 个;家庭风俗,2 个)。精简后的量表同样具有较高的信度(α=0.78)、内部一致性(r=0.88)、共时效度和组间区分度[$T^2=0.2065, F(10,246)=5.08, p<0.01$]。

之后,Klonoff 和 Landrine(2000)对《非裔美国人文化适应量表(1994)》进行了再次验证和调整。这次他们选取更大的被试群体(520 名非裔美国人),通过因子分析将量表调整为 8 个部分共 47 个题项(宗教信仰,10 个;个人偏好,9 个;种族态度,7 个;家庭风俗,4 个;健康观念,5 个;文化迷信,4 个;种族隔离,4 个;家庭价值,4 个)。调查结果显示,调整后量表的每个部分都具有很高的内部一致性和可靠性(α 值在 0.67 到 0.89 之间),量表的整体内部一致性为 0.93,分半信度为 0.79,且调整后量表与原量表之间的相关系数 r=0.97,说明调整后的量表同样具有很高的信度。

针对非裔移民的文化适应,Snowden 和 Hines(1999)设计了一份《非裔美国人文化适应量表(1999)》。量表采用李克特 4 分制,范围从 0 分(大多数或全部/非常同意)到 4 分(没有/很少/非常不同意)。分数越高,则说明非裔移民越适应美国主流文化。量表由 10 个题项组成,包括与种族相关的文化和媒体偏好(音乐、广播、电视),社会互动环境中的种族平衡(朋友、教会、聚会、社区),与种族相关的态度(依赖亲属帮助、跨种族婚姻的意愿),以及与白人和黑人互动时的舒适程度。调查结果显示,量表具有良好的信度(α=0.75)。此外,通过因子分析发现,该量表呈单维结构,即量表是一个整体,可用于测量单一的概念。另外,社会人口学相关因素(婚姻、性别、年龄、收入、教育、就业等)的对比分析显示,该问卷具有较高的结构效度。

Reid、Brown、Andrew 等(2009)对 Snowden 和 Hines(1999)的《非裔美国

人文化适应量表(1999)》进行了交叉验证。他们选取美国东北部城市的 301 名非裔美国人为样本,采用验证性因子分析(confirmatory factor analysis)。结果表明,Snowden 和 Hines(1999)的量表并非单维结构,而是具有 3 个因素的多维结构,与 Snowden 和 Hines(1999)设计的维度一致,包括媒体偏好、社会互动模式和态度。

相对来说,针对拉美裔移民的文化适应量表相对来说数量最多,Kim 和 Abreu(2001)共总结出 23 个量表。比较有影响力的量表有《墨西哥裔美国人文化适应评定量表》(Acculturation Rating Scale for Mexican Americans)(Cuellar,Harris & Jasso,1980)、《墨西哥裔美国人文化适应评定量表 II》(Acculturation Rating Scale for Mexican Americans II)(Cuellar,Arnold & Maldonado,1995)、《拉美裔文化适应简要量表》(The Brief Acculturation Scale for Hispanics)(Norris,Ford & Bova,1996)和《拉美裔双维文化适应量表》(The Bidimensional Acculturation Scale for Hispanics)(Marin & Gamba,1996)等。

《墨西哥裔美国人文化适应评定量表》(Acculturation Rating Scale for Mexican Americans)(Cuellar,Harris & Jasso,1980)共有 20 个题项,涉及语言的熟悉度和使用、民族间的互动、民族自豪感和身份认同、文化继承以及各代人之间的亲近性等,其中 14 个为测量文化适应的行为,5 个反映文化认同,1 个为人口学信息。量表采用 5 级李克特量表(1 表示极度墨西哥倾向,5 表示极度美国倾向)。总体而言,量表的信度较高($\alpha = 0.81 \sim 0.92$)。5 周后的重测信度为 $0.72 \sim 0.80$,两位评分者间的信度为 0.89,且与《文化适应行为量表》(Behavioral Acculturation Scale,BAS)(Szapocznik,Scopetta,Kurtines,et al.,1978)之间的效标效度也具有显著意义。此外,因子分析也显示出 4 个显著的因子,分别为语言偏好、民族认同、朋友、与墨西哥的联系,表明其具有良好的构念效度。Montgomery 和 Orozco(1984)对量表进行了交叉验证,发现研究结果与 Cuellar、Harris 和 Jasso(1980)的研究极为接近,量表的效度和信度均较高,甚至具有更高的信度($\alpha = 0.92$)。

为了使《墨西哥裔美国人文化适应评定量表》成为评估个人层面文化适应过程的工具,同时将该量表的适用范围从墨西哥裔美国人扩展到拉美裔美国人,Cuellar、Arnold 和 Maldonado(1995)对量表进行了修订,提出了《墨西哥裔美国人文化适应评定量表 II》(Acculturation Rating Scale for Mexican Americans II)。修订版的量表分为 2 个分量表——《美国倾向分量表》(Anglo Orientation Subscale)和《墨西哥倾向分量表》(Mexican Orientation

Subscale)，前者由 13 个题项构成，后者由 17 个题项构成。他们通过《美国倾向分量表》的平均值减去《墨西哥倾向分量表》的平均值来计算文化适应分值，文化适应分值越高则表明美国化程度越高，同化程度也越高。研究结果显示，2 个分量表均具有良好的内部信度（《美国倾向分量表》$\alpha = 0.86$，《墨西哥倾向分量表》$\alpha = 0.88$）。修订后的量表与原量表的皮尔逊相关系数也非常高（$r = 0.89$），表明了 2 个量表具有高度一致性。修订后的量表是一个多因素、多维、正交的文化适应量表，可以独立获取被试者在每种文化（美国文化和墨西哥文化）中的得分。

Marin、Sabogal、Marin 等（1987）设计了一份包含 12 个题项的《拉美裔文化适应简要量表》。该量表包含 3 个方面的内容，分别是语言使用、媒体及社会关系的种族情况，具体包括日常使用的语言、童年的语言、家庭的语言、思维的语言、朋友间的语言、电视的语言、收音机的语言、朋友的种族、晚会的种族群体、访客的种族以及孩子朋友的种族。研究结果显示，问卷的信度很高（整体 $\alpha = 0.92$，语言相关问题 $\alpha = 0.90$，媒体相关问题 $\alpha = 0.86$，社会关系的种族情况 $\alpha = 0.78$）。同时，该问卷的效度也比较理想，量表调查结果与受访者属于第几代移民（代数）、在美居住时间、到达美国的年龄、民族自我认同等验证指标均具有高度相关性。

在 Marin、Sabogal、Marin 等（1987）《拉美裔文化适应简要量表》的基础上，Norris、Ford 和 Bova（1996）进一步将其精简为仅有 4 项调查内容的《拉美裔文化适应精简量表》（Brief Acculturation Scale for Hispanics）。量表问题包括："一般来说，你用什么语言进行阅读和交谈？""你在家里通常说什么语言？""你通常用什么语言进行思考？""你通常和你的朋友说什么语言？"研究结果显示，该问卷同样具有很高的信度（$\alpha = 0.90$），且量表结果与移民代数、在美国的时间、文化适应的主观评价、出生国等验证因素高度相关。

为测量在不同文化领域（西班牙语和非西班牙语）中个体的双向行为变化，Marin 和 Gamba（1996）设计了《拉美裔双维文化适应量表》（The Bidimensional Acculturation Scale for Hispanics）。量表包含 60 个题项，涉及英语和西班牙语在不同场景中的使用频率、语言水平、媒体语言偏好、特定文化偏好（如饮食、庆祝活动、节日、文学和音乐）、社会关系的种族类型（如朋友、邻居、约会对象或配偶）等。通过主成分因子分析，他们发现该量表主要包含 4 个因子：语言使用（language use）、语言能力（linguistic proficiency）、电子媒介（electronic media）和庆祝活动（celebrations）。研究结果显示，问卷具有很强的内部一致性，西班牙语文化的整体一致性为 $\alpha = 0.87$，非西班牙语文化的

整体一致性为 $\alpha=0.94$，且各因子内部也具有很强的一致性，最高的为"非西班牙语文化的语言能力"（$\alpha=0.97$）。同时，他们通过以下 7 个常用的验证指标考察问卷的效度，分别为移民代数（generation status）、在美国的居住时间（length of residence in the United States）、教育程度（amount of formal education）、到达美国时的年龄（age at arrival in the United States）、受访者在美国生活时间比例（proportion of respondent's life lived in the United States）、民族自我认同（ethnic self-identification）以及与《拉美裔文化适应简要量表》（Marin，Sabogal，Marin，et al.，1987）结果的相关性。其结果显示，该量表与上述验证指标都具有很强的相关性。

针对亚裔移民的文化适应量表中，Suinn 等（1987、1992、1995）设计的《Suinn-Lew 亚洲人自我认同文化适应量表》（The Suinn-Lew Asian Self-Identity Acclturation Scale）最具影响力。该量表根据《墨西哥裔美国人文化适应评定量表》（Cuellar，Harris & Jasso，1980）改编而成，包含 21 个选择题，内容涵盖语言（4 题）、认同（4 题）、择友（4 题）、行为（5 题）、历史（3 题）和态度（1 题）。问卷得分越高，则表明受访人越认同西方文化，文化适应越好；得分越低，则表明受访人越认同亚洲文化，文化适应越差。研究以 82 名大学生为调查对象，结果表明量表具有较高的信度（$\alpha=0.88$），各题项之间的内在一致性也比较高。此外，通过分析移民代数、居住时间和民族身份自评 3 方面的数据，Suinn 等（1987、1992、1995）发现量表具有良好的效度。Suinn、Ahuna 和 Khoo（1992）的研究说明，该量表具有很好的共时效度和结构效度，人口学信息与问卷调查结果具有显著相关性，且问卷中的因子与《墨西哥裔美国人文化适应评定量表》中的因子高度重合。Ponterotto、Baluch 和 Carielli（1998）对基于《Suinn-Lew 亚洲人自我认同文化适应量表》的相关研究进行了总结，研究结果表明，该量表是亚裔美国人文化适应测量的最主要量表之一，具有较好的内部一致性（9 个研究报告的 α 值范围为 0.68～0.91）、一定的效标效度和很强的构念效度。

针对美国东南亚裔移民，Anderson、Moeschberger、Chen 等（1993）设计了《东南亚裔文化适应量表》（Acculturation Scale for Southeast Asians）。量表主要关注与语言相关的内容，包括美国东南亚裔移民的语言能力（英语及其本族语，即柬埔寨语、老挝语和越南语的口语、阅读、写作能力）及其与配偶、孩子、父母、朋友、邻居、同事等在家庭聚会和工作等场景中最常用的语言。量表也包括一些其他项目，如食物偏好、社会关系（如朋友、同事和邻居）。量表的所有题项均采用李克特量表形式，其中语言能力项目采用 4 分制（非常好、相当好、不太好和根本不行),与最常使用的语言有关的项目采用 5 分制(仅本族语、主要本族语、本族语和英语相当、主要英语、仅英语),与社会关系类型相关的题项采用了 3 分制(主要是本族人、本族人和美国人相当、主要是美国人),关于食物偏好的题项采用 5 分制(只有原产地、大部分是原产地、原产地和美国相当、大部分是美国、只有美国)。研究结果显示,从整体上来看:英语水平的 4 个项目,本族语语言水平的 3 个项目和语言、社会、食物偏好的 6 个项目的 α 值分别为 0.98、0.81 和 0.79;从每个民族群体来看,英语水平项目的 α 值在 0.98 到 0.99 之间;本族语语言水平项目则有所差异,柬埔寨裔、老挝裔和越南裔的 α 值分别为 0.82、0.77 和 0.94;在语言、社会、食物偏好项目上,柬埔寨裔、老挝裔和越南裔的 α 值分别为 0.76、0.81 和 0.84。这些 α 值表明该量表具有较高的内部一致性。

Kim、Atkinson 和 Yang(1999)也设计了一个测量亚裔美国人文化适应的量表——《亚洲人价值观量表》(The Asian Values Scale)。该量表起初包含 112 个题项,涵盖 14 个维度:解决心理问题的能力(ability to resolve psychological problems)、对家庭羞耻感的避免(avoidance of family shame)、集体主义(collectivism)、对家庭和社会规范的遵守(conformity to family and social norms and expectations)、对权威的尊重(deference to authority figures)、教育和职业成就(educational and occupational achievement)、孝道(filial piety)、家庭的重要性(importance of family)、人际和谐的维持(maintenance of interpersonal harmony)、把他人的需要放在自己的需要之前的行为(placing other's needs ahead of one's own)、互惠(reciprocity)、对长辈和祖先的尊敬(respect for elders and ancestors)、自控和克制(self-control and restraint)、谦逊(self-effacement)。量表采用 7 级李克特量表形式(1 表示完全不赞成,7 表示完全赞成)。通过探索性因子分析,他们将问卷选取的 36 个题项归纳为 6 个因子,分别是对规范的遵守(conformity to norms)、家庭认可(family recognition through achievement)、情绪自控(emotional self-control)、集体主义(collectivism)、谦逊(humility)和孝道(filial piety)。调查分析结果显示,问卷具有较高的信度(研究 1,$\alpha = 0.81$;研究 2,$\alpha = 0.82$),且 2 周后的重测效度为 0.83。另外,验证性因子分析的结果表明,该量表也具有很好的效度(GFI = 0.973,CFI = 0.972)。

Chung、Kim 和 Abreu(2004)设计了《亚裔美国人多维文化适应量表》(Asian American Multidimensional Acculturation Scale)。该量表基于双维度正交模式,即对主流文化的适应和对本族文化的适应 2 个正交维度,并将其扩展到新的维度——泛族裔的亚裔美国文化。量表很大一部分改编自《Suinn-Lew 亚洲人自我认同文化适应量表》(Suinn,Rickard-Figueroa,Lew,et al.,1987),将问题改为多元线性格式,要求受访者根据 3 个参照群体对每个项目进行评定——他们的本族文化、其他亚裔美国人文化和欧洲裔美国人文化,以此形成了相应的 3 个分量表——《本族文化适应分量表》《其他亚裔文化分量表》和《欧洲裔文化适应分量表》。各分量表分别由 15 个题项组成,采用 6 级李克特量表进行测量(从"不多"到"非常多")。15 个题项包括 10 个测量文化行为题项、3 个测量文化认同题项和 2 个测量文化知识题项。研究结果显示,量表具有较好的内在信度,《本族文化适应量表》α 值为 0.87,《其他亚裔文化量表》α 值为 0.78,《欧洲裔文化适应量表》α 值为 0.81;且 2 周后的重测信度也均较高,α 值分别为 0.89、0.75、0.78。此外,该量表的校标效度和共时效度也比较理想。

尽管目前大部分量表主要针对成年群体,但也有一些量表针对儿童和青少年:《墨西哥裔儿童文化适应量表》(Franco,1983)、《西班牙裔儿童背景量表》(Martinez,Norman & Delaney,1984)和《儿童文化适应压力量表》(Suarez-Morales,Dillon & Szapocznik,2007)等皆是针对儿童开发的量表。针对青少年的量表有《拉美裔青年文化适应简要量表》(Barona & Miller,1994)和《青少年文化适应、习惯和兴趣多元文化量表》(Unger,Gallaher,Shakib,et al.,2002)等。

Franco(1983)设计了《墨西哥裔儿童文化适应量表》(Acculturation Scale for Mexican-American Children)。该量表调查了一年级、三年级和六年级的墨西哥裔学生,共 175 名,研究内容包括语言情况、种族间的互动、种族与主流文化间的距离、感知的歧视、宗教、教育、父母的职业、饮食和娱乐偏好以及文化历史知识等。量表采用 5 级李克特量表形式,要求评分者在教师和家长的辅助下完成量表,在 1 到 5 个等级上做出判断,分值越高说明个人的文化适应程度越高。调查结果显示,量表具有良好的信度,内在信度为 0.77,重测信度高达 0.97。另外,通过与其他量表的对比、因子分析等途径,研究验证了该量表的效度。量表与《墨西哥裔美国人文化适应评定量表》(Cuellar,Harris & Jasso,1980)的结果具有较强的相关性,皮尔逊相关系数为 0.76;因子分析显示问卷具有显著的 3 个因子,分别能够解释总变异的 46.98%、16.35% 和 8.81%;发展分析显示一年级、三年级和六年级学生的文化适应得分具有显著的差异[$F(2, 136) = 10.65, p < 0.01$]。

Martinez、Norman 和 Delaney(1984)设计了《西班牙裔儿童背景量表》

(Children's Hispanic Background Scale)。该量表由 30 个题项组成,其中包含西班牙语使用相关的 23 个(4 个与和祖父母交流相关,10 个与和父母交流相关,4 个与和兄弟姐妹交流相关,2 个与和朋友交流相关,3 个与孩子自己的语言使用相关),饮食偏好相关的 2 个,一般文化接触相关的 5 个,具体题项包括:我妈妈跟我说西班牙语;我的家人看西班牙电视节目;我的兄弟姐妹跟我说西班牙语;我父亲会说西班牙语;我的朋友跟我说西班牙语;我用西班牙语和我的朋友交谈;我教堂的礼拜仪式是用西班牙语进行的;我说西班牙语;我最喜欢吃墨西哥菜;我妈妈讲西班牙语;我的兄弟姐妹用西班牙语和我母亲交谈;我的家人听西班牙语(墨西哥)音乐;我母亲用西班牙语和我的兄弟姐妹说话;我父亲和他的父母用西班牙语交谈;我的朋友说西班牙语;我们全家去看西班牙电影;我家吃墨西哥食物;我父亲和我母亲说西班牙语;我的家人收听西班牙广播电台;我妈妈和我爸爸说西班牙语;我母亲的父母说西班牙语;我的兄弟姐妹说西班牙语;我用西班牙语和我的兄弟姐妹交谈;我父亲用西班牙语和我的兄弟姐妹交谈;我母亲的父母用西班牙语和我母亲交谈;我父亲跟我说西班牙语;我父亲的父母说西班牙语;我妈妈和她的父母用西班牙语交谈;我的兄弟姐妹用西班牙语和我父亲交谈;我父亲的父母用西班牙语和我父亲交谈。量表采用 4 级李克特量表形式,4 为"几乎没有",3 为"有的时候",2 为"大部分时候",1 为"几乎总是"。因此,分数低则代表较高的西班牙文化接触和可能较低的美国文化适应;分数高则结果相反。调查结果显示,量表的重测信度非常高($r=0.92$,$p<0.01$)。同时,量表也具有良好的效度,且量表与学校的父母双语能力独立测量具有显著的高相关性。

Chavez、Moran、Reid 等(1997)设计了《社会、态度、家庭及环境适应压力量表(修正版)》(Modified Societal, Attitudinal, Familial, and Environmental Acculturative Stress Scale),用于测量学龄儿童的文化适应压力。该量表包含 36 个题项,其中 16 个考察一般社会压力源(例如,在课堂上提问),其余的 20 个考察少数民族群体特有的潜在压力因素。量表使用 6 级李克特量表格式(0~5)。0 表示问题不适用于答题人;从 1 至 5 表示不同程度的压力:不困扰我、几乎不困扰我、有时会困扰我、经常困扰我、非常困扰我。研究结果显示,该量表有良好的信度和效度,整体的克隆巴赫 $\alpha=0.86$,且针对不同种族儿童的对比分析结果显示,该量表具有良好的区分度[$F(3,67)=7.55$,$p<0.01$]。

Suarez-Morales、Dillon 和 Szapocznik(2007)在《社会、态度、家庭及环境适应压力量表(修正版)》(Chavez, Moran, Reid, et al., 1997)的基础上设计了《儿童文化适应压力量表》(Acculturative Stress Inventory for Children)。该

量表基于以下 2 个方面,对《社会、态度、家庭及环境适应压力量表(修正版)》进行了修订:一是保留基于相关理论的项目,二是减少整体题项的数量。量表总共包含 20 个题项,同样使用 6 级李克特量表格式(0~5)。0 表示题项不适用于答题人;从 1 至 5 表示不同程度的压力:不困扰我、几乎不困扰我、有时会困扰我、经常困扰我、非常困扰我。调查结果发现,量表涵盖 2 个主要因子:感知歧视(perceived discrimination)和移民相关的压力(immigration related stress)。通过分析,量表保留 12 个题项,分别为:我经常觉得那些应该帮助我的人根本不关心我;当人们强迫我和其他人一样时,我很烦;因为我所在的群体,我没有得到应有的分数;许多人相信我所在群体的行为、思考或为人处世的方式;我觉得因为我所在的群体,其他人做一些事情、玩一些游戏都没有包括我;我遇到的困难比大多数人都多;我很难告诉我的朋友们我的真实感受;当别人拿和我同一群体的人开玩笑时,我感觉很不好;离开我曾经生活过的国家,我很难受;我在美国没有家的感觉;人们认为我很害羞,其实我只是说英语有困难;我经常思考我的群体和它的文化。通过分析发现,量表整体的信度良好($\alpha=0.82$),其中感知歧视因素 $\alpha=0.79$,移民相关的压力因素 $\alpha=0.82$。且该量表 2 周后的重测信度良好,整体上 $\alpha=0.84$,感知歧视因素 $\alpha=0.93$,移民相关的压力因素 $\alpha=0.77$。同时,量表也具有良好的聚合效度和区分效度。

针对青少年文化适应,Barona 和 Miller(1994)在《拉美裔文化适应简要量表》(Marin,Sabogal,Marin,et al.,1987)的基础上设计了《拉美裔青年文化适应简要量表》。量表共有 12 个题项,分别为:你阅读和说、用什么语言;你父母用什么语言与你交谈;你在家通常说什么语言;你通常用哪种语言思考;你通常和朋友说什么语言;你通常看什么语言的电视节目;你通常听什么语言的广播节目;你喜欢看或听什么语言的电影、电视和广播节目;你的父母用什么语言和他们的父母进行交谈;你的密友是什么样的人;你更喜欢什么样的人参加聚会;你拜访的人或拜访你的人是什么样的人。研究分析显示,量表具有良好的信度,整体信度为 0.94,其中拉美裔被试者的信度为 0.92,非拉美裔被试者的信度为 0.85;分半整体信度为 0.96,其中拉美裔被试者的信度为 0.95,非拉美裔被试者的信度为 0.87。此外,方差分析和因子分析的结果表明,该量表具有良好的效度。

Unger、Gallaher、Shakib 等(2002)设计了《青少年文化适应、习惯和兴趣多元文化量表》(Acculturation,Habits,and Interests Multicultural Scale for Adolescents)。他们认为,针对青少年的文化适应测量量表应具有简洁性、年龄适切性、多元文化相关性和多元构成性等特点。量表在最初 13 个题项的基础上精简为 8 个,分别为:我最喜欢和来自＿＿＿的人在一起;我最好的朋友来自＿＿＿;与我最合得来的人来自＿＿＿;我最喜欢的音乐来自＿＿＿;我最喜欢的电视节目来自＿＿＿;我庆祝的节日来自＿＿＿;我在家里吃的食物来自＿＿＿;我做事的方式和我思考问题的方式来自＿＿＿。问卷采用选择题的形式:选项 A 为"美国",B 为"我家原先所在的国家",C 为"两者都是",D 为"两者都不是"。通过探索性因子分析及其与《墨西哥裔美国人文化适应评定量表-II》(Cuellar, Arnold & Maldonado,1995)的对比分析可以看出,该量表具有良好的信度和效度。由于量表具有简洁性(8 个题项)、年龄适切性、多元文化相关性和多元构成性等特点,Unger、Gallaher、Shakib 等(2002)认为,该量表适合于大规模的调查研究。

此外,也有一些量表专门针对文化适应的某一方面而进行设计,如针对心理适应的《心理适应量表》(Psychological Acculturation Scale)(Tropp,Erku, Coll, et al. ,1999)、针对社会文化适应的《社会文化适应量表》(Sociocultural Adaptation Scale)(Ward & Kennedy,1999)和针对文化适应压力的《多元文化适应压力量表》(Multidimensional Acculturative Stress Inventory)(Rodriguez,Myers,Mira, et al. ,2002)。

《心理适应量表》关注文化适应的心理而非行为或态度方面。量表由 10 个题项组成,分别为:你和哪些人分享你的大部分信仰和价值观? 你和哪些人最相似? 你和哪些人在一起最舒服? 在你看来,哪些人最了解你的想法(你的思维方式)? 你为自己属于哪种文化的一分子而感到自豪? 在哪种文化中,你了解做事方法,并且觉得你可以很容易地完成任务? 在哪种文化中,你对自己的行为有信心? 在你看来,你最了解哪些人? 在哪种文化中,你知道在不同的情况下人们对一个人的期望是什么? 你对哪一种文化的历史、传统和习俗等了解最多? 研究发现,量表具有良好的信度($\alpha=0.85$),各个问题之间也具有较好的一致性($r=0.27\sim0.71$),在不同调查样本中保持了较为一致的内部因子结构,是了解不同文化对心理影响的有效工具。

《社会文化适应量表》的开发主要基于 Trower、Bryant 和 Argyle(1978)的《社会技能量表》(Social Skills Scale),并受 Furnham 和 Bochner(1982)《社会状况问卷》(Social Situations Questionnaire)的影响。量表采用 5 级李克特量表形式(没有困难、轻微困难、中度困难、非常困难、极度困难),包含 41 个题项(交友、使用交通系统、让别人明白你的意思、适应生活的节奏、购物、参加社交活动/聚会/集会、做礼拜、和别人谈论你自己、理解笑话和幽默、与讨厌的/脾气暴躁的/咄咄逼人的人打交道、习惯当地的食物/找到你喜欢的食物、遵守规章制度、与权威的人打交道、与政府机构打交道、让别人明白你的意思、适应当地环境、与不同种族的人交流、与异性打交道、处理不满意的服务、找路、应对气候问题、和盯着你看的人打交道、去咖啡店/小吃摊/餐馆/快餐店、听懂当地口音/语言、远离家人/父母独自海外生活、适应当地礼仪、适应人口密度、与长者打交道、与地位高的人打交道、理解大学对你的要求、应付学术工作、与大学里的外籍职员打交道、在课堂上表达你的观点、与寄宿家庭的一起生活、接受/理解当地的政治制度、理解当地人的世界观、采用当地人的视角看待文化、理解当地的价值体系、从当地人的角度看问题、理解文化差异、能够看到跨文化问题的两面)。

《社会文化适应量表》曾被应用于 16 类不同被试群体,共 2036 人,其中包括学生(如在新西兰的马来西亚和新加坡留学生)、海外工作人员(如在新加坡的美国人),4 个纵向被试群体,共 171 人(14 名在新西兰读中学和大学的马来西亚和新加坡学生、14 名在新西兰的国外志愿者服务项目人员、35 名在新西兰的日本留学生、108 名在澳大利亚学习的新加坡留学生)。此外,142 名新西兰本国中学生作为参照组,也进行了量表测试。研究结果显示,量表的信度比较理想,$\alpha = 0.75 \sim 0.91$,平均 α 值为 0.85。社会文化适应量表是测量跨文化能力或行为适应能力的可靠、有效的工具,且通用性比较广,另外该量表可以为跨文化社会技能习得、跨文化交际有效性和文化学习方面提供理论启示。

Rodriguez、Myers、Mira 等(2002)编写的《多元文化适应压力量表》包括 36 个问题,采用李克特 5 级量表形式。通过主成分分析,发现量表主要涉及 4 个因素:本族语语言能力压力、英语语言能力压力、适应文化压力和抵制文化适应压力。总量表和分量表的信度均较高($\alpha = 0.77 \sim 0.93$),该量表的重测信度也比较理想($r = 0.53 \sim 0.84$)。同时,通过移民代数以及在美国居生时间比例等因素的交叉验证,可以看出该量表具有比较理想的效度。

第三节　文化适应相关理论模型

随着全球化的快速发展,国际交流不断增加,跨文化适应现象无处不在。越来越多的学者从理论的角度对文化适应进行深入研究,提出相应的理论模型。早期的学者们认为文化适应是线性的,是一种单向、单维的模式,即移民逐渐接受东道国文化、遗弃原有文化的过程。后来学者们逐渐意识到,文化适应是双向、双维甚至是多维的过程。

一、U 形曲线模型

U 形曲线模型是最为著名的单向、单维模型,几十年以来一直处于文化适应相关理论和研究的中心(Ward,Okura,Kennedy,et al.,1998)。作为该模型的奠基者,Lysgaand(1955)比较了 3 组在美国生活不同时间长度(0～6 个月、6～18 个月、18 个月以上)的富布赖特项目挪威学生的适应情况,发现在美国生活了 6～18 个月的学生,其适应水平比生活了 6 个月以下或 18 个月以上的学生低。Lysgaand(1955)认为,文化适应是一个过程,而这一过程存在不同的发展阶段。他描述了文化适应水平与在新环境中生活时间的函数关系,认为文化适应遵循 U 形曲线的发展模式,即学生在最初接触东道国文化时表现得比较乐观,处于较好的适应水平,随后在适应水平上开始下降并进入“低谷”,然后开始逐步恢复,并达到更高的适应水平。

U 形曲线模型整体上将文化适应过程分为 3～5 个阶段。与 Lysgaand(1955)相似,Oberg(1960)将文化适应的过程分为 4 个主要阶段:蜜月期、挫折期、调整期和融入期。适应初期为蜜月期,移民们对新环境和新文化感到新奇,并对新鲜的事物表现出很大兴趣,此时他们的文化适应相对比较容易和轻松,这个阶段会持续几天到 6 个月不等。第二个阶段是挫折期,这一阶段个体必须面对自己在新文化环境中遇到的问题,此时个体会出现一定的适应危机,面临一些困难,会感到孤独和沮丧,同时出现些许不适应的情况。第二个阶段的特点是,个体对东道国表现出一定的敌意,而与旅居同胞增加联系。第三个阶段是调整期,这一阶段的特点是语言能力和适应新文化的能力均有所提高,个体开始逐渐适应新的文化,并且学习如何按照东道国的文化规范行事。第四个阶段是融入期,个体已经可以较好地融入所在的主流社会,在新文化环境中生活的能力大大增强,其焦虑基本消除,已经基本适应并接受新的风俗习惯。

Adler(1975)则将文化适应分为 5 个阶段。第一个阶段是接触期,在与新文化的初次接触中,旅居者对新的经历感到兴奋,知觉上忽视文化间的差异。第二个阶段是转型期,旅居者逐渐感知文化差异,产生身份困惑,紧张感和挫折感也随之而来。第三个阶段是重整期,这一阶段的特点是对新的文化产生强烈排斥。在这个阶段,旅居者的文化适应水平可能会倒退,倾向于只寻求与自己文化相关的人进行交往。第四个阶段是自主期,在这一阶段,旅居者对新文化的敏感度和理解力有所提高,对新文化的应对技巧和灵活性也得到一定程度的提升。第五个阶段是独立期,旅居者已经能够完全接受文化差异,对新的文化产生高度的信任。

自从 U 形曲线模型提出后,大量的研究对其进行了验证(Morris,1960;Gullahorn & Gullahorn,1963;Black & Mendenhall,1991;Ward,Okura,Kennedy,et al.,1998;Furnham,2019)。Morris(1960)在其研究中指出,318名在美国的外国学生样本中存在 U 形曲线的调整模式。Sewell 和 Davidsen(1961)利用结构化访谈,调查了 40 名斯堪的纳维亚地区学生在美国的文化适应情况。Sewell 和 Davidsen(1961)发现,这些学生中同样存在 U 形曲线的适应模式。Heath(1970)考察了 110 名在美留学生的文化适应情况,让学生们回忆他们在 0～3 个月、4～6 个月和 18 个月时的适应情况,其研究结果也支持 U 形曲线模型。Davis(1971)调查了 222 名土耳其学生在美国的文化适应情况,其结果同样支持 U 形曲线模型。Chang(1973)调查了 209 名在美国学习的中国留学生的文化适应,根据学生在美国生活的时间长短将学生分成 3 组:0～3 个月、7～18 个月、18 个月以上。其研究结果总体上支持 U 形曲线模型:0～3 个月组与 7～18 个月组学生在适应上具有显著差异,然而 7～18 个月组和 18 个月以上组学生之间在适应上没有显著差异。Surdam 和 Collins(1984)调查了来自 35 个国家的 143 名学生在美国的适应情况,结果发现在美国生活 1～24 个月、25～48 个月和 49 个月以上学生的适应水平在统计学上具有显著差异,符合 U 形曲线模型。

然而,并非所有研究结果都支持 U 形曲线模型。在对美国斯坦福大学 68 名外国留学生进行的研究中,Selby 和 Woods(1966)发现,学生的学术表现和精神状况都会随学习阶段而发生变化(如休息期间情绪变好,而考试期间情绪变差),并非呈 U 形曲线。Becker(1968)的研究以 77 名学生为样本,根据他们在东道国的生活时间分为 3 组。研究发现,欧洲学生的适应模式呈现为 U 形曲线,而印度学生和以色列学生的适应模式呈现为倒 U 形曲线。Hull(1978)调查了 955 名在美国学习的留学生的适应情况。Hull(1978)根据学生在美国的生活时间将他们分为 3 组(不到 1 年、1～2 年、2 年以上),研究结果支持 U 形曲线模型。之后,Hull(1978)将这些在美国生活不到 1 年的学生分为另外 3 组(不到 4 个月、5～8 个月和 9～12 个月),发现分析结果并不支持 U 形曲线模型。Klineberg 和 Hull(1979)对来自 11 个国家的 2536 名留学生进行了大规模的调查,选取了一系列的文化适应指标(如所遇问题的数量、个人抑郁、孤独、思乡、对当地人的看法),其调查结果并未充分支持 U 形曲线模型。

因此,Church(1982)在总结 U 形曲线模型相关研究结果时指出,相关研究对 U 形曲线模型的支持不强,该模型缺乏确定性,且存在过度泛化的问题,因为并非所有学生的文化适应都以"蜜月期"开始。此外,不同研究对 U 形曲线时间参数的界定也存在巨大差异。

Black 和 Mendenhall(1991)对 U 形曲线模型的 18 项相关研究进行了总结,指出 18 项相关研究中有 12 项支持 U 形曲线模型。他们也指出了这些研究中存在的一些问题,比如 12 项研究中有 10 项没有对数据进行统计检验(只报告了平均值、百分比等)或者统计上并不显著;18 项研究中只有 2 项是纵向研究;一些研究在方法上缺乏严谨性,其中有 6 项采用回忆性调查,有 3 项没有说明回忆性调查的开展时间;以及各研究中的文化适应鉴定和测量指标各异,缺乏一致性。Black 和 Mendenhall(1991)对 U 形曲线模型最大的批评是认为该理论主要是对文化适应阶段的描述,而缺乏对文化适应机制的分析,如旅居者如何以及为何从一个阶段进入下一个阶段。

在 U 形曲线模型的基础上,一些学者提出了不同的曲线模型。Gullahorn 和 Gullahorn(1963)提出了 W 形曲线模型,指出文化适应的现象不仅出现在旅居者适应新文化环境的过程中,而且回到原有文化中时,旅居者也会出现相似的文化适应情况。当旅居者在新的文化环境中经历了再社会化,对新的群体有了强烈的认同感时,旅居者在回到原有社会时可能会再次经历社会适应过程,所以整个文化适应过程呈现 W 形曲线的状态。也有研究者提出 J 形曲线模型(Deutsch & Won,1963;Torbiörn,1982),认为旅居者的文化适应并未在初期就表现出高水平状态,而是整个过程更接近 J 形曲线。

二、双向双维文化适应模型

20 世纪 70 年代,单维单向的文化适应模型受到了心理学家和社会学家的质疑,其中最有影响力之一的就是 Berry(1980)提出的双向双维文化适应模型。Berry(1980)指出,在文化多元的社会中,跨文化群体和个人既具有保持传统文化和身份的倾向性,又具有维持与其他文化群体的关系的倾向性,这 2 个方向相互独立。文化适应是一个双向互动的过程,不同群体和个人在接触中相互影响,他们既影响其他群体和个人,也受其他群体和个人的影响。Berry(1995)根据自己在加拿大的经历,提出多元社会的关系模式,包括融合、同化、分离和边缘化。其后的研究在此基础上不断完善,多年来,双向双维文化适应模型一直被用于研究旅居者、移民、难民和土著民族的文化适应(Ward & Kus,2012)。

(一)文化适应的双重维度

早在 1967 年,Graves(1967)就提出将跨文化适应研究扩展到心理层面,并关注群体中的个人在文化适应中的变化。在前人的研究基础上,Berry (2003:20)提出了社会文化适应和心理适应双重维度,将文化适应看作来自不同文化的群体和个体相互接触后,在心理和文化上发生的双重变化过程(见图 2-1)。

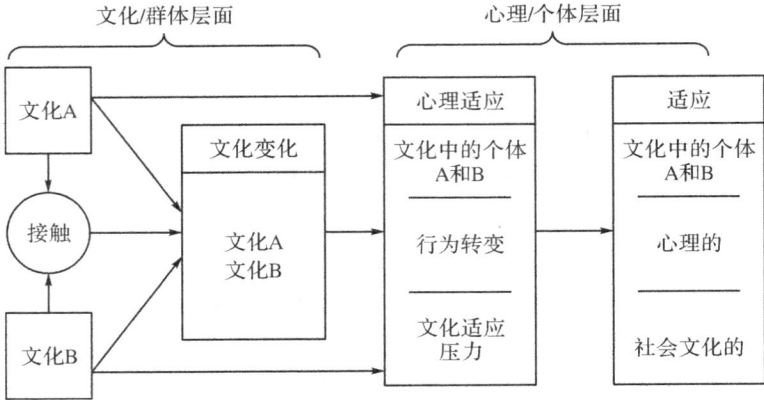

图 2-1 文化适应的双维框架

社会文化适应主要体现在群体层面,涉及社会结构、制度以及文化规范的变化;心理适应主要体现在个人层面,涉及个人行为习惯、态度、价值观、认同等方面的变化(Berry,2017)。Berry(2017)认为,群体层面的文化变化为个体的心理变化奠定了基础,研究者需要了解个体所处的文化背景,以便对个体的心理变化进行准确的描述和解释。同时,并非所有在共同文化背景下生活的个体或群体都会经历同样的文化适应过程,且受到的心理影响也并非一致。因此,这 2 个维度既相关又存在明显差异。

在群体层面,研究者需要了解 2 个原始群体文化的关键特性、接触关系的性质、2 个群体接触后产生的改变,以及接触后产生的新民族文化群体。群体层面涉及 2 种不同的文化。以移民过程为例,社会文化适应维度涉及原籍社会(society of origin)和定居社会(society of settlement)。另外,群体层面还涉及这 2 种文化在接触后各自不断变化的文化特征。

要研究跨文化适应群体层面的变化,除了探究原始文化群体在接触之前的主要特征,研究者还需要了解不同文化接触关系的性质。接触关系的性质主要考察了接触的目的,如殖民、经济、政治统治或移民;主要涉及的群体包括移民、难民、寻求庇护者、旅居者、民族文化群体和土著群体。Berry(1990)提出,可以通过 3 个维度区分不同的文化适应群体和个人——自愿—非自愿、本地—移民、长期—临时,比如本地的土著群体、临时的旅居者、非自愿的难民和寻求庇护者等。

此外,群体层面还关注接触后产生的文化变迁。群体层面的文化变迁涉及社会结构与文化结构的变化。这种变化可能是间接的,出现在文化层面或者生态环境层面;可能是延时的,即在文化和心理上存在滞后效应,在接触多年后才出现变化;也可能是反向的,群体或个体拒绝外部环境的影响,反而转向更传统的生活方式,进而与主流文化形成更大的差别(Berry,2017)。这种变化性质产生的结果是,群体层面的文化适应研究需要广泛的民族志调查。

个体层面也就是心理层面,心理适应包括学习新的行为(如新的语言、跨文化态度和身份),以及学习接触文化的新方法(如掌握传统的社会关系形式)。个体在适应过程中的变化可能涉及相对浅层次的行为变化,如衣着、饮食习惯、语言知识和说话方式的变化,也可能涉及较为深层次的变化,如文化身份、文化价值甚至性格。个体在适应过程中可能会出现一些问题,产生文化适应压力,如焦虑和抑郁。此外,个体通常采用不同的方式进行文化适应,即个体间文化适应策略的差异。

文化适应的2个维度都会受到诸多因素的影响。Berry(1997:15)提出了系统探究各种影响因素的框架(见图2-2)。群体层面主要包含情景变量,个体层面主要包含个体变量。

群体层面的影响因素主要包括原籍社会的政治环境、经济条件、人口变量以及东道国的态度和社会支持。这些因素导致文化适应群体在多方面发生重大变化。物理上包括城市化和人口密度的增加,生理上包括新的饮食和新的疾病,经济上可能会导致经济地位的丧失或获得新的就业机会,社会上可能表现为社区由混乱到和谐的过程。

个体层面的影响因素包括文化适应开始之前已存在的影响因素和文化适应过程中出现的一些影响因素,前者包括年龄、性别、教育、动机、期望、性格等,后者包括居住时间、适应策略、社会支持、社会态度等。

(二)文化适应的双向选择

不同于单向模型,Berry(1980、1997、2005)认为,文化适应是一个双向的过程,既有维持原有文化的倾向性,也有融入主流社会的倾向性。Berry(1980)基于民族文化群体这两种倾向性的不同,即保持其传统文化和身份的倾向性以及与他们群体之外的人接触并参与到更大社会中的倾向性,提出了4种不同的文化适应策略:同化(assimilation)、融合(integration)、分离(separation)和边缘化(marginalization)。

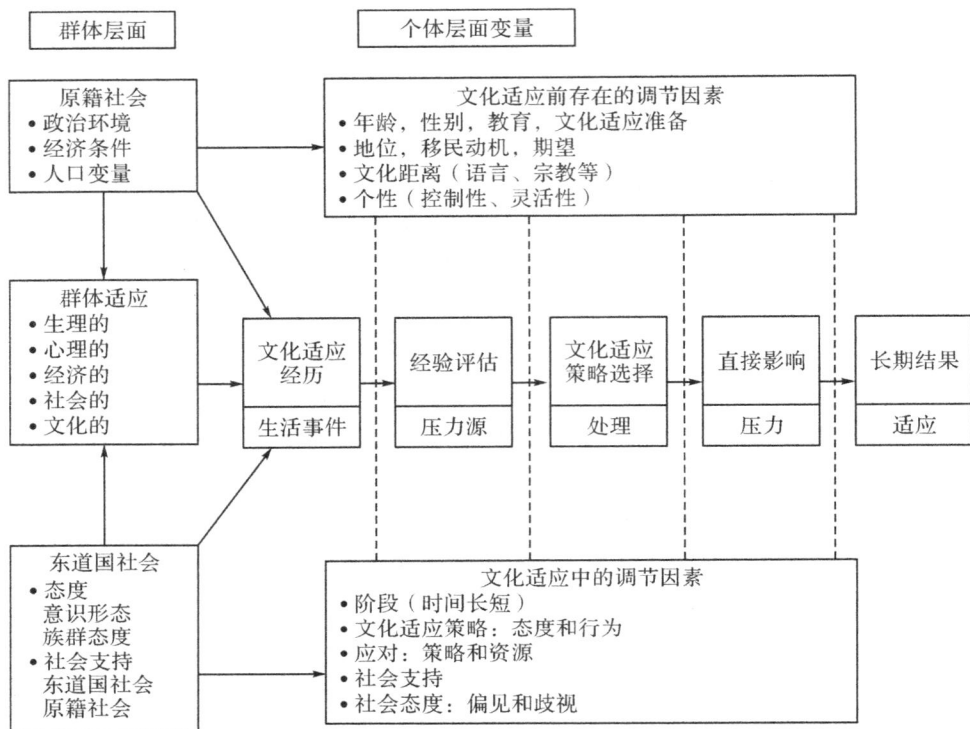

图 2-2 双重维度的影响因素

从民族文化群体的角度来说,当人们不希望保持自己的原有文化身份并寻求与其他文化的日常互动时,他们就会采用同化策略。采用同化策略的人愿意舍弃他们的传统文化,转而融入主流社会。相反,当人们重视保持原有文化,同时希望避免与他人互动时,他们就会采用分离策略。当人们积极参与其他群体的日常互动,但又努力保持他们的原始文化时,他们就会采用融合策略。当人们既不想保留原有文化也不想与其他文化接触时,就会采用边缘化策略。当然,这些策略的使用基于民族文化群体能自由选择适应文化的方式这一前提,尤其是融合策略,只有民族文化群体能够自由地进行选择,且主流社会具有开放性和包容性,能够支持文化多样性时,融合策略才能形成(Berry,2005)。

当主流群体强制实施某种形式的文化适应或限制民族文化群体、个人的选择时,文化适应策略就发生了相应的改变。当主流群体寻求民族文化群体同化时,其采用的就是熔炉(melting pot)策略;当主流群体强制民族文化群体分离时,其采用的就是隔离(separation)策略;当主流群体强制民族文化群体边缘化时,其采用的就是排斥(exclusion)策略;当主流群体支持文化多样性,引导民族文化群体参与并被接受时,其坚持的就是多元文化主义(multiculturalism)(Berry,1997)。

一些研究也质疑了 Berry(1980、1997、2005)的文化适应策略概念(Rudmin & Ahmadzadeh,2001;Rudmin,2003)。Rudmin 等(2001、2003)指出,4 种文化适应策略缺乏实证支持,而且边缘化策略的有效性也被质疑。他们认为,边缘化难以解释移民如何在不利用原有文化和主流文化的情况下发展自身的文化身份。此外,Schwartz 和 Zamboanga(2008)在研究中发现,有一个类别与 Berry(1980、1997、2005)的任何类别都没有明显的联系。对此,Berry 等也对相关质疑进行了回应(Berry & Sam,2003;Berry,Phinney,Sam, et al.,2006),尤其是 Berry、Phinney、Sam 等(2006)在调查了 13 个国家的 5000 多名移民后,证实了 4 种明显的文化适应策略,其中融合策略被使用得最多。

三、ABC 模型

Ward(2001:416)从情感(A:affect)、行为(B:behavior)和认知(C:cognition)3 个维度,整合了文化适应的 3 个理论视角——压力和应对理论(stress and coping theory)、文化学习(culture learning theory)和社会认同(social identification theory),并在此基础上,提出了文化适应的 ABC 模型(见图 2-3)。

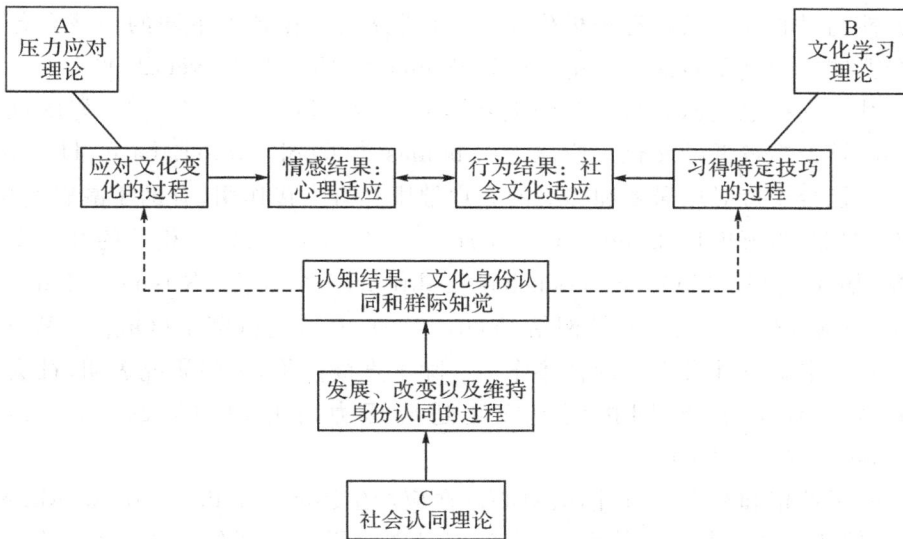

图 2-3　ABC 模型

1. A:压力和应对理论

基于心理学研究,压力和应对理论将跨文化适应定义为一系列引发压力的生活变化,主要关注情感因素(A)。该理论受到了 Lazarus 和 Folkman(1984)关于压力、评价和应对的研究的影响。研究人员主要关注影响文化适应的因素(如心理健康和满意度)以及压力和应对的相关变量(如生活变化、应对策略、性格和社会支持)。

一些研究证明,文化适应期间的情绪障碍和身心问题与生活变化有关(Ward & Kennedy,1993),但是这些关系的效应量较小。Lazarus(1993)指出,在评估压力时,我们必须考虑到个体差异,如性格和气质、文化背景和文化适应策略。也有研究表明,性格和个体差异影响压力和应对的过程和结果,比如耐受性(Ataca & Berry,2002)、自我效能感(Rahman & Rollock,2004)、换位思考能力(Demes & Geeraert,2015)、决断力(Kosic,2004)。Van der Zee 和 Van Oudenhoven(2000)设计了《文化人格问卷》(Multicultural Personality Questionnaire),用来考察人格与心理适应之间的关系。该问卷包含 5 个方面:社会主动性(主动采取行动的品质)、文化同理心(对来自不同文化背景的人的思想和感受产生同理心的能力)、情绪稳定性(在压力环境下保持冷静的品质)、灵活性(在外国文化中调整行为策略的能力)、开放性(寻找和探索新环境的品质)。研究结果表明,社会主动性、文化同理心、情绪稳定性、灵活性和开放性均对心理健康具有积极作用,而且研究结果在各种不同的环境和各类旅居群体中得到了验证(Leong,2007;Suanet & Van de Vijver,2009)。

社会支持也是压力与应对的重要影响因素。研究结果表明,良好的社会支持能够带来较低的文化适应压力(Thomas & Choi,2006;Baba & Hosoda,2014);社会支持对旅居者和移民的心理健康具有直接作用,有助于减轻绝望、焦虑、抑郁,缓解创伤(Sondregger,Barrett & Creed,2004)。相关的社会支持研究,如家庭(Liebkind & Jasinskaja-Lahti,2000)、朋友(Ritsner,Modai & Ponizovsky,2000)、在线支持网络(Yeh,2003)、海外支持网络(Ong & Ward,2005),基本支持社会支持的直接作用。除了直接作用,一些研究表明,社会支持还可以作为中介,间接调节文化适应压力对心理健康的影响(Lee,Koeske & Sales,2004)。

除了性格和社会支持外,会对心理适应产生影响(Babiker,Cox & Miller,1980)的还有文化距离。然而,研究者们对文化距离的评估方式不尽相同:一些涉及感知文化距离的评估,即旅居者或移民被要求评估其原籍国和居住国之间的相似之处或不同之处(Nesdale & Mak,2003);一些涉及对文化距离的客观测量,例如 Jenkins 和 Mokaitis(2010)从联合国开发计划署和世界银行的数据库中,构建了基于教育水平、宗教、语言和政治制度等因素的文化距离度量;等等。尽管这些研究对文化距离概念进行评估的方法有所差异,但研究结果基本一致,文化距离与心理疾病的增加和心理健康水平的降低具有显著关联(Demes & Geeraer,2014;Suanet & Van de Vijver,2009)。

压力和应对理论为文化接触和文化适应的考察提供了框架和路径,但仍然存在一些不足,如文化适应压力的概念和测量的一致性较为缺乏,对文化适应压力的评估关注不足,以及纵向研究缺乏。

2. B:文化学习理论

文化学习理论基于社会心理学研究,强调跨文化技能习得的行为因素,认为旅居者和移民在新的文化环境中所需的文化技能和行为可以通过学习来获得。该理论重点关注跨文化行为的有效性和文化适应技能的习得。文化学习研究早期集中于考察旅居者和移民必须学什么和如何学,近期则转向考察影响文化技能习得的因素,如情景因素和个人因素(Wilson,Ward & Fischer,2013)。

Ward 和 Szabó(2019:651)提出了文化学习模型(见图 2-4),并指出,个人因素和情境因素是文化学习的前提,习得恰当有效的技能和行为是结果,学习的策略和过程均在文化环境中发生。个人因素主要包括语言能力(language proficiency)、跨文化心态(intercultural mindset)、文化智力(cultural intelligence)以及性格和动机因素(personality and motivation factor)等;情境因素主要包括居住时间(length of residence)、先前跨文化经历(previous cross-cultural experience)、培训(training)以及跨文化接触(intercultural contact)等。个人因素和情境因素在文化学习过程中可能以一种叠加的方式产生效果(Mähönen,Leinonen & Jasingskaja-Lahti,2013)。两者均对学习和技能习得产生直接影响,或以一种交互方式,两者相互调节,以此对学习和技能习得产生影响(Li & Gasser,2005;Zhang & Goodson,2011)。

情境因素的相关研究结果表明,在新的文化环境中居住的时间长短与旅居者的文化适应能力具有正相关性(Mol,Born,Willemsen, et al.,2005);先前的跨文化经历能够提高旅居者的文化智力、促进旅居者与东道国国民的交往(Wu & Ang,2011)并帮助其适应社会文化(Masgoret,2006);正式的跨文化培训为旅居者的文化学习提供了途径,有助于增强其文化智力和自我效能等(Rehg,Gundlach & Grigorian,2012),与旅居者文化技能习得和社会文化适应具有很强的相关性(Wilson,Ward & Fischer,2013)。

文化学习前因　　　　　　学习策略与过程　　　　　　学习结果

物理环境

个体因素：
• 语言能力
• 跨文化心态
• 文化能力
• 性格和动机因素

情境因素：学习机会
• 居住时间
• 先前跨文化经历
• 培训
• 跨文化接触

• 经典条件作用
• 操作性条件作用
• 社会经验学习

文化上适当
且有效的
技能和行为

文化环境

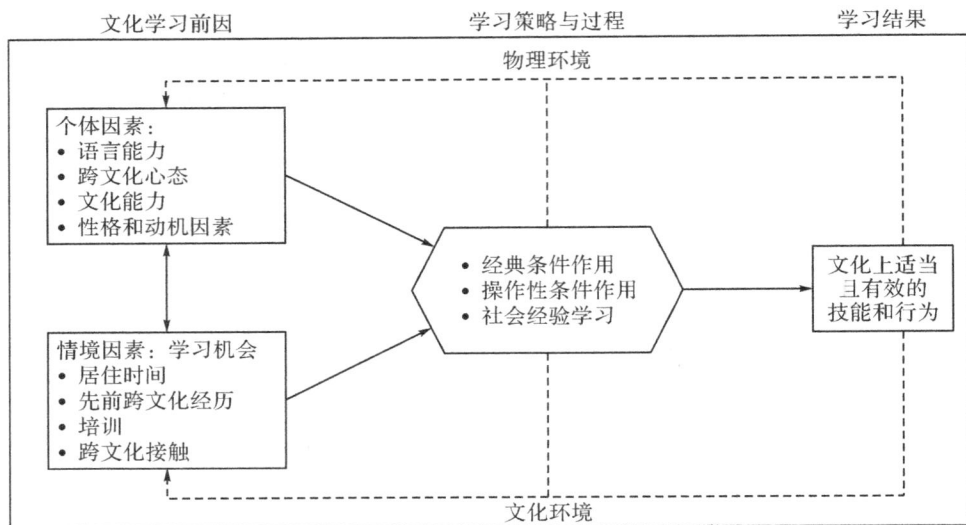

图 2-4　文化学习模型

有关个人因素的研究结果表明,语言能力在文化技能的发展中起着重要的积极作用(Masgoret & Ward,2006),语言能力对人际关系的建立至关重要,影响跨文化交流的质量和数量。语言能力为移民提供了建立人际关系和获得社会支持的手段,有助于发展移民的文化学习和社会文化适应能力(Ward & Kennedy,1996)。语言能力与文化学习相互影响:一方面,更强的语言能力促使旅居者参与更多的社会交往,从而促进其文化学习;另一方面,更多的文化技能和社会交往反过来又能促进语言能力的发展(Clement,Noels & Deneault,2001)。

除了语言能力之外,个体差异(如自我效能感、跨文化敏感性和文化智力)也会对文化学习的过程和结果产生影响(Mähönen & Jasinskaja-Lahti,2012)。一些研究表明,自我效能感能够有效预测移民的社会文化适应结果(Li & Gasser,2005);跨文化敏感性不仅与移情有关,还与跨文化沟通的有效性有关(Chen & Starosta,2000);文化智力不仅能够帮助预测移民的社会文化适应结果(Ward,Fischer,Lam, et al. ,2009),而且能够帮助预测其跨文化合作能力(Mor,Morris & Joh,2013)和外派工作绩效(Mol,Born,Willemsen, et al. ,2005);性格是文化学习和文化技能习得最可靠的预测因素之一(Ward,Leong & Low,2004),外向型和随和型的人更有可能创造更多的文化学习机会,开放的思想、文化同理心可以培养移民的跨文化洞察力,有助于其做出文化判断和提高决策技能(Herfst,Van Oudenhoven & Timmerman,2008)。

3. C：社会认同理论

社会认同理论关注文化适应中的社会认知因素，如旅居者如何看待自身的文化与文化群体、其他的文化群体，以及这些认知所产生的心理和社会影响。社会认同研究受到社会认知领域研究的启发，为跨文化接触和变化的研究提供了 2 个视角：群体层面的研究与个体层面的研究。群体层面的研究侧重群体间的感知和相关性，关注东道国国民与旅居者和移民群体之间的社会互动；个体层面的研究侧重文化认同，关注个体在文化适应过程中的策略取向和文化认同变化。

社会认同研究主要包括 3 种模型：同化模型、双文化认同模型以及双文化独立模型。同化模型将文化适应视为一种单向、单维的过程，认为跨文化者在文化适应中放弃对原有文化的认同，逐渐转向对东道国文化的认同，最终接受东道国社会的文化特性、价值观、态度和行为方式（Olmedo，1979）。双文化认同模型认为，跨文化者对原有文化和东道国文化具有双认同，两者达到一种平衡而非对立的状态（Barona & Miller，1994）。双文化独立模型将原有文化认同与东道国文化认同看作相互独立的过程（Cortéo，Rogler & Malgady，1994），常将文化认同与文化适应策略相关联，分为融合（既认同原有文化也认同东道国文化）、分离（认同原有文化但不认同东道国文化）、同化（认同东道国文化但不认同原有文化）、边缘化（既不认同原有文化也不认同东道国文化）（Berry，1980、2001）。

基于以上文化认同模型，研究者们展开了大量的测量研究，其中基于同化模型的有《墨西哥裔美国人文化适应评定量表》（Acculturation Rating Scale for Mexican Americans）（Cuellar，Harris & Jasso，1980）；基于双文化认同模型的有《多元文化适应量表》（Multicultural Acculturation Scale）（Wong-Rieger & Quintana，1987）、《留学生国际关系量表》（International Relations Scale for International Students）（Sodowsky，Lai & Plake，1991）和《东南亚文化适应量表》（Acculturation Scale for Southeast Asians）（Anderson，Moeschberger，Chen，et al.，1993）；基于双文化独立模型的有《文化适应指数》（Acculturation Index）（Ward & Kennedy，1994）、《文化身份量表》（Cultural Identity Scale）（Felix-Ortiz，Newcomb & Meyers，1994）和《越南青少年文化适应量表》（Acculturation Scale for Vietnamese Adolescents）（Nguyen，Messé & Stollak，1999）。

除了文化测量研究，文化认同研究还关注文化认同的构成、文化认同的变化以及文化认同变化的相关条件，如个人特征（年龄、性别和教育程度等）、群体特征（文化相似性和动机等）、东道国社会特征（如单一文化还是多元文化，松散还是紧密的社会文化组织）。总体而言，在年龄上，年龄越小的移民更容易接受新的文化（Mavreas，Bebbington & Der，1989）；在性别上，男性比女性更易被同化（Ghaffarian，1987），女性较易维持更强的原有文化认同（Harris & Verven，1996）；在跨文化接触上，接触的数量与质量对文化认同具有重大影响，更多、更深的文化接触会产生更强的同化倾向（Mendoza，1989）；在东道国居住时长上，居住时间越长越能强化东道国文化的认同，弱化原有文化的认同（Cortés，Rogler & Malgady，1994）；在教育上，接受过更高层次教育的人更倾向于认同东道国文化（Suinn，Ahuna & Khoo，1992）；在社会经济地位上，社会经济地位更高的人能更快产生同化（Barona & Miller，1994）。

Ward（2001）的 ABC 模型是对文化适应相关理论的综合阐述，为文化适应研究提供了一个较为完整和全面的框架。然而，Ward（2001）也指出，当前仍缺乏一些大规模、系统、综合的跨文化适应研究。

四、Kim（2001）的整合模型

以往的文化适应模型主要基于二元对立的观点，如宏观—微观过程、短期—长期、压力反应—学习、同化—多元化。由于这些模型主要针对不同的问题，因此模型间往往缺乏共识。为了解释文化适应现象的多维性和动态性，Kim（2001）提出了整合模型（the Integrated Model）。整合模型基于 3 个基本假设：人类有天生的自我组织动力和适应环境挑战的能力；一个人对特定文化环境的适应是在交际中或通过交际发生的；适应是一个复杂的动态过程，它使个体发生质的变化。从系统论的视角出发，Kim（2001）把文化适应涉及的各个维度和各种因素看作一个相互联系、相互影响的整体，通过对这些维度和因素以及它们之间关系的分析来描述和解释陌生人（在异国或不同文化环境中生活的人）经历文化适应的过程，并阐释不同个体在文化适应中产生差异的原因。

Kim（2001）对文化适应过程进行了分析，认为文化适应是陌生人不断克服外界压力、沿着螺旋式轨迹逐步成长的过程，并提出"压力—适应力—成长"动态过程模型，以此说明文化适应的过程。压力是当个人的能力不足以满足环境要求时产生的一种心理表现。与土生土长的主流社会成员不同，陌生人需要应对主流社会的新文化冲击，进行自我调整和不断适应。主流社会文化常常主导着陌生人的日常生活，迫使其适应主流社会的文化秩序，对其产生一种强迫性的同化压力。因此，适应性变化不可避免地对陌生人的心理造成压

力(Boekestijn,1988),常常导致其心理状态不稳定,出现困惑和焦虑的情绪。通过与主流社会不断地接触和交流,不停地试错和学习,陌生人开始适应新环境并逐步成长。压力、适应和成长之间并非一种线性的关系,而是一种螺旋式"回退—跃进"(draw-back-to-leap)的动态关系。陌生人通过"后退"(draw back)来回应每一次的压力经历,这反过来又会激活适应性学习,帮助他们重组自己和"跃进"(leap forward)。

"压力—适应—成长"动态模型解释了文化适应的宏观过程,然而未能解释文化适应过程中的个体差异,尤其是不同个体的适应速度和程度上的差异,因此 Kim(2001:87)提出了文化适应整合模型(见图2-5)。整合模型体现了开放系统原则,强调系统、部分和环境之间的相互影响,指出不同维度和因素之间通过相互作用,共同推动文化适应的进程,模型中的各部分互为因果。Kim(2001)认为,个体在不同层面上的各类因素存在差异,从而导致了个体在文化适应的速度或最终水平上的差异。

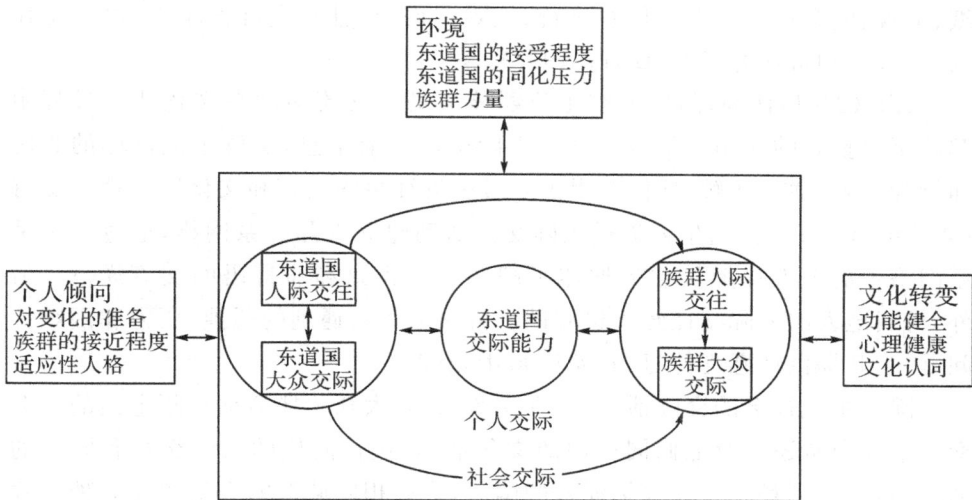

图 2-5　文化适应整合模型

文化适应整合模型包含 5 个关键维度,分别是个人交际(personal communication)、社会交际(social communication)、环境(environment)、个人倾向(predisposition)和文化转换(intercultural transformation)。个人交际是陌生人文化适应的核心维度,陌生人的主流文化交际能力(host communication competence)所涉及的个人认知、情感和操作的因素是推动个体文化适应的主要动力。社会交际包括主流社会交际和民族群体社会交际,主流社会交际指陌生人参与主流社会的人际交流和大众交流活动,民族群体社会交际指陌生人参与民族群体的社会交流活动。环境与个人交际及社会交际均会产生相互作用,其中包括主流环境的接受性和从众压力、民族群体的吸附力量。陌生人的个人倾向则为其在文化适应中的个人交际和社会交际活动提供了基本条件。文化转换与个人交际、主流社会交际、民族群体交际、环境以及个人倾向这些维度均会相互影响。

整合模型认为,交际是文化适应的关键要素,陌生人在新环境中的交际活动的数量和质量会影响他们对新环境的适应。陌生人的交际活动可以分为2个维度,即个人交际和社会交际。个人交际指个体内部发生的所有心理活动,这些心理活动使个体在实际的社会环境中做出一定的行动和反应(Ruben,1975),使陌生人能够在心理上、动机上和情感上促使自己融入新的社会文化环境。当2个或2个以上的个体进行交流时,社会交际就发生了。社会交际可能发生在宏观层面也可能发生在微观层面。宏观层面上,社会交际通过报纸、电视、电影和其他大众传媒进行;微观层面上,社会交际发生在家庭、工作场所、教室和机场等场所(Berry,1997)。

Kim(2001)认为,陌生人与主流群体成员的交流活动在文化适应过程中起着至关重要的作用。陌生人通过人际交流获取信息,了解主流群体的心态和行为方式;通过接触,他们获得了学习主流社会的语言和文化以及社会支持(Wellman,1992)。陌生人通过人际交往活动建立人际关系网络,通过人际关系网络中的个人接触从主流群体了解并学习言语和非言语的交流规范。另外,与当地人的人际交往经历也有助于解决陌生人遇到的孤独、压力和困难等问题,为其提供情感支持(Jou & Fukada,1995)。

除了主流社会的交际活动(人际交流活动、大众传播活动),陌生人的社会交流活动通常还涉及他们同族内的文化活动,包括同族的人际交往和同族的大众传媒,特别是在移民大量涌入的国家,许多相同族裔的人组织起某种形式的互助社区团体。这些族裔组织为新移民提供物质、信息、情感和其他方面的支持。在较大的民族社区,甚至有民族媒体(包括报纸、广播电台和电视节目)为其成员提供各种信息、教育、娱乐和社会服务。许多陌生人因为最初缺乏与主流社会沟通的能力而无法获得所需的资源,所以他们经常寻求甚至严重依赖族裔社区的援助。族裔社区对于新来的陌生人具有良好的支持功能,有助于提升其适应能力,然而从长期来看,民族社区内的交际往往会阻碍陌生人对主流文化环境的文化适应。

为了了解陌生人在新文化环境中如何交际和适应,还须进一步考虑环境因素,因为环境为他们的交际活动提供了社会文化背景。主流社会环境影响着陌生人参与个人交际和社会交际的程度,影响他们交际的数量和质量以及社会交际能力的发展。主流环境推动陌生人的文化适应过程,在宏观层面上,主要通过大众传媒活动对陌生人的文化适应产生影响;在微观层面上,主要通过陌生人的日常活动产生影响。Kim(2001)认为,影响陌生人文化适应的环境因素主要有 3 个方面:主流环境对陌生人的接受度(host receptivity),主流环境对陌生人施加的同化压力(host conformity pressure),以及陌生人的族群实力(ethic group strength)。

主流社会接受度指当地人对陌生人的开放态度,即是否愿意接纳陌生人,让他们有机会参与主流社会活动,加入主流社会网络,为他们提供各类社会支持。主流社会接受度主要表现在主流社会群体对陌生人的态度上,诸如开放、接受、友好或冷漠、拒绝、敌意。一般来说,主流社会接受度较高的社会愿意为陌生人提供参与主流社会进程的机会,并提供相应的政策支持;而当一个社会处于失业率居高不下、政治动荡不安、国际或国内冲突频繁的情况时,其主流社会接受度往往比较低。

不同社会不仅在接受度上有所差异,在容忍或欣赏陌生人的原文化习惯和行为、容忍陌生人偏离主流社会规范的程度上有所差异,并且在促使陌生人改变原有行为习惯、采纳主流文化规范的程度上也有所不同。同化压力大的社会要求陌生人改变原有的行为模式、采用主流社会文化的模式,对未能满足主流社会文化规范的陌生人产生否定、偏见甚至是歧视。这种情况下,陌生人可能将承受巨大的压力。Kim(2001)指出,几乎所有的跨文化环境都存在某种程度的同化压力。主流社会同化压力也并非总是显性的,隐性的主流社会同化压力体现在主流社会对陌生人的期望之中。主流社会通常希望陌生人学会按照主流社会规范进行交际,这种期望也会给陌生人带来一定的压力。

族群实力是指族群成员在主流社会中所享有的地位和权力。Kim(2001)的模型中有 3 个因素可用于评估族群实力:一个族群在社会中享有的声望程度、该族群制度化的程度以及该族群参与族群政治的程度。一个族群的声望是该群体相对于社会中其他群体的社会地位,较高的族群声望有助于提高主流群体对陌生人的关注度和接受度,可以减轻主流社会同化压力(Leslie,1992)。但是,也有研究发现,族群实力与文化适应具有负相关性(McKay,1989),一个拥有巨大声望、经济和政治权力以及制度完整的强大族群有助于促进陌生人初期的适应,然而,从长远来看,这种族群实力会阻碍他们参与主流社会交际的能力。

个人倾向维度关注陌生人个体经历和个人特征对文化适应的影响。Kim（2001）认为，文化适应过程受到陌生人个体背景特征3个方面的影响：准备程度、种族近似程度、他们的个性特征。

陌生人对跨文化困难、主流社会文化及其交流体系的了解和准备程度直接影响他们的文化适应。准备得越充分，他们就越有机会顺利地过渡和适应新文化（Searle & Ward，1990）。学校教育能够增强陌生人对新技能的学习能力，正规教育可以提高陌生人的准备程度，让他们接触到主流社会的语言、文化、地理和历史等知识。而这些知识可以提升他们对主流社会的熟悉度，并增强其主流社会交际能力。除了正规的学校教育外，主流社会的语言和文化培训也有助于培养陌生人的文化适应能力（Landis & Bhagat，1996）。此外，陌生人的跨文化经历也会影响他们的准备情况，有跨文化经历的人更能为新的跨文化过程做好准备（Furnham & Bochner，1982）。

陌生人种族与主流群体种族的近似程度也是影响文化适应的一个重要因素。陌生人与主流群体种族间近似程度越高，越有可能顺利地适应主流社会环境（Kirby，1989）。Kim（2001）认为，种族近似度可以从2个相互关联的因素来考察：种族相似性（ethnic similarity）和种族相容性（ethnic compatibility）。种族相似性主要基于种族标记（ethnic marker）来展开研究；种族标记包括肤色、面部特征、体格、服装、食物、建筑特征、旗帜、装饰物、某些交流符号和行为，如民歌、独特的手势和身体动作，以及独特的言语模式（如口音、语速、语调）。种族标记导致了陌生人的陌生感或外来性，增加了陌生人文化适应的障碍（Montalvo，1991）。种族相容性主要关注种族内部标记（intrinsic marker）的差异性，如文化价值和交际体系。研究表明，种族相容性与文化适应具有直接关系，种族相容性低说明，对陌生人而言，原文化与主流文化差异大，他们在文化适应过程中易产生各种心理问题（Williams & Westermeyer，1983；Searle & Ward，1990）

除了种族的相似性和相容性外，陌生人的个性特征对其文化适应也有影响。适应性个性特征作为一种心理驱动力，具有主动性和能动性。在一个陌生的环境中，适应性驱动力强的个体具有更好的自我推动和自我约束能力，这些能力能够帮助陌生人克服文化适应中面临的困难。Kim（2001）认为，适应性个性特征主要包括3个方面：开放性（openness）、人格力量（strength）和积极性（positivity）。

开放性是个体对外部刺激和信息的接受度（Stewart & Healy，1985），包含"思想开放性""冒险性""合群性""外向性""沟通意愿性"等意义。开放性让陌生人以一种真诚的态度对待新的学习,融入新的环境。研究证明,开放性直接影响陌生人的交际质量,提高陌生人身份认同的灵活性,促进陌生人的文化适应(Dean & Popp,1990)。在文化适应研究中,除了考察开放性的相关指标以外,研究者还常考察与开放性对立的封闭性(closedness),如焦虑、思想封闭性、防御性、独断性、刻板性、歧视和种族中心主义。

人格力量,或者说性格强度,也与陌生人的文化适应直接相关。人格力量被视作一种应对能力,一种承受压力并克服困难的能力(Lifton,1993)。具有不同人格力量的陌生人对压力的反应有所差异。面对困难时,有些人沉着冷静、思维清晰;有些人则会感到"崩溃",无法应对困难和挑战。人格力量包括容忍度、意志力、自控力、自信、自尊等方面。研究表明,意志力是影响陌生人习得主流文化的重要影响因素(Walton,1990);自控力与社会网络的发展具有直接关系(Yum,1986);自信和自尊对陌生人的社会交际也具有显著影响(Valentine,2001)。

开放性和人格力量皆与积极性密切相关。积极性是一种积极乐观的心态。积极性高的人相信自己可以克服自身缺点,不会因为缺点而感到自卑或自暴自弃(Maslow,1969)。积极性有助于陌生人参与主流社会的交际活动,使其更容易被主流社会群体接受(Worchel,1986)。积极性与自尊具有紧密联系,当积极性指向个体自身时,个体便会形成一种对自我的接受和肯定,进而产生自尊。

Kim(2001)认为,开放性、人格力量和积极性相辅相成,是适应性个性特征的支柱。三者相互交织,成为个性特征不可分割的3个方面,共同支撑陌生人应对文化适应中的困难和挑战。

有关跨文化转换,Kim(2001)认为,跨文化转换过程发生在陌生人的"压力—适应—成长"的动态过程之中。跨文化转换是一个渐进的过程,很大程度上是无意识的,是陌生人参与主流社会交际活动、逐步发展主流社会交际能力的结果。整合模型从3个相互关联的方面考察陌生人的跨文化转换,分别为日常生活中功能健康(functional fitness)的增强、应对环境时心理健康的改善以及文化身份的转变。

功能健康指陌生人能够顺利地在新的环境中进行日常活动,并具有舒适感。当陌生人进入新的环境时,他们会本能地去了解周围的环境,努力控制自己的行为,学习新的规范,促使自己的内部能力适应外部环境的挑战(Taft,1977)。功能健康与陌生人的主流社会活动参与度及主流社会交际能力直接相关。随着主流社会交际能力的增强，陌生人会参与更多的主流社会活动，通过这些活动，他们能够增加与主流群体的互动、提升自身对主流社会的适应。同时，随着交际能力的提升，陌生人也能够更好地满足自身需求，体验到更大的满足感、自信和自尊。

陌生人的心理健康与他们的功能健康直接相关。功能健康的提升往往伴随着心理健康水平的提高。在文化适应的初始阶段，由于功能健康的不足，陌生人往往会出现消极自我形象、低自尊、社会孤立、抑郁、对生活的不满甚至对主流社会的敌意和攻击等情况（Hurh & Kim，1990）。然而，随着时间的推移，大多数陌生人能够达到较高的心理健康水平。在这个过程中，他们经历了"压力—适应—成长"的动态发展轨迹。

跨文化转换也体现在陌生人文化身份的转变上。Kim（2001）认为，陌生人的身份和认同并非一成不变，它们不仅受到原有文化的影响，还受到主流社会文化的影响。在与新文化的接触中，陌生人由原本的单一文化身份逐步发展成跨文化身份（intercultural identity）。这种发展也并非平稳，有时甚至会出现倒退的现象，正如 Berry（1980）所指的"边缘化"——形成既缺乏对主流社会的认同也缺乏对原族群社会的认同的状态。

基于对文化适应过程以及文化适应结构中各层面和因素的分析，Kim（2001）将整合模型的主要观点总结为 10 条定理和 21 条原理。10 条定理是跨文化适应过程的一般原则，基于这 10 条定理，Kim（2001）提出了 21 个原理，来解释不同个体文化适应程度和速度的差异。

10 条定理分别为：

（1）文化适应既涉及新文化的习得又涉及旧文化的萎缩，最终结果可能是同化。

（2）"压力—适应—成长"的动态过程是跨文化适应的基本过程。

（3）"压力—适应—成长"的动态过程带来陌生人的跨文化转换。

（4）陌生人经历跨文化转换之后，在"压力—适应—成长"动态过程中的波动幅度逐步减小。

（5）跨文化转换表现为功能健康、心理健康和文化认同的提高。

（6）跨文化转换促进个人交际能力的发展，同时个人交际能力也推动跨文化转换的发展。

（7）跨文化转换有助于促进陌生人参与主流社会的交际活动，同时陌生人对主流社会交际活动的参与也会推动跨文化转换的发展。

(8)如果广泛、长期地参与原族群的社会交际活动,陌生人的跨文化转换速度将被延缓,而跨文化转换则会阻碍陌生人参与原族群的社会交际活动。

(9)环境因素既影响着陌生人的跨文化转换,也受到陌生人跨文化转换的影响。

(10)陌生人的个人倾向影响其跨文化转换,同时跨文化转换也影响其个人倾向。(Kim,2001:90)

21 条原理分别为:

(1)陌生人的主流社会交际能力越强,其参与的主流社会的交际就越多。

(2)陌生人的主流社会交际能力越强,其与族群成员的交际就越少。

(3)陌生人的主流社会交际能力越强,其跨文化转换的程度就越高。

(4)陌生人参与主流社会的交际越多,其与族群成员的交际就越少。

(5)陌生人参与主流社会的交际越多,其跨文化转变的程度就越高。

(6)陌生人参与族群成员的交际越多,其跨文化转换的程度就越低。

(7)主流社会接受性和同化压力越大,陌生人的主流社会交际能力就越强。

(8)主流社会接受性和同化压力越大,陌生人参与的主流社会交际就越多。

(9)主流社会接受性和同化压力越大,陌生人参与的族群交际就越少。

(10)族群实力越强大,陌生人的主流社会交际能力就越低。

(11)族群实力越强大,陌生人参与的主流社会交际就越少。

(12)族群实力越强大,陌生人参与的族群交际就越多。

(13)为改变做的准备越充分,陌生人的主流社会交际能力就越强。

(14)为改变做的准备越充分,陌生人参与的主流社会交际就越多。

(15)为改变做的准备越充分,陌生人参与的族群交际就越少。

(16)种族近似程度越高,陌生人的主流社会交际能力就越强。

(17)种族近似程度越高,陌生人参与的主流社会交际就越多。

(18)种族近似程度越高,陌生人参与的族群交际就越少。

(19)适应性个性特征越强,陌生人的主流社会交际能力就越强。

(20)适应性个性特征越强,陌生人参与的主流社会交际就越多。

(21)适应性个性特征越强,陌生人参与的族群交际就越少。(Kim,2001:91-92)

第三章 在华非洲商人的心理适应

　　早期学者从宏观视角研究文化适应,将文化适应看作一个放弃原有文化而接受东道国文化的单维单向过程。随着研究的深入,研究视角逐渐由宏观转向微观。Graves(1967)将文化适应研究拓展到了心理层面,提出心理适应(psychological acculturation)(Graves,1967:337)。文化适应包括社会文化适应(sociocultural acculturation)和心理适应(psychological acculturation),其中心理适应主要基于情感反应,具体指的是跨文化转换过程中的幸福感或满足感,主要受人格、生活变化和社会支持等因素影响,其结果可以从心理健康角度进行测量(Ward & Kennedy,1994)。Ryff 和 Singer(1996)提出,心理健康包括自我接纳、与他人的积极关系、自主性、环境控制、生活目标和个人成长。心理健康与内部控制、自尊和生活满意度具有正相关性,与抑郁、机会控制具有负相关性。

　　心理适应并非简单的单一变量,而是受到诸多内部和外部要素影响的复合变量。已有研究表明,心理适应与人口统计学因素相关,其中包括性别、年龄、在东道国生活时长、语言水平等(Ward & Rana-Deuba,1999;Cao,Zhu & Meng,2017)。此外,心理适应还受性格、社会支持等因素的影响(Bender,Van Osch,Sleegers, et al. ,2019)。

　　在国内,外籍人士在华的心理适应也已得到一定的关注。一些研究对文化适应的影响因素进行了考察,分析了文化适应的内部因素和外部因素(陈慧、车宏生、朱敏,2003)。一些研究聚焦于在华留学生,主要探讨留学生的心理、社会文化适应过程中出现的问题及应对策略。研究发现,留学生的适应情况呈现出极大的差异性,且适应结果受到个体因素和社会因素的影响(杨军红,2005;朱国辉,2011)。一些研究聚焦于特定文化背景下的外籍在华人士,如中亚国家、韩国、印度尼西亚、美国(刘宏宇、贾卓超,2014)。随着研究的逐步深入,一些学者开始关注中国外派人员在外的适应情况(吕俞辉、汝淑媛,2012;何蓓婷、安然,2019)。然而,在华外籍商务人士的心理适应研究目前仍极为匮乏。

第一节 调查问卷的设计与实施

一、调查问卷设计

调查问卷分为 2 个部分。第一部分为个人信息,共 15 个题项,包括社会人口统计学相关题项,如国籍、性别、年龄、性格特征;也包括一些与文化适应紧密相关的问题,如在华居住时长,汉语语言水平,对中国政治、经济和社会的了解情况。第二部分为心理适应状况的自评量表,共 20 个题项(详见表3-1)。问卷使用汉语和英语两种语言。

本研究采用 Zung(1965)编制的《抑郁自评量表》(Self-Rating Depression Scale),该量表的信度和效度已得到大量研究的验证(Ward & Kennedy, 1994;段泉泉、胜利,2012)。量表涵盖了与心理适应相关的情感因素、生理因素和心理因素,包括测量忧郁、情绪变化、易哭、睡眠障碍、食欲减退、兴趣减退、体重减轻、便秘、心悸、易倦、思考困难、能力减退、不安、绝望、易激惹、决断困难、无用感、生活空虚感、无价值感、兴趣丧失等项目。量表总共包含 20 个题项,分别有 10 个正向题项和 10 个负向题项(见表 3-1),要求受访者根据近一周的情况进行自评。

表 3-1 《抑郁自评量表》题项

正向题项	负向题项
3 我觉得一天中早晨最好	1 我觉得闷闷不乐,情绪低沉
5 我吃得跟平常一样多	2 一阵阵哭出来或觉得想哭
7 我与异性接触时和以往一样感到愉快	4 我晚上睡眠不好
12 我觉得经常做的事情没有困难	6 我发觉我的体重在下降
13 我的头脑和平常一样清楚	8 我有便秘的苦恼
14 我的生活过得很有意思	9 我的心跳比平常快
15 我对未来抱有希望	10 我无故地感到疲乏
16 我觉得做出决定是容易的	11 我觉得不安,且平静不下来
18 平常感兴趣的事我仍然感兴趣	17 我比平常容易生气激动
19 我觉得自己是个有用的人	20 我认为如果我死了,别人会生活得更好一些

量表涵盖 4 类障碍,分别为"精神性情感症状",包含抑郁情绪和哭泣(第 1、2 个题项);"躯体性障碍",包含情绪的日间差异、睡眠障碍、食欲减退、身体机能减退、体重减轻、便秘、心跳过速、易疲劳(第 3、4、5、6、7、8、9、10 个题项);"精神运动性障碍",包含精神运动性迟滞和激越(第 11、12 个题项);"抑郁心理障碍",包含思维混乱、无望感、犹豫不决、易激惹、空虚感、自我贬值、不满足和自杀倾向(第 13、14、15、16、17、18、19、20 个题项)。

此外,调查问卷中的部分问题也用于半结构化访谈,访谈内容包括:来中国的时间,对中国的认识,对中国饮食、交通、气候等的适应情况,中国的朋友,在中国遇到的困难,工作的压力,纾解压力的方法,寻求帮助的途径,等等。

二、调查问卷实施

问卷采用线上与线下结合的方式进行。线上问卷通过"金数据"网站(https://jinshuju.net/)制作、发放和收集,使用问卷链接和二维码 2 种方式发放,调查对象可以通过手机、平板电脑、其他电脑等途径作答。线下问卷则采用纸质问卷形式,通过当面递送或邮寄的方式收集。本次调查遵循匿名和自愿的原则。

为了提高数据的真实性和可靠性,问卷通过点对点方式直接联系调查对象并发放问卷,而非经平台或社会机构公开招募和投放。当然,这也在一定程度上限制了问卷的投放规模、范围和数量。本研究选取义乌、广州、上海 3 个非洲商人较为集中的城市,通过联系相关商会、企业和个人,征得许可后通过当面递送、邮寄、电子邮件、微信、QQ、MSN 等途径发放问卷。

本研究总共发放调查问卷 125 份,收回 119 份,其中有效问卷 116 份。调查对象来自 28 个国家(见表 3-2),年龄主要为 26～40 岁,该年龄范围占78.5%(见表 3-3)。

表 3-2 《心理适应量表》调查对象国别分布

国家	数量/份	占比/%
乍得	2	1.7
几内亚比绍	2	1.7
刚果(金)	4	3.4
利比亚	5	4.3
加纳	4	3.4

续　表

国家	数量/份	占比/%
南非	10	8.6
卢旺达	2	1.7
喀麦隆	5	4.3
坦桑尼亚	4	3.4
埃及	9	7.8
埃塞俄比亚	6	5.2
尼日利亚	5	4.3
布隆迪	3	2.6
摩洛哥	6	5.2
毛里塔尼亚	3	2.6
毛里求斯	3	2.6
津巴布韦	3	2.6
突尼斯	4	3.4
索马里	4	3.4
纳米比亚	2	1.7
肯尼亚	3	2.6
苏丹	3	2.6
莫桑比克	6	5.2
赞比亚	3	2.6
赤道几内亚	4	3.4
阿尔及利亚	6	5.2
马达加斯加	2	1.7
马里	3	2.6
总计	116	100.0

表 3-3　《心理适应量表》调查对象年龄分布

年龄	数量/份	占比/%
18～25 岁	14	12.0
26～30 岁	56	48.3
31～40 岁	35	30.2
41 岁以上	11	9.5
总计	116	100.0

三、调查数据处理

首先,我们对调查问卷的有效性和数据完整性进行检查。数据缺失 10.0% 以下的为有效问卷,缺失值以均值替代;数据缺失 10.0% 以上的为无效问卷,共 3 份,占回收问卷数的 2.6%。

接着,将问卷数据进行编码和赋值。其中,《抑郁自评量表》每个题项采用李克特 4 级量表方式进行赋值。正向题项赋值为"不会这样"(never)＝4,"有时这样"(sometimes)＝3,"经常这样"(often)＝2,"一直这样"(all the time)＝1;负向题项赋值为"不会这样"(never)＝1,"有时这样"(sometimes)＝2,"经常这样"(often)＝3,"一直这样"(all the time)＝4。具体正向题项和负向题项见表 3-1。

然后,计算抑郁程度指数。先将《抑郁自评量表》各题得分相加,得到原始分数,量表原始分数的最大可能得分为 80 分,最小可能得分为 20 分,抑郁程度指数(SDS)通过原始得分除以最大可能分数(80 分)再乘以 100 获得,公式如下:

$$SDS = \frac{原始得分}{80} \times 100$$

分数越高则表明抑郁程度越重,心理适应状况越差;分数较低则表明抑郁程度越轻,心理适应情况越好。抑郁程度指数 0.50 以下为无抑郁;0.50～0.59 为轻微至轻度抑郁;0.60～0.69 为中度至重度抑郁;0.70 及以上为重度抑郁(郭念锋,2012)。抑郁程度指数也常常使用 100 分制标准分,即原始得分乘以 1.25,公式如下:

$$SDS 百分之标准分 = \frac{原始得分}{80} \times 1.25$$

按照中国常模,抑郁程度指数标准分的分界值为 53 分:53 分以下视为无抑郁,53～62 分为轻度抑郁,63～72 分为中度抑郁,73 分以上为重度抑郁(段泉泉、胜利,2012)。

最后,问卷数据通过 IBM SPSS Statistics(第 25 版)软件进行探索性因子分析,考察问卷各项、各因子之间的关系及其与中国常模的对比情况。

第二节　结果与分析

一、量表的信度

本次量表的克隆巴赫 α(Cronbach's α)为 0.871(见表 3-4),具有较高的信度。除"我觉得一天中早晨最好"这一题项外,其余每个题项删除后的克隆巴赫 α 均低于量表的整体信度,表明量表各题项之间具有较强的一致性,也表明量表的单项信度良好。

表 3-4 《心理适应量表》的整体可靠性

克隆巴赫 α	基于标准化项的克隆巴赫 α	项数
0.871	0.870	20

删除单项后量表的克隆巴赫 α 如表 3-5 所示:"我觉得闷闷不乐,情绪低沉"删除后的克隆巴赫 α 为 0.863;"一阵阵哭出来或觉得想哭"删除后的克隆巴赫 α 为 0.864;"我觉得一天中早晨最好"删除后的克隆巴赫 α 为 0.879;"我晚上睡眠不好"删除后的克隆巴赫 α 为 0.863;"我吃得跟平常一样多"删除后的克隆巴赫 α 为 0.867;"我发觉我的体重在下降"删除后的克隆巴赫 α 为 0.869;"我与异性接触时和以往一样感到愉快"删除后的克隆巴赫 α 为 0.863;"我有便秘的苦恼"删除后的克隆巴赫 α 为 0.868;"我的心跳比平时快"删除后的克隆巴赫 α 为 0.862;"我无故地感到疲乏"删除后的克隆巴赫 α 为 0.862;"我觉得不安而平静不下来"删除后的克隆巴赫 α 为 0.863;"我觉得经常做的事情并没有困难"删除后的克隆巴赫 α 为 0.866;"我的头脑像往常一样清楚"删除后的克隆巴赫 α 为 0.860;"我的生活过得很有意思"删除后的克隆巴赫 α 为 0.863;"我对未来抱有希望"删除后的克隆巴赫 α 为 0.865;"我觉得做出决定是容易的"删除后的克隆巴赫 α 为 0.861;"我比平常容易生气激动"删除后的克隆巴赫 α 为 0.867;"平常感兴趣的事我仍然感兴趣"删除后的克隆巴赫 α 为 0.867;"我觉得自己是个有用的人"删除后的克隆巴赫 α 为 0.862;"我认为如果我死了,别人会生活得更好"删除后的克隆巴赫 α 为 0.865。

表 3-5　《心理适应量表》删除单项后的信度

题项	删除项后标度方差	修正后的项与总计相关	克隆巴赫 α
我觉得闷闷不乐,情绪低沉	39.273	0.528	0.863
一阵阵哭出来或觉得想哭	39.672	0.509	0.864
我觉得一天中早晨最好	42.643	0.048	0.879
我晚上睡眠不好	38.917	0.531	0.863
我吃得跟平常一样多	40.193	0.393	0.867
我发觉我的体重在下降	40.039	0.358	0.869
我与异性接触时和以往一样感到愉快	39.008	0.511	0.863
我有便秘的苦恼	40.069	0.389	0.868
我的心跳比平时快	38.599	0.551	0.862
我无故地感到疲乏	38.756	0.563	0.862
我觉得不安,且平静不下来	38.857	0.521	0.863
我觉得经常做的事情没有困难	39.541	0.447	0.866
我的头脑和往常一样清楚	37.889	0.601	0.860
我的生活过得很有意思	38.772	0.514	0.863
我对未来抱有希望	39.118	0.463	0.865
我觉得做出决定是容易的	38.262	0.581	0.861
我比平常容易生气激动	40.135	0.400	0.867
平常感兴趣的事我仍然感兴趣	40.258	0.402	0.867
我觉得自己是个有用的人	38.403	0.555	0.862
我认为如果我死了,别人会生活得更好一些	39.066	0.470	0.865

此外,量表的折半信度也较为理想。该量表的斯皮尔曼-布朗(Spearman-Brown)系数为 0.807,格特曼折半(Guttman Split-Half)系数为 0.802(见表3-6),2 个系数均大于 0.700,这也表明量表具有较高的内部一致性。

该量表曾被用于测量不同群体的心理适应,如用于调查在新加坡和马来西亚的新西兰人(Searle & Ward,1990)、在华的越南人(朱国辉,2011),但并未应用于在华外籍商人。本研究的结果表明,该量表也适用于在华非洲商人的心理适应测量,其信度较高,与其他群体的相关研究结果较为接近(Ward & Kennedy,1992、1994)。

表 3-6 《心理适应量表》的折半信度

克隆巴赫 α	第一部分	值	0.760
		项数	10ᵃ
	第二部分	值	0.814
		项数	10ᵇ
	总项数		20
形态之间的相关性			0.677
斯皮尔曼-布朗系数	等长		0.807
	不等长		0.807
格特曼折半系数			0.802

a 项为:我觉得闷闷不乐,情绪低沉;一阵阵哭出来或觉得想哭;我觉得一天中早晨最好;我晚上睡眠不好;我吃得跟平常一样多;我发觉我的体重在下降;我与异性接触时和以往一样感到愉快;我有便秘的苦恼;我的心跳比平时快;我无故地感到疲乏.

b 项为:我觉得不安,且平静不下来;我觉得经常做的事情没有困难;我的头脑和往常一样清楚;我的生活过得很有意思;我对未来抱有希望;我觉得做出决定是容易的;我比平常容易生气激动;平常感兴趣的事我仍然感兴趣;我觉得自己是个有用的人;我认为如果我死了,别人会生活得更好一些.

二、量表的效度

本研究采用因子分析和因子间相关分析检验问卷的聚合效度和区分效度。聚合效度通过因子间相关系数来进行测量,因子间相关系数大于 0.700 则为强相关,0.300~0.700 为中度相关,小于 0.300 则为弱相关。区分效度则由因子与总分的相关系数与因子间相关系数比较所得。

首先,我们对量表数据进行主成分适用性检验,结果显示,KMO=0.867,大于 0.600,提取信息适合度良好;巴特利特(Bertlett)球形检验显著性水平 $p<0.010$,达到显著水平。这表明问卷数据具有良好的结构效度,符合因子分析的要求。

然而,主成分分析结果表明,方差累计贡献率为 57.899%,低于 60.000%,因此考虑进一步排除部分不符合因子分析的题项。根据删除后的信度值,最终排除"我觉得一天中早晨最好""我发觉我的体重在下降""我有便秘的苦恼""我的心跳比平时快""我觉得不安,且平静不下来""我的头脑像往常一样清楚""我对未来抱有希望"和"我觉得自己是个有用的人"8 项。排除题项后,再次进行 KMO 值和巴特利特检验,结果表明 KMO=0.829,大于 0.800,巴特利特检验中 $p<0.010$(见表 3-7),表明在排除部分题项后,剩余题项仍较好地符合因子分析的要求。

表 3-7 《心理适应量表》KMO 和巴特利特检验

KMO 取样适切性量数		0.829
巴特利特球形度检验	近似卡方	318.423
	自由度	66
	显著性	0.000

基于剩余 12 个题项的主成分分析,我们得到了 4 个因子。因子的累计方差贡献率为 61.826%(见表 3-8)。其中因子 1 的方差贡献率为 19.691%,因子 2 的方差贡献率为 15.136%,因子 3 的方差贡献率为 15.090%,因子 4 的方差贡献率为 11.909%。

表 3-8 《心理适应量表》因子载荷系数

因子	初始特征值			提取载荷平方和			旋转载荷平方和		
	总计	方差贡献率/%	累计方差贡献率/%	总计	方差贡献率/%	累计方差贡献率/%	总计	方差贡献率/%	累计方差贡献率/%
因子 1	3.991	33.259	33.259	3.991	33.259	33.259	2.363	19.691	19.691
因子 2	1.257	10.478	43.737	1.257	10.478	43.737	1.816	15.136	34.827
因子 3	1.152	9.603	53.340	1.152	9.603	53.340	1.811	15.090	49.917
因子 4	1.018	8.486	61.826	1.018	8.486	61.826	1.429	11.909	61.826
因子 5	0.813	6.775	68.601						
因子 6	0.715	5.961	74.563						
因子 7	0.635	5.290	79.853						
因子 8	0.557	4.645	84.498						
因子 9	0.522	4.351	88.849						
因子 10	0.492	4.099	92.948						
因子 11	0.447	3.721	96.669						
因子 12	0.400	3.331	100.000						

通过计算各因子的平均值以及相关分析得出因子间相关系数(见表 3-9)。因子 1 与因子 2 的相关系数为 0.464($p<0.010$);因子 1 与因子 3 的相关系数为 0.367($p<0.010$);因子 1 与因子 4 的相关系数为 0.456($p<0.010$);因子 2 与因子 3 的相关系数为 0.385($p<0.010$);因子 2 与因子 4 的相关系数为 0.390($p<0.010$);因子 3 与因子 4 的相关系数为 0.329($p<0.010$)。各因

子间的相关系数基本为 0.300～0.700,呈中度相关,说明本研究问卷所使用的量表聚合效度良好。

此外,因子 1 与总分间的相关系数为 0.817($p<0.010$),因子 2 与总分间的相关系数为 0.806($p<0.010$),因子 3 与总分间的相关系数为 0.635($p<0.010$),因子 4 与总分间的相关系数为 0.674($p<0.010$)。和因子与总分之间的相关系数相比,因子间的相关系数均小于因子与总分之间的相关系数,这说明问卷的区分效度良好。

表 3-9 《心理适应量表》各因子间相关系数

因子	统计值	因子 1	因子 2	因子 3	因子 4	总分
因子 1	皮尔逊相关性	1	0.464**	0.367**	0.456**	0.817**
	Sig.(双尾)		0.000	0.000	0.000	
	个案数	116	116	116	116	116
因子 2	皮尔逊相关性	0.464**	1	0.385**	0.390**	0.806**
	Sig.(双尾)	0.000		0.000	0.000	
	个案数	116	116	116	116	116
因子 3	皮尔逊相关性	0.367**	0.385**	1	0.329**	0.635**
	Sig.(双尾)	0.000	0.000		0.000	
	个案数	116	116	116	116	116
因子 4	皮尔逊相关性	0.456**	0.390**	0.329**	1	0.674**
	Sig.(双尾)	0.000	0.000	0.000		
	个案数	116	116	116	116	116
总分	皮尔逊相关性	0.817**	0.806**	0.635**	0.674**	1
	Sig.(双尾)	0.000	0.000	0.000	0.000	
	个案数	116	116	116	116	116

＊＊:在 0.010 级别(双尾),相关性显著。

＊:在 0.050 级别(双尾),相关性显著。

三、量表的维度

以往研究将 Zung 氏的《抑郁自评量表》分为精神性情感症状、躯体性障碍、精神运动性障碍以及抑郁心理障碍 4 个方面(郭念锋,2012)。对在华非洲商人而言,心理适应的具体表现还需进一步分析。本研究采用主成分分析法和最大方差旋转法进行探索性因子分析,探索量表的维度。因子分析结果表明,该量表可归纳出 4 个因子,对应在华非洲商人心理适应的 4 个维度。

第一维度主要涉及心理情绪,包含 4 个题项,分别是"我认为如果我死了,别人会生活得更好""一阵阵哭出来或觉得想哭""我觉得闷闷不乐,情绪低沉"和"我与异性接触时和以往一样感到愉快"。题项"我认为如果我死了,别人会生活得更好一些"与因子 1 的相关系数为 0.746;题项"一阵阵哭出来或觉得想哭"与因子 1 的相关系数为 0.728;题项"我觉得闷闷不乐,情绪低沉"与因子 1 的相关系数为 0.680;题项"我与异性接触时和以往一样感到愉快"与因子 1 的相关系数为 0.579(表 3-10)。

第二维度主要涉及兴趣态度,包含 4 个题项,分别是"平常感兴趣的事我仍然感兴趣""我生活过得很有意思""我觉得经常做的事情没有困难"和"我觉得做出决定是容易的"。题项"平常感兴趣的事我仍然感兴趣"与因子 2 的相关系数为 0.756;题项"我生活过得很有意思"与因子 2 的相关系数为 0.641;题项"我觉得经常做的事情没有困难"与因子 2 的相关系数为 0.595;题项"我觉得做出决定是容易的"与因子 2 的相关系数为 0.573。

第三维度主要涉及精神精力,包含 2 个题项,分别是"我比平常容易生气激动"和"我无故地感到疲乏"。题项"我比平常容易生气激动"与因子 3 的相关系数为 0.758;题项"我无故地感到疲乏"与因子 3 的相关系数为 0.716。

第四维度主要涉及生活习惯,包含 2 个题项,分别是"我吃得跟平时一样多"和"我晚上睡眠不好"。题项"我吃得跟平时一样多"与因子 4 的相关系数为 0.855;题项"我晚上睡眠不好"与因子 4 的相关系数为 0.588。

虽然本研究提取的在华非洲商人心理适应也是 4 个维度,但与以往研究的 4 个维度具有较大的差异。以往 4 个维度中"精神性情感症状"包含第 1、2 题项,"躯体性障碍"包含第 3、4、5、6、7、8、9、10 题项,"精神运动性障碍"包含第 11、12 题项,"抑郁的心理障碍"包括第 13、14、15、16、17、18、19、20 题项;而本研究提取的 4 个维度为:"心理情绪"包含第 1、2、7、20 题项,"兴趣态度"包含第 12、14、16、18 题项,"精神精力"包含第 10、17 题项,"生活习惯"包含第 4、5 题项。

表 3-10 《心理适应量表》旋转后各单项与因子的相关系数

题项	因子			
	因子 1	因子 2	因子 3	因子 4
我认为如果我死了,别人会生活得更好一些	0.746	0.236	0.019	0.003
一阵阵哭出来或觉得想哭	0.728	0.139	0.256	0.130
我觉得闷闷不乐,情绪低沉	0.680	0.128	0.083	0.286
我与异性接触时和以往一样感到愉快	0.579	0.101	0.220	0.271
平常感兴趣的事我仍然感兴趣	0.272	0.756	0.112	0.067
我的生活过得很有意思	0.209	0.641	0.031	0.305
我觉得经常做的事情没有困难	0.024	0.595	0.516	0.052
我觉得做出决定是容易的	0.162	0.573	0.540	0.005
我比平常容易生气激动	0.139	0.002	0.758	0.003
我无故地感到疲乏	0.251	0.008	0.716	0.281
我吃得跟平常一样多	0.013	0.217	0.084	0.855
我晚上睡眠不好	0.502	0.044	0.157	0.588

提取方法:主成分分析法。
旋转方法:凯撒正态化最大方差法。

四、心理适应描述性分析

本研究调查了 116 名受访者的心理适应情况,采用 Zung 氏《抑郁自评量表》获得抑郁自评指数。结果显示,在华非洲商人总体的抑郁自评指数为 55.30,说明总体上适应性困难程度不高。从数据分布情况看,受访者的心理适应情况呈正态分布(见图 3-1)。其中 53 分以下占 31.9％,53～63 分占 54.3％,64～73 分占 12.1％,73 分以上占 1.7％,说明抽样数据具有一定的合理性,但也反映了大部分在华非洲商人的心理健康状况或多或少存在一定问题(53 分以上占了 68.1％)。面对复杂的异国环境,外籍人士在新的文化环境中面临众多挑战,产生语言、生活习惯、文化差异等不同方面的压力(Berry, 2006;Taušová,Bender,Dimitrova,et al.,2019)。这种文化适应压力也会影响外籍人士的心理健康状况,导致外籍人士在文化适应过程中出现焦虑、不安等心理不适感,甚至可能出现行为方面的改变(Oberg,1960;Berry,2005;Ward,Szabó,Schwartz,et al.,2021)。

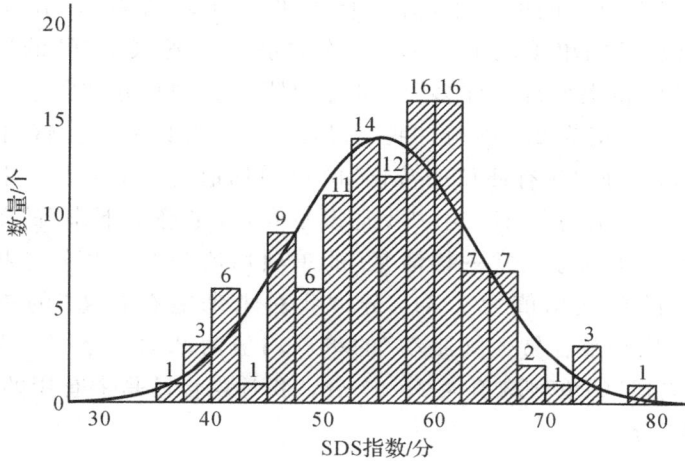

图 3-1　SDS 指数分布

从个体数据来看,最高分为 78 分,仅 1 人;最低分为 36 分,也仅 1 人;中位数为 55 分,与轻度抑郁 53 分的界线十分接近;众数为 61 分,抽样样本中总分为 61 分的有 10 人。此外,53 分及以上占 68.1%,说明将近 70% 的受访者为轻度或轻度以上抑郁,这也在一定程度上表明在华非洲商人是抑郁高发的群体之一,他们在华工作和生活的过程中较易出现心理健康问题。

从抽样数据的单项均值来看,2.000 分以下仅有 3 项(见表 3-11),分别是"一阵阵哭出来或觉得想哭"(均值为 1.983 分)、"我的心跳比平时快"(均值为 1.707 分)和"我认为如果我死了,别人会生活得更好一些"(均值为 1.681 分)。单项均值高于 2.500 分的有 2 项,分别是"我觉得经常做的事情并没有困难"(均值为 2.560 分)和"我觉得做出决定是容易的"(均值为 2.665 分)。

表 3-11　单项均值低于 2.000 分或高于 2.500 分的题项

题项	数量/份	最小值/分	最大值/分	均值/分	标准偏差
一阵阵哭出来或觉得想哭	116	1.000	3.000	1.983	0.527
我的心跳比平时快	116	1.000	3.000	1.707	0.633
我认为如果我死了,别人会生活得更好一些	116	1.000	3.000	1.681	0.654
我觉得经常做的事情没有困难	116	1.000	4.000	2.560	0.608
我觉得做出决定是容易的	116	1.000	4.000	2.655	0.647

大多数题项的单项均值高于 2.000 分且低于 2.500 分(见表 3-12),共有

15 项。其中,"我觉得闷闷不乐,情绪低沉"的单项均值为 2.043 分,"我觉得一天中早晨最好"的单项均值为 2.405 分,"我晚上睡眠不好"的单项均值为 2.310 分,"我吃得跟平常一样多"的单项均值为 2.466 分,"我发觉我的体重在下降"的单项均值为 2.043 分,"我与异性接触时和以往一样感到愉快"的单项均值为 2.336 分,"我有便秘的苦恼"的单项均值为 2.078 分,"我无故地感到疲乏"的单项均值为 2.216 分,"我觉得不安,且平静不下来"的单项均值为 2.069 分,"我的头脑像往常一样清楚"的单项均值为 2.422 分,"我的生活过得很有意思"的单项均值为 2.345 分,"我对未来抱有希望"的单项均值为 2.181 分,"我比平常容易生气激动"的单项均值为 2.129 分,"平常感兴趣的事我仍然感兴趣"的单项均值为 2.293 分,"我觉得自己是个有用的人"的单项均值为 2.319 分。

在所有题项中,"我吃得跟平常一样多"的单项均值为 2.466 分,相对最高。从题项内容看,该题项主要与受访者的饮食习惯有关,这说明受访者在饮食习惯上表现出较为强烈的不适应。访谈结果也印证了这一点,多位受访者在接受访谈时表示,自己在中国生活期间的饮食适应方面存在问题。中非之间的饮食习惯差异较大,中国的饮食烹饪方式和食物口味皆与受访者本国的习惯不一致。受访者表示,他们无法很好地适应中国的部分食物,仍旧比较喜欢自己家乡的食物。此外,值得一提的是,除了食物口味方面的原因,餐具使用习惯的不同也会造成一定的适应困难。中国饮食的主要餐具是筷子,然而筷子的使用对于非洲人而言存在一定难度,这也在某种程度上导致了他们对中国饮食方式的不适应。

表 3-12 单项均值高于 2.000 分且低于 2.500 分的题项

题项	数量/份	最小值/分	最大值/分	均值/分	标准偏差
我觉得闷闷不乐,情绪低沉	116	1.000	3.000	2.043	0.566
我觉得一天中早晨最好	116	1.000	3.000	2.405	0.575
我晚上睡眠不好	116	1.000	4.000	2.310	0.610
我吃得跟平常一样多	116	1.000	4.000	2.466	0.566
我发觉我的体重在下降	116	1.000	4.000	2.043	0.638
我与异性接触时和以往一样感到愉快	116	1.000	4.000	2.336	0.618
我有便秘的苦恼	116	1.000	3.000	2.078	0.592
我无故地感到疲乏	116	1.000	3.000	2.216	0.602

续　表

题项	数量/份	最小值/分	最大值/分	均值/分	标准偏差
我觉得不安,且平静不下来	116	1.000	4.000	2.069	0.629
我的头脑和往常一样清楚	116	1.000	4.000	2.422	0.674
我的生活过得很有意思	116	1.000	4.000	2.345	0.647
我对未来抱有希望	116	1.000	4.000	2.181	0.654
我比平常容易生气激动	116	1.000	3.000	2.129	0.568
平常感兴趣的事我仍然感兴趣	116	1.000	3.000	2.293	0.544
我觉得自己是个有用的人	116	1.000	4.000	2.319	0.654
有效个案数(成列)	116				

从心理适应的 4 个维度看,心理情绪维度包含的题项“我认为如果我死了,别人会生活得更好一些”“一阵阵哭出来或觉得想哭”“我觉得闷闷不乐,情绪低沉”和“我与异性接触时和以往一样感到愉快”,单项均值分别是 1.681 分、1.983 分、2.043 分、2.336 分。4 个题项的单项均值皆未超过 2.500 分;2 个题项低于 2.000 分,2 个题项高于 2.000 分。

兴趣态度维度包含的题项“平常感兴趣的事我仍然感兴趣”“我生活过得很有意思”“我觉得经常做的事情没有困难”和“我觉得做出决定是容易的”,单项均值分别是 2.293 分、2.345 分、2.560 分、2.655 分。这 4 项的单项均值皆高于 2.000 分,其中 2 个单项均值甚至高于 2.500 分。

精神精力维度包含的题项“我比平常容易生气激动”和“我无故地感到疲乏”,单项均值分别是 2.129 分、2.216 分。相对来说,第三维度的这 2 项单项均值较低。

生活习惯维度包含“我吃得跟平常一样多”和“我晚上睡眠不好”,单项均值分别是 2.466 分和 2.310 分。这 2 项的单项均值也未超过 2.500 分,但是比第三维度的 2 项高。

从上述结果可知,精神精力维度的 4 个题项均处于 2.000～2.500 分,从单项均值角度来看,在华非洲商人的精神精力方面困难中等,问题并不严重。生活习惯这一维度的单项均值最低,说明在华非洲商人在生活习惯这一维度适应较好,较少出现问题。而相较于精神精力以及生活习惯,心理情绪维度的单项均值得分较高,表明在华非洲商人在心理情绪中更易出现问题。单项均值最高的是兴趣态度维度,表明抽样样本中的在华非洲商人在兴趣态度方面出现的问题较多,较为严重。该现象可能由生活方面的困难造成,在不同的社会文化背景下,日常生活习惯存在不同,这种差异可能给个体的日常生活带来较为明显的困难。访谈结果也表明,受访者在去银行或是医院等的日常生活事件中,会遭遇一些明显的问题,例如无法顺利取钱。这种困难会影响受访者的心理状况,受访者在访谈中也提到,日常生活事件中经历的困难会导致情绪低落,甚至焦虑抑郁。

五、国内常模对比分析

虽然处于相同的外部文化环境,但旅居群体与东道国国民存在一定的内部差异。因此,将非洲文化背景的商人的心理适应情况与中国人的心理情况进行比较,可以从另一角度衡量在华非洲商人的适应结果。

总体来看,在华非洲商人心理适应总分的均值为 55.300 分,高于国内常模的 41.880 分(王春芳、蔡则环、徐清,1986),说明与当地人相比,在华非洲商人的心理抑郁指数更高,心理健康水平更低。从《心理适应量表》的单项均值来看,在华非洲商人的单项均值皆高于国内常模。两者差异最小的是"我与异性接触时和以往一样感到愉快",单项均值差异仅为 0.010 分;差异最大的是"我有便秘的苦恼",单项均值差异为 0.850 分。

此外,在华非洲商人与国内常模单项均值差异在 0.500 分以下的共有 8项(见表 3-13),分别是"我觉得闷闷不乐,情绪低沉"(均值差异为 0.500 分)、"我觉得一天中早晨最好"(均值差异为 0.100 分)、"我与异性接触时和以往一样感到愉快"(均值差异为 0.010 分)、"我的心跳比平时快"(均值差异为 0.470分)、"我的生活过得很有意思"(均值差异为 0.380 分)、"我对未来抱有希望"(均值差异为 0.190 分)、"我觉得做出决定是容易的"(均值差异为 0.420 分)、"我觉得自己是个有用的人"(均值差异为 0.320 分)。

表 3-13　国内常模对照分析结果——单项均值差异 0.500 分及以下

题项	数量/份	平均值/分	国内常模/分	均值差/分
我觉得闷闷不乐,情绪低沉	116	2.040±0.570	1.500±0.730	0.500
我觉得一天中早晨最好	116	2.410±0.580	2.310±1.190	0.100
我与异性接触时和以往一样感到愉快	116	2.340±0.620	2.330±1.210	0.010
我的心跳比平时快	116	1.710±0.630	1.240±0.580	0.470
我的生活过得很有意思	116	2.340±0.650	1.960±0.960	0.380
我对未来抱有希望	116	2.180±0.650	1.990±1.050	0.190

题项	数量/份	平均值/分	国内常模/分	均值差/分
我觉得做出决定是容易的	116	2.660±0.650	2.240±1.040	0.420
我觉得自己是个有用的人	116	2.320±0.650	2.000±1.050	0.320

在华非洲商人单项均值与国内常模单项均值差异高于 0.500 的共有 12
项(见表 3-14),分别是"一阵阵哭出来或觉得想哭"(均值差异为 0.820 分)、
"我晚上睡眠不好"(均值差异为 0.710 分)、"我吃得跟平常一样多"(均值差异
为 0.730 分)、"我发觉我的体重在下降"(均值差异为 0.780 分)、"我有便秘的
苦恼"(均值差异为 0.850 分)、"我无故地感到疲乏"(均值差异为 0.740 分)、
"我觉得不安,且平静不下来"(均值差异为 0.570 分)、"我觉得经常做的事情
并没有困难"(均值差异为 0.750 分)、"我的头脑和往常一样清楚"(均值差异
为 0.700 分)、"我比平常容易生气激动"(均值差异为 0.570 分)、"平常感兴趣
的事我仍然感兴趣"(均值差异为 0.600 分)和"我认为如果我死了,别人会生
活得更好一些"(均值差异为 0.500 分)。

表 3-14　国内常模对照分析结果——单项均值差异高于 0.500 分

题项	数量/份	平均值/分	国内常模/分	均值差/分
一阵阵哭出来或觉得想哭	116	1.980±0.530	1.160±0.480	0.820
我晚上睡眠不好	116	2.310±0.610	1.600±0.850	0.710
我吃得跟平常一样多	116	2.470±0.570	1.740±1.070	0.730
我发觉我的体重在下降	116	2.040±0.640	1.260±0.630	0.780
我有便秘的苦恼	116	2.080±0.590	1.230±0.590	0.850
我无故地感到疲乏	116	2.220±0.600	1.480±0.780	0.740
我觉得不安,且平静不下来	116	2.070±0.630	1.500±1.240	0.570
我觉得经常做的事情并没有困难	116	2.560±0.610	1.810±1.090	0.750
我的头脑像往常一样清楚	116	2.420±0.670	1.720±1.030	0.700
我比平常容易生气激动	116	2.130±0.570	1.560±0.810	0.570
平常感兴趣的事我仍然感兴趣	116	2.290±0.540	1.690±0.980	0.600
我认为如果我死了,别人会生活得更好一些	116	1.680±0.650	1.180±0.580	0.500

我们进一步通过单样本 t 检验来考察在华非洲商人心理适应总分和国内
常模的 SDS 总分间的差异,结果表明 $t=3.864$, $p<0.010$,说明两者之间存在

显著差异。从均值来看,在华非洲商人的抑郁指数要高于国内常模。

从单项均值来看,"我觉得一天中早晨最好"($t=1.784$,$p=0.077$,大于 0.050)和"我与异性接触时和以往一样"($t=0.108$,$p=0.914$,大于 0.050)这 2 项与国内常模无显著差异(见表 3-15)。

表 3-15　单样本 t 检验无统计显著性结果

题项	差值 95% 置信区间				
	t	自由度	Sig.（双尾）	平均值差值	下限	上限
我觉得一天中早晨最好	1.784	115	0.077	0.095	−0.010	0.200
我与异性接触时和以往一样感到愉快	0.108	115	0.914	0.006	−0.107	0.120
SDS	3.864	115	0.00	2.36	1.150	3.572

除上述 2 项外,其余题项的单项均值,在华非洲商人与国内常模的差异均存在统计显著性($p<0.010$)(见表 3-16)。另外,统计结果也表明,在华非洲商人在兴趣态度维度存在较大的困难。值得一提的是,在生活习惯维度,单项均值的差值相对较小,但是与国内常模相比仍存在统计差异。在部分题项上,心理情绪和精神精力维度与国内常模存在统计差异,但差异不如兴趣态度维度明显。

表 3-16　单样本 t 检验统计显著性结果

题项	差值 95% 置信区间				
	t	自由度	Sig.（双尾）	平均值差值/分	下限	上限
我觉得闷闷不乐,情绪低沉	10.343	115	0.000	0.543	0.439	0.647
一阵阵哭出来或觉得想哭	16.808	115	0.000	0.823	0.726	0.920
我晚上睡眠不好	12.537	115	0.000	0.710	0.598	0.823
我吃得跟平常一样多	13.802	115	0.000	0.726	0.621	0.830
我发觉我的体重在下降	13.223	115	0.000	0.783	0.666	0.900
我有便秘的苦恼	15.421	115	0.000	0.848	0.739	0.956
我的心跳比平时快	7.948	115	0.000	0.467	0.351	0.583
我无故地感到疲乏	13.169	115	0.000	0.736	0.624	0.846
我觉得不安,且平静不下来	9.748	115	0.000	0.569	0.453	0.684

题项	差值 95% 置信区间					
	t	自由度	Sig.（双尾）	平均值差值/分	下限	上限
我觉得经常做的事情没有困难	13.282	115	0.000	0.750	0.638	0.862
我的头脑像往常一样清楚	11.218	115	0.000	0.702	0.578	0.826
我的生活过得很有意思	6.402	115	0.000	0.385	0.265	0.503
我对未来抱有希望	3.146	115	0.000	0.191	0.070	0.311
我觉得做出决定是容易的	6.906	115	0.000	0.415	0.296	0.534
我比平常容易生气激动	10.801	115	0.000	0.569	0.464	0.673
平常感兴趣的事我仍然感兴趣	11.940	115	0.000	0.603	0.503	0.703
我觉得自己是个有用的人	5.252	115	0.000	0.319	0.198	0.439
我认为如果我死了,别人会生活得更好一些	8.250	115	0.000	0.501	0.380	0.621

六、心理适应差异性分析

心理适应是文化适应的一个维度,该适应结果不仅与其所处的文化环境相关,还与个体自身的诸多因素相关,不同条件下的个体心理适应结果可能有较大差异。本研究从性别、年龄、语言水平、家人陪伴情况、性格、来华时长、海外生活经历以及对中国的了解情况等方面,对心理适应的差异进行了调查。

（一）性别

从均值分析的结果来看,不同性别的受访者,心理适应总分均值存在细微差异,男性均值为 44.433 分,略高于女性的 43.577 分。从心理适应的维度来看,在兴趣态度、心理情绪、精神精力、生活习惯 4 个维度,男性的均值均高于女性。这说明在跨文化背景下,对于在华非洲商人而言,女性群体的心理适应水平在一定程度上要优于男性群体,这种差异既体现在总分上,也体现在心理适应的各个维度上（见表 3-17）。

表 3-17　不同性别群体的心理适应结果

心理适应维度	性别	个案数	平均值/分	标准偏差	标准错误	平均值的95%置信区间		最小值	最大值
						下限	上限		
心理情绪	男性	90	2.036	0.470	0.050	1.938	2.135	1.000	3.000
	女性	26	1.923	0.290	0.057	1.806	2.040	1.250	2.500
兴趣态度	男性	90	2.481	0.437	0.046	2.389	2.572	1.250	3.500
	女性	26	2.404	0.442	0.087	2.225	2.582	1.500	3.000
精神精力	男性	90	2.178	0.499	0.053	2.073	2.282	1.000	3.000
	女性	26	2.154	0.464	0.091	1.966	2.341	1.500	3.000
生活习惯	男性	90	2.417	0.515	0.054	2.309	2.525	1.500	4.000
	女性	26	2.288	0.351	0.069	2.147	2.430	1.500	3.000

　　从心理适应的各个维度来看,不论是男性还是女性,适应最好的都是心理情绪维度,其次是精神精力维度,再次是生活习惯维度,最后是兴趣态度维度(见图 3-2)。这 4 个维度中,男女差异最大的是生活习惯维度。对于男性而言,4 个维度中,差值最大的是生活习惯维度,差值最小的是心理情绪维度和精神精力维度。对于女性而言,4 个维度中,差值最大的是心理情绪维度,其余 3 个维度的差值相近。

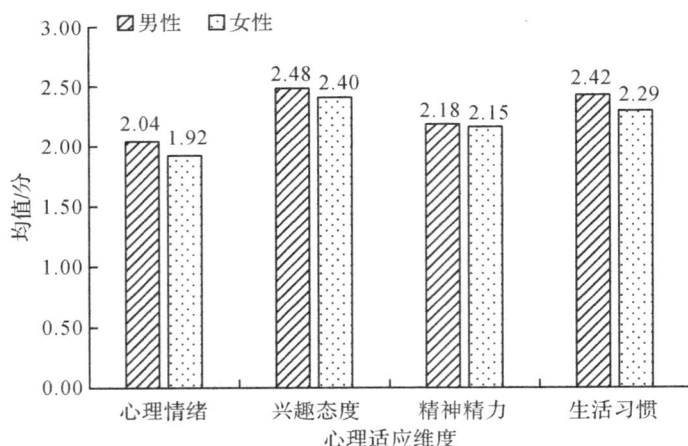

图 3-2　不同性别群体的心理适应各维度均值

　　从上述结果可知,对于在华非洲商人而言,男性和女性的心理适应结果存在一定的共性,也有一些差异性。共性表现在整体的心理适应水平以及各维度的心理适应水平,而差异性则表现为男性和女性组内的差异在各维度上的表现不一。

(二)年龄

除性别外,年龄也是影响心理适应差异的一个重要因素,不同年龄组的抑郁指数均值由高到低依次为 18~25 岁(SDS＝47.000 分)、41 岁以上(SDS＝45.091 分)、31~40 岁(SDS＝44.200 分)和 26~30 岁(SDS＝43.411 分)。18~25 岁年龄段的抑郁水平总分最高,心理适应结果最差;26~30 岁年龄段的抑郁水平总分最低,心理适应结果最好。分析其原因,可能是 26~30 岁这一年龄段群体的心智比较成熟,已经具有相对健全的世界观和价值观,且他们对新事物的接纳能力也较强,可以较好地适应新环境。

从心理适应各维度来看,各年龄段群体呈现一定差异性(见表 3-18)。心理情绪维度均值最高的是 41 岁以上的群体,均值最低的是 26~30 岁的群体;兴趣态度维度均值最高的是 18~25 岁的群体,均值最低的是 26~30 岁的群体;精神精力维度均值最高的是 41 岁以上的群体,均值最低的是 26~30 岁的群体;生活习惯维度均值最高的是 18~25 岁的群体,均值最低的是 41 岁以上的群体。

在兴趣态度、心理情绪和生活习惯维度,18~25 岁的群体单项均值都比较高,这一年龄段的群体在兴趣态度、心理情绪和生活习惯方面的适应相比其他年龄段群体要略差一些。可能受到个体身心发展规律的影响,他们在文化适应过程中,兴趣态度和心理情绪维度都呈现出较大的波动和变化。

此外,相较于其他年龄段,41 岁以上的群体精神精力和心理情绪维度的均值较高,在生活习惯维度的均值较低,说明该群体在生活习惯方面适应较好,而在心理情绪以及精神精力方面适应较差。推测其中原因,可能是这一年龄段的群体身体机能下降,导致其在新的环境中更容易出现问题。同时,这一年龄段的群体一般来说已形成相对稳固的生活习惯,因此在这一方面他们的困扰也相对较少。

表 3-18　不同年龄段群体的心理适应结果

心理适应维度	年龄	个案数	平均值/分	标准偏差	标准错误	平均值的95%置信区间		最小值	最大值
						下限	上限		
心理情绪	18～25岁	14	2.071	0.331	0.089	1.880	2.263	1.500	2.500
	26～30岁	56	1.987	0.451	0.060	1.866	2.107	1.000	3.000
	31～40岁	35	2.000	0.454	0.077	1.844	2.156	1.250	3.000
	41岁以上	11	2.091	0.478	0.144	1.770	2.412	1.500	2.750
兴趣态度	18～25岁	14	2.696	0.369	0.099	2.483	2.910	2.000	3.500
	26～30岁	56	2.420	0.440	0.059	2.302	2.537	1.500	3.250
	31～40岁	35	2.429	0.435	0.074	2.279	2.578	1.250	3.500
	41岁以上	11	2.500	0.474	0.143	2.181	2.819	1.500	3.000
精神精力	18～25岁	14	2.250	0.470	0.126	1.978	2.522	1.500	3.000
	26～30岁	56	2.116	0.548	0.073	1.969	2.263	1.000	3.000
	31～40岁	35	2.200	0.424	0.072	2.054	2.346	1.500	3.000
	41岁以上	11	2.273	0.410	0.124	1.997	2.548	1.500	3.000
生活习惯	18～25岁	14	2.571	0.385	0.103	2.349	2.794	2.000	3.000
	26～30岁	56	2.357	0.474	0.063	2.230	2.484	1.500	3.500
	31～40岁	35	2.400	0.540	0.091	2.215	2.585	1.500	4.000
	41岁以上	11	2.273	0.467	0.141	1.959	2.587	1.500	3.000

（三）性格

从性格方面来看，在华非洲商人群体的内部心理适应同样存在差异，不同性格群体的心理适应总分由高到低分别是非常内向（SDS＝49.071分）、比较内向（SDS＝45.714分）、比较外向（SDS＝43.083分）和非常外向（SDS＝38.083分）。这说明性格越外向，心理适应情况越好；性格越内向，在心理适应过程中越容易出现问题。从心理适应的4个维度看，各维度的平均值也基本遵循非常内向、比较内向、比较外向到非常外向的规律递减（见表3-19）。这说明，无论在整体心理适应上还是在心理适应的各个维度上，在华非洲商人的心理适应均呈现基本一致的变化规律，即性格越外向，平均值越低，心理适应越好。

表 3-19　不同性格群体的心理适应结果

心理适应维度	性格	个案数	平均值/分	标准偏差	标准错误	平均值的95%置信区间		最小值	最大值
						下限	上限		
心理情绪	非常内向	14	2.161	0.445	0.119	1.904	2.418	1.500	3.000
	比较内向	42	2.071	0.453	0.070	1.930	2.213	1.000	3.000
	比较外向	48	1.964	0.416	0.060	1.843	2.084	1.000	2.750
	非常外向	12	1.813	0.415	0.120	1.549	2.076	1.500	2.750
兴趣态度	非常内向	14	2.732	0.373	0.100	2.517	2.947	2.000	3.500
	比较内向	42	2.565	0.375	0.058	2.449	2.682	1.500	3.500
	比较外向	48	2.422	0.403	0.058	2.305	2.539	1.500	3.000
	非常外向	12	1.958	0.450	0.130	1.672	2.244	1.250	2.750
精神精力	非常内向	14	2.500	0.439	0.117	2.247	2.753	1.500	3.000
	比较内向	42	2.298	0.507	0.078	2.140	2.456	1.000	3.000
	比较外向	48	2.042	0.423	0.061	1.919	2.165	1.000	3.000
	非常外向	12	1.875	0.433	0.125	1.600	2.150	1.500	2.500
生活习惯	非常内向	14	2.643	0.457	0.122	2.379	2.907	2.000	3.000
	比较内向	42	2.524	0.529	0.082	2.359	2.689	1.500	4.000
	比较外向	48	2.260	0.372	0.054	2.152	2.368	1.500	3.000
	非常外向	12	2.125	0.528	0.152	1.790	2.460	1.500	3.500

　　不同性格在心理适应的不同维度上显示出一定的差异。在心理情绪维度、精神精力维度、兴趣态度维度以及生活习惯维度当中，均值最高的均是性格"非常内向"的群体，其次是性格"比较内向"的群体，再次是性格"比较外向"的群体，最后是性格"非常外向"的群体。其中的原因可能是，性格外向的人更愿意与周围的人和事物接触与交流，因此遇到问题的时候更倾向于积极主动地寻求解决问题的方法；而性格内向的人与外界的人和事物接触时可能呈现回避状态，遇到问题或情绪出现波动时更倾向于自己解决，故不易获取外界的帮助。

　　上述结果表明，性格越外向的人在新的文化环境中越容易适应，且不易出现心理问题；而性格内向的人在新的文化环境中更有可能出现心理问题，其适应过程也更为困难。

（四）海外生活经历

海外生活经历的不同也会导致在华非洲商人心理适应的差别。从海外生活经历的时长来看,在海外生活时间越长的群体,其心理适应总分越高,即心理适应结果越差。心理适应总分由低到高分别是"从未"有海外经历（SDS＝43.486分）、"3个月以下"（SDS＝43.667分）、"3～6个月"（SDS＝45.000分）、"6个月以上"（SDS＝46.577分）。出现此种现象的原因,可能是先前的跨文化经历对后期的跨文化经历存在一定的影响。先前如有较好的跨文化经历,则有可能导致群体在新的文化环境中预期过高,而当现有的文化环境不能满足其预期时,则会导致心理适应问题。此外,由于样本量的限制,海外经历的分布也十分不均等,62.07%的人从未有过海外经历,而仅有2.59%的人有3～6个月的海外经历。样本量不均也可能影响调查结果。

从心理适应各个维度的结果（见表3-20）来看,心理情绪维度均值最高的是有"3～6个月"海外经历的群体,均值最低的是有"3个月以下"海外经历的群体;兴趣态度维度均值最高的是有"6个月以上"海外经历的群体,均值最低的是"从未"有过海外经历的群体;精神精力维度均值最高的有"6个月以上"海外经历的群体,均值最低的是"从未"有过海外经历的群体;生活习惯维度均值最高的是有"6个月以上"海外经历的群体,均值最低的是有"3～6个月"海外生活经历的群体。

表 3-20　不同海外经历群体的心理适应结果

心理适应维度	海外经历	个案数	平均值/分	标准偏差	标准错误	平均值的95%置信区间		最小值	最大值
						下限	上限		
心理情绪	从未	72	1.972	0.427	0.050	1.872	2.073	1.000	3.000
	3个月以下	15	1.950	0.380	0.098	1.739	2.161	1.000	2.750
	3～6个月	3	2.250	0.000	0.000	2.250	2.250	2.250	2.250
	6个月以上	26	2.125	0.506	0.099	1.921	2.329	1.500	3.000
兴趣态度	从未	72	2.417	0.444	0.052	2.312	2.521	1.250	3.000
	3个月以下	15	2.500	0.299	0.077	2.335	2.665	1.750	2.750
	3～6个月	3	2.500	0.500	0.289	1.258	3.742	2.000	3.000
	6个月以上	26	2.567	0.482	0.095	2.372	2.762	1.750	3.500

续　表

心理适应维度	海外经历	个案数	平均值/分	标准偏差	标准错误	平均值的95%置信区间		最小值	最大值
						下限	上限		
精神精力	从未	72	2.125	0.480	0.057	2.012	2.238	1.000	3.000
	3个月以下	15	2.167	0.645	0.167	1.809	2.524	1.000	3.000
	3~6个月	3	2.167	0.289	0.167	1.450	2.884	2.000	2.500
	6个月以上	26	2.308	0.426	0.084	2.136	2.480	1.000	3.000
生活习惯	从未	72	2.382	0.478	0.056	2.270	2.494	1.500	3.500
	3个月以下	15	2.233	0.458	0.118	1.980	2.487	1.500	3.000
	3~6个月	3	1.833	0.289	0.167	1.116	2.550	1.500	2.000
	6个月以上	26	2.558	0.476	0.093	2.365	2.750	2.000	4.000

整体来看,有较长时间海外生活经历的群体在心理适应各维度上的表现相对较差,而此前有过短暂海外生活经历或者没有海外生活经历的群体在心理适应各维度上的均值较低,适应较好。推测其原因,可能是外籍人士先前的海外经历发生在不同的文化环境中,而不同的社会文化之间存在诸多差异。在某个国家有较长时间的生活经历并不代表外籍人士在其他国家能有较好的适应性,不论他们先前的经历如何,他们在进入新的文化环境后,可能仍然需要重新进行适应。

（五）语言水平

语言是重要的交流工具,对于跨文化适应的群体而言,语言水平的不同也可能造成其心理适应水平的差异。本研究分别从在华非洲商人来华前后汉语水平的2个方面出发,分析不同语言水平群体间的心理适应差异。从SDS总分来看,来华前语言水平"很好"的群体,其SDS总分最低,且与其他4种语言水平的群体之间存在较明显的差异。

这种差异不仅表现在心理适应总分上,也表现在心理适应的4个维度上(见表3-21)。在心理情绪维度上,单项均值最高的是汉语水平"不错"的群体,均值最低的是汉语水平"很好"的群体。在兴趣态度维度上,单项均值最高的是来华前汉语水平"还可以"的群体,均值最低的是汉语水平"很好"的群体。在精神精力维度,单项均值最高的是汉语水平"不好"的群体,均值最低的是汉语水平"很好"的群体。在生活习惯维度,单项均值最高的是汉语水平"不好"的群体,均值最低的是来华前汉语水平"很好"的群体。从各维度综合来看,来华前汉语水平"很好"的群体在华的心理适应相对较好,而汉语水平相对较差的群体在华的心理适应也相对较差。

这种现象可能是由于来华前汉语水平较高的外籍人士在中国工作生活时遇到的交际困难较少,与东道国国民沟通较为顺畅。此外,汉语水平"很好"的群体在一定程度上对中国文化的了解也相对深入,更为适应中国社会的交际习惯和沟通方式。这能够为外籍人士的文化适应尤其是心理适应带来极大益处。

表 3-21　来华前不同汉语水平群体的心理适应结果

来华前汉语水平	统计值	心理情绪	兴趣态度	精神精力	生活习惯
非常差	平均值	2.027	2.453	2.180	2.414
	个案数	64	64	64	64
	标准偏差	0.413	0.417	0.421	0.459
不好	平均值	1.955	2.455	2.214	2.482
	个案数	28	28	28	28
	标准偏差	0.544	0.531	0.615	0.499
还可以	平均值	2.059	2.603	2.117	2.264
	个案数	17	17	17	17
	标准偏差	0.400	0.306	0.516	0.562
不错	平均值	2.100	2.350	2.100	2.200
	个案数	5	5	5	5
	标准偏差	0.223	0.379	0.547	0.273
很好	平均值	1.625	2.000	2.000	1.750
	个案数	2	2	2	2
	标准偏差	0.176	0.707	0.7078	0.353
总计	平均值	2.010	2.463	2.172	2.387
	个案数	116	116	116	116
	标准偏差	0.437	0.437	0.489	0.484

来华后汉语水平的差异也对在华非洲商人的心理适应产生一定的差异性影响(见表 3-22),但其差异没有来华前不同汉语水平群体的心理适应差异明显。来华后汉语水平非常差的人数最少,心理适应总分则最高,与其他语言水平的心理适应总分有较大的差距。其余 4 种语言水平的群体的心理适应总分

差异不大,整体上心理适应总分随语言水平的提升而降低,语言水平"非常差"的 SDS 总分是 51.000 分,"不好"的 SDS 总分是 45.167 分,"还可以"的 SDS 总分是 44.171 分,"不错"的 SDS 总分是 44.490 分,"很好"的 SDS 总分是 42.941 分。

综上所述,不论是从来华前抑或是来华后的汉语水平来看,随着语言水平的提高,其心理适应皆呈现改善的趋势。原因可能在于,语言水平的差异往往伴随着在华非洲商人对目的语国家文化了解程度的差异。在目的语国家生活时,较好的语言水平可以提升文化感知力,进而促进个体或群体的心理适应并提高其文化适应水平。

表 3-22　现在不同汉语水平群体的心理适应结果

现在汉语水平	统计值	心理情绪	兴趣态度	精神精力	生活习惯
非常差	平均值	2.250	3.000	2.500	2.500
	个案数	1	1	1	1
	标准偏差				
不好	平均值	1.916	2.583	2.250	2.666
	个案数	6	6	6	6
	标准偏差	0.437	0.491	0.273	0.408
还可以	平均值	2.018	2.439	2.146	2.402
	个案数	41	41	41	41
	标准偏差	0.419	0.442	0.391	0.527
不错	平均值	2.039	2.465	2.205	2.431
	个案数	51	51	51	51
	标准偏差	0.477	0.450	0.558	0.469
很好	平均值	1.926	2.441	2.088	2.117
	个案数	17	17	17	17
	标准偏差	0.382	0.390	0.565	0.376
总计	平均值	2.010	2.463	2.172	2.387
	个案数	116	116	116	116
	标准偏差	0.437	0.437	0.489	0.484

（六）对中国的了解程度

来华前对中国了解程度不同的群体，其心理适应结果也存在差异。来华前对中国"非常了解"的，其抑郁指数最低，SDS 总分为 41.000 分；对中国"有些了解"的，抑郁指数最高，SDS 总分为 44.875 分；对中国"一点也不了解"的，SDS 总分为 43.333 分；"一点点了解"的，SDS 总分为 44.742 分；"比较了解"的，SDS 总分为 43.800 分。上述结果表明，来华前对中国"完全不了解"和"非常了解"的群体抑郁水平都比较低，而对中国有一定了解但是了解不够深入的群体，心理适应水平相对较低。

从心理适应的 4 个维度来看，心理情绪维度均值最高的是对中国"有些了解"的群体，均值最低的是"比较了解"的群体；兴趣态度维度均值最低的是"非常了解"的群体，均值最高的是"一点点了解"的群体；精神精力维度均值最高的是"比较了解"的群体，均值最低的是"一点也不了解"的群体；生活习惯维度均值最高的是"一点也不了解"的群体，均值最低的是"非常了解"的群体（见表 3-23）。

从各维度的均值来看，对中国了解较少的群体其心理适应较差，原因可能是其对中国了解不深，易产生隔阂或误解，从而产生心理压力和适应性问题。

表 3-23　来华前对中国有不同了解程度群体的心理适应均值

来华前对中国了解程度	统计值	心理情绪	兴趣态度	精神精力	生活习惯
一点也不了解	平均值	1.972	2.361	2.111	2.425
	个案数	27	27	27	27
	标准偏差	0.525	0.609	0.423	0.583
一点点了解	平均值	1.967	2.548	2.225	2.419
	个案数	31	31	31	31
	标准偏差	0.464	0.325	0.529	0.517
有些了解	平均值	2.087	2.481	2.137	2.400
	个案数	40	40	40	40
	标准偏差	0.398	0.413	0.493	0.426
比较了解	平均值	1.966	2.483	2.266	2.300
	个案数	15	15	15	15
	标准偏差	0.351	0.333	0.562	0.414

续 表

来华前对中国了解程度	统计值	心理情绪	兴趣态度	精神精力	生活习惯
非常了解	平均值	2.000	2.166	2.166	2.000
	个案数	3	3	3	3
	标准偏差	0.250	0.288	0.288	0.000
总计	平均值	2.010	2.463	2.172	2.387
	个案数	116	116	116	116
	标准偏差	0.437	0.437	0.489	0.484

（七）在华时间

在华时间的差异也会带来心理适应的差异。非洲商人在华时间不同，其抑郁指数有所差别，心理适应的各个维度表现也存在一定的差异。SDS 总分由低到高分别是在华 10 年以上（SDS＝34.000 分）、1～2 年（SDS＝43.350 分）、6～12 个月（SDS＝43.500 分）、3～5 年（SDS＝43.500 分）、3～6 个月（SDS＝44.930 分）、1 个月以下（SDS＝47.290 分）、5～10 年（SDS＝49.560 分）、1～3 个月（SDS＝52.000 分）。方差分析结果表明，不同在华时间长度的受访者，其抑郁指数具有显著差异[$F(7,108)=3.010$；$p=0.006$，小于 0.010]（见表 3-24）。

表 3-24　不同在华时间群体 SDS 总分的方差分析结果

统计值	平方和	自由度	均方	F	显著性
组间	813.393	7	116.199	3.010	0.006
组内	4169.849	108	38.610		
总计	4983.241	115			

从心理适应的各维度来看，心理情绪维度均值最高的是来华 1～3 个月的群体，最低的是来华 10 年以上的群体；兴趣态度维度均值最高的是来华 1～3 个月的群体，平均值最低的是来华 10 年以上的群体；精神精力维度平均值最高的是来华 1～3 个月的群体，平均值最低的是来华 10 年以上的群体；生活习惯维度平均值最高的是来华 5～10 年的群体，平均值最低的是来华 10 年以上的群体（见表 3-25）。结果说明，来华 10 年以上的非洲商人在心理适应的各个方面均表现良好，而来华 1～3 个月的群体的心理适应最易出现问题，尤其是在心理情绪、兴趣态度以及精神精力方面。同时，心理适应是一个心理发展变化的过程，个体在适应过程中存在不同的发展时期，1～3 个月这一阶段正好

处于挫折期，易出现不适感。

表 3-25 不同在华时间群体的心理适应结果

在华时间	统计值	心理情绪	兴趣态度	精神精力	生活习惯
1 个月以下	平均值	2.143	2.786	2.000	2.571
	个案数	7	7	7	7
	标准偏差	0.244	0.267	0.577	0.345
1～3 个月	平均值	2.625	2.875	2.500	2.750
	个案数	2	2	2	2
	标准偏差	0.530	0.177	0.707	1.061
3～6 个月	平均值	2.000	2.500	2.200	2.533
	个案数	15	15	15	15
	标准偏差	0.354	0.390	0.414	0.352
6～12 个月	平均值	2.125	2.250	2.250	2.375
	个案数	8	8	8	8
	标准偏差	0.443	0.443	0.463	0.518
1～2 年	平均值	2.022	2.449	2.103	2.338
	个案数	34	34	34	34
	标准偏差	0.410	0.464	0.547	0.439
2～5 年	平均值	1.895	2.441	2.224	2.263
	个案数	38	38	38	38
	标准偏差	0.422	0.351	0.446	0.398
5～10 年	平均值	2.306	2.667	2.222	2.833
	个案数	9	9	9	9
	标准偏差	0.622	0.559	0.565	0.750
10 年以上	平均值	1.500	1.667	2.000	1.833
	个案数	3	3	3	3
	标准偏差	0.000	0.289	0.500	0.577
总计	平均值	2.011	2.463	2.172	2.388
	个案数	116	116	116	116
	标准偏差	0.438	0.438	0.489	0.485

从数据分析结果可知,来华 10 年以上群体的心理适应水平总体较好,抑郁水平较低,心理适应的各维度也有较好的表现。其他在华时长的群体心理适应的差异并未呈现较明显的规律,出现的适应问题也不尽相同。可能是因为来华 10 年以上的群体对中国的社会文化环境已有比较深入的了解,且已经形成相对稳定的工作环境和生活环境,故这一群体的心理状态较为稳定。

总体而言,心理适应水平与来华时间之间的关系并非呈线性变化,而呈现为起伏的曲线(见图 3-3)。这一结果与 Gullahorn 和 Gullahorn(1963)提出的 W 形曲线模型类似。值得注意的是,本次研究的结果曲线走势并非完全符合 W 形的曲线,本曲线的前半部分起伏较大;随着时间的推移,曲线起伏逐渐减小,中段部分呈平缓趋势;约于 3 个月后,SDS 指数出现震荡,呈下降再上升的趋势,心理适应水平下降,随后恢复到较好的心理适应情况。

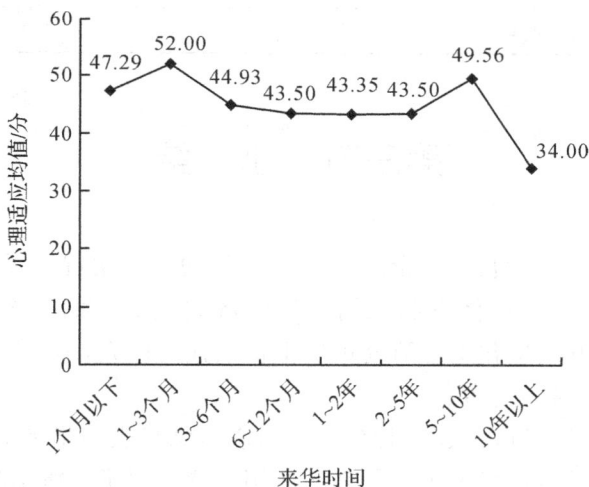

图 3-3 不同来华时间群体的心理适应总分

（八）家人陪伴

从总分上看,是否有家人陪伴对心理适应几乎没有产生影响,有家人陪伴的心理适应总分为 27.000 分,略低于没有家人陪伴的适应总分为 27.022 分。但从心理适应的 4 个维度看(见表 3-26),两者存在一定的差异。在心理情绪和生活习惯维度,没有家人陪伴的群体,其平均值低于有家人陪伴的平均值,说明没有家人陪伴的群体在这几个方面表现更好;在兴趣态度和精神精力维度,有家人陪伴的群体低于没有家人陪伴的群体。

表 3-26　有无家人陪伴群体的心理适应均值

是否与家人一起来中国	统计值	心理情绪	兴趣态度	精神精力	生活习惯
否	平均值	2.000	2.472	2.206	2.361
	个案数	90	90	90	90
	标准偏差	0.411	0.420	0.485	0.444
是	平均值	2.048	2.433	2.058	2.481
	个案数	26	26	26	26
	标准偏差	0.529	0.503	0.497	0.608
总计	平均值	2.011	2.463	2.172	2.388
	个案数	116	116	116	116
	标准偏差	0.438	0.438	0.489	0.485

第三节　小　结

　　受新冠肺炎疫情的影响，全球各个国家间的交往情况以及文化环境皆发生了巨大改变。商人群体是国家间开展经济文化交流的一个重要桥梁。因此，对商人群体开展文化适应研究可以丰富以往的研究，为不同群体间文化适应情况的比较提供一定参考。

　　本章研究采用 Zung 氏的《抑郁自评量表》，结果表明量表适用于在华非洲商人的心理健康测量，拓展了该量表的使用范围。因子分析结果表明，量表包含 4 个维度，分别为心理情绪、兴趣态度、精神精力以及生活习惯。心理情绪维度具体表现为"无用感""易哭""性兴趣减退"和"情绪低沉"；兴趣态度维度表现为"兴趣丧失""生活空虚感""无价值感"和"决断困难"；精神精力维度表现为"易倦"和"易激惹"；生活习惯维度表现为"食欲减退"和"睡眠障碍"。

　　从 SDS 单项的均值结果来看，在华非洲商人的心理适应问题表现在多个方面。心理适应问题在生理层面、情感层面以及行动层面均有体现，在情感层面的表现较为明显，在生理层面的表现相对隐蔽一些。情感层面主要表现在原动力缺乏和焦虑抑郁这 2 个方面，生理层面则主要表现在睡眠、体重等方面。

　　与国内常模相比，在华非洲商人的 SDS 标准分均值高于国内常模均值。

按照国内抑郁指数的衡量标准,在华非洲商人整体处于轻度抑郁状态,说明在华非洲商人在文化适应过程中具有一定的困难,心理适应情况并不十分理想。

总的来说,心理适应并非单一变量,而是由多个维度组成的复合变量。在华非洲商人的心理适应受到性格和在华时长的影响,其结果存在一定的差异性。另外,日常生活的困难程度也会影响个体的心理适应,对日常生活困难程度感知越深,个体心理适应水平越低。心理适应还受到家人陪伴情况、年龄、汉语水平、海外生活经历以及对中国的了解等因素的影响。相对而言,性格和在华时间对受访者的心理适应影响较大。从均值结果来看,性格较为外向的受访者心理适应较好,而性格较内向的受访者抑郁水平较高,容易出现心理适应问题。

在华非洲商务人士需要密切关注自身的心理健康,遇到问题应及时与家人或朋友沟通。此外,非洲商人需注重自身生活技能的提升,同时提高对中国文化习惯的了解程度,进而降低自身所感知的生活困难程度,并借此促进自身心理健康发展。整个社会也应加强对外籍商务人士心理健康的关注,将在华非洲商人纳入心理健康问题预防对象,使非洲商人在华期间有良好的心理适应过程,从而促进中非之间的友好贸易合作,推动中非经济繁荣发展。

虽然本研究对在华非洲商人的心理适应情况做了一定的调查分析,但当前研究仍存在一些局限性。首先,本研究采用的是横截面设计,关注受访者在固定时期的心理状况,并不能反映在华非洲商人适应过程中的心理动态变化。其次,本研究仅对受访者的心理适应状况做了调查分析,对造成这种心理适应状况的深层原因及影响因素仍需进一步考察。最后,受疫情的影响,本研究样本数量有限,因此研究结果可能存在一定误差。由于样本特性不同,因此对于在华非洲商人心理健康结果中抑郁临界值的划分仍需进一步研究讨论。

第四章　在华非洲商人的社会文化适应

　　Searle 和 Ward(1990)在文化习得理论(Bochner,1986)的基础上提出了跨文化适应的概念,并指出跨文化适应的 2 个维度:心理适应和社会文化适应(Ward & Kennedy,1993)。心理适应主要基于情感反应,指在跨文化过程中的幸福感或满足感;社会文化适应属于行为领域,指在新的文化环境中"适应"或进行有效互动的能力。社会文化适应主要基于文化适应心理学的文化学习框架,与"融入"的能力有关,即"获得文化上合适的技能和在东道国环境中协商互动方面的能力"(Ward & Kennedy,1999:660)。

　　社会文化适应涉及个体的文化交流能力,同时也受不同社会文化背景的影响,其中既包含东道国社会的文化背景,也包含跨文化适应者原有的社会文化背景。在社会文化背景中,邻里民族文化构成(neighborhood ethno-cultural composition)、公共政策和资源(public policy and resources)、原有文化与宿主文化(origin culture and host culture)之间的差异等要素均会影响跨文化适应者对宿主文化的内化程度,并且影响他们在文化适应过程中的心理健康及外在行为(Fox,Thayer & Wadhwa,2017)。

　　随着中非合作的深化,越来越多的商人往来于中非,非洲商人逐渐成为中非经济文化交流的一个重要群体。然而,他们在华的社会文化适应状况缺乏深入考察。同时,针对在华非洲商人的《社会文化适应量表》尚不完善,传统的《社会文化适应量表》是否适用于在华非洲商人群体也尚未得到验证。本研究基于 Searle 和 Ward(1990)开发的《社会文化适应量表》(Sociocultural Adaptation Scale),深入调查在华非洲商人的社会文化适应情况,并验证《社会文化适应量表》对在华非洲商人的适用性。

第一节 《社会文化适应问卷》设计与实施

一、调查问卷设计

调查问卷分为 3 个部分。第一部分是个人信息,共 15 题,包括人口统计学相关问题,如国籍,年龄,性别,汉语水平,对中国政治、经济、文化和社会的了解情况。

第二部分是《文化距离量表》,改编自 Babiker、Cox 和 Miller(1980)开发的文化距离问卷(Cultural Distance Questionnaire),量表内容涉及饮食、交通、就医等 14 个项目(见表 4-1),用于测量受访者所感知的中国社会与其原社会之间的差异程度。

表 4-1 《文化距离量表》题项内容

题号	题项内容
C1	饮食习惯
C2	气候
C3	服装
C4	居住条件
C5	娱乐活动
C6	工作方式
C7	交际方式
C8	世界观
C9	价值观
C10	公共交通
C11	政府部门
C12	法律制度
C13	医院
C14	银行

第三部分是《社会文化适应量表》,共 18 题(见表 4-2),改编自 Ward 和 Rana-Deuba(1999)开发的《社会文化适应量表》(Sociocultural Adaptation

Scale),调查非洲商人在处理生活问题、社会问题和人际沟通问题等方面的困难程度。问卷使用英语和汉语 2 种语言形式。

表 4-2 《社会文化适应量表》题项内容

题号	题项内容
B1	交朋友
B2	找到喜欢的食物
B3	坐车或者开车
B4	购物
B5	买房、租房或住宾馆
B6	看病或买药
B7	与中国人交流
B8	适应中国的气候
B9	理解中国的文化
B10	理解中国的法律制度
B11	理解中国的价值观
B12	参加社交活动、聚会
B13	在政府部门办事
B14	与不同种族的人相处
B15	适应工作环境
B16	与中国朋友相处
B17	理解文化差异
B18	从中国人的角度看问题

二、调查问卷实施

《社会文化适应问卷》与《心理适应问卷》同时发放,采用线上、线下结合的方式进行数据收集,线上问卷通过"金数据"网站(https://jinshuju.net/)进行分发。问卷共发放 124 份,其中线下问卷 39 份,线上问卷 85 份。回收问卷 119 份,回收率为 95.9%。其中有效问卷 116 份,有效率为 97.5%。有效问卷的受访者分别来自南非、埃及、埃塞俄比亚、摩洛哥、莫桑比克、阿尔及利亚、利比亚、喀麦隆、尼日利亚、刚果(金)、加纳、坦桑尼亚、突尼斯、索马里、赤道几内亚、布隆迪、毛里塔尼亚、毛里求斯、津巴布韦、肯尼亚、苏丹、赞比亚、马里、乍得、几内亚比绍、卢旺达、纳米比亚、马达加斯加共 28 个非洲国家和地区。受访者身份均为商人,在中国从事贸易活动,调查对象中男性 90 人,女性 26 人,年龄主要集中在 26～40 岁,占 78.4%,其中 26～30 岁 56 人,31～40 岁 35 人,18～25 岁 14 人,41 岁以上 11 人。

三、调查数据处理

首先对调查问卷的有效性和数据完整性进行检查,针对问卷中数据缺失 10% 以下的问卷,以均值替代缺失值。数据缺失 10% 以上的问卷则视为无效问卷,无效问卷共 3 份,占回收问卷数的 2.5%。

接着对问卷数据进行编码和赋值。《文化距离量表》和《社会文化适应量表》均采用李克特 5 级量表形式,其中《文化距离量表》每个题目赋值如下,"完全不同"(completely different)=5、"非常不同"(very different)=4、"有点相同"(a little different)=3、"非常相同"(little different)=2、"完全相同"(completely same)=1;《社会文化适应量表》中每个题目赋值为"极难"(extreme difficulty)=5、"很难"(much difficulty)=4、"还好"(some difficulty)=3、"一点点难"(a little difficulty)=2、"不难"(no difficulty)=1。

然后把编码和赋值后的数据输入 IBM SPSS Statistics(第 25 版)进行统计和分析,计算问卷的信度、效度、文化距离与社会文化适应得分,并分析文化距离与社会文化适应间的关系。

《文化距离量表》中各题得分相加得到原始分数。原始分数最大可能得分为 70 分(14 题,每题 5 分),最小可能得分为 14 分(14 题,每题 1 分)。感知文化距离由总分除以满分 70 分而得,处于 0.0～0.3 区间属于无差异或差异很小,处于 0.3～0.5 区间属于差异较小,处于 0.5～0.7 区间属于差异较大,处于 0.7～1.0 区间属于差异非常大。

《社会文化适应量表》中各题得分相加得到原始分数。原始分数的最大可能得分为 90 分(18 题,每题 5 分),最小可能得分为 18 分(18 题,每题 1 分)。社会文化适应程度可通过文化适应难度进行衡量,文化适应难度系数为原始分数除以 90。难度系数小于 0.2,表明文化适应难度为不难,文化适应程度好;难度系数处于 0.2～0.4,表明文化适应难度为有点难,社会文化适应较好;难度系数处于 0.4～0.6,表明文化适应难度为中等,社会文化适应一般;难度系数处于 0.6～0.8,表明文化适应难度为很难,社会文化适应较差;难度系数处于 0.8～1.0,表明文化适应难度为极难,社会文化适应极差。

第二节　结果与分析

一、《社会文化适应量表》信度

问卷的整体克隆巴赫 α 为 0.892,其中《文化距离量表》的克隆巴赫 α 为 0.896,《社会文化适应量表》的克隆巴赫 α 为 0.898(见表 4-3),这表明 2 个分量表的信度都比较理想。

表 4-3　《社会文化适应量表》的整体可靠性

量表	克隆巴赫 α	项数
量表整体	0.892	32
《文化距离量表》	0.896	14
《社会文化适应量表》	0.898	18

为进一步考察问卷内部各项之间的一致性,我们检查了删除各单项后的整体的克隆巴赫 α。如果删除各单项后的整体的克隆巴赫 α 低于或基本等于删除项前整体的克隆巴赫 α,则表明各项目之间具有较强的一致性。本问卷删除各单项后的整体的克隆巴赫 α 与删除项前整体的克隆巴赫 α 基本持平,具体如下:"饮食习惯"项删除后的克隆巴赫 α 为 0.888;"气候"项删除后的克隆巴赫 α 为 0.890;"服装"项删除后的克隆巴赫 α 为 0.890;"居住条件"项删除后的克隆巴赫 α 为 0.888;"娱乐活动"项删除后的克隆巴赫 α 为 0.888;"工作方式"项删除后的克隆巴赫 α 为 0.890;"交际方式"项删除后的克隆巴赫 α 为 0.886;"世界观"项删除后的克隆巴赫 α 为 0.887;"价值观"项删除后的克隆巴赫 α 为 0.887;"公共交通"项删除后的克隆巴赫 α 为 0.889;"政府部门"项删除后的克隆巴赫 α 为 0.889;"法律制度"项删除后的克隆巴赫 α 为 0.893;"医院"项删除后的克隆巴赫 α 为 0.891;"银行"项删除后的克隆巴赫 α 为 0.892;"交朋友"项删除后的克隆巴赫 α 为 0.893;"找到喜欢的食物"项删除后的克隆巴赫 α 为 0.893;"坐车或者开车"项删除后的克隆巴赫 α 为 0.891;"购物"项删除后的克隆巴赫 α 为 0.891;"买房、租房或住宾馆"项删除后的克隆巴赫 α 为 0.890;"看病或买药"项删除后的克隆巴赫 α 为 0.889;"与中国人交流"项删除后的克隆巴赫 α 为 0.891;"适应中国的气候"项删除后的克隆巴赫 α 为 0.885;"适应中国的文化"项删除后的克隆巴赫 α 为 0.886;"理解中国的法律制度"项

删除后的克隆巴赫 α 为 0.886；"理解中国的价值观"项删除后的克隆巴赫 α 为 0.886；"参加社交活动、聚会"项删除后的克隆巴赫 α 为 0.887；"在政府部门办事"项删除后的克隆巴赫 α 为 0.889；"与不同种族的人相处"项删除后的克隆巴赫 α 为 0.889；"适应工作环境"项删除后的克隆巴赫 α 为 0.889；"与中国朋友相处"项删除后的克隆巴赫 α 为 0.886；"理解文化差异"项删除后的克隆巴赫 α 为 0.888；"从中国人的角度看问题"项删除后的克隆巴赫 α 为 0.887（见表4-4）。

表 4-4　《社会文化适应量表》删除单项后的可靠性

题项	删除项后的标度平均值	删除项后的标度方差	修正后的项与总计相关性	删除项后的克隆巴赫 α
饮食习惯	85.885	267.924	0.454	0.888
气候	85.876	270.967	0.358	0.890
服装	86.195	270.069	0.353	0.890
居住条件	86.168	266.927	0.487	0.888
娱乐活动	86.142	267.533	0.478	0.888
工作方式	86.345	269.264	0.391	0.890
交际方式	86.257	260.585	0.588	0.886
世界观	85.973	266.812	0.525	0.887
价值观	86.195	266.408	0.517	0.887
公共交通	86.159	266.439	0.429	0.889
政府部门	85.717	269.937	0.431	0.889
法律制度	85.945	276.051	0.217	0.893
医院	86.221	271.013	0.325	0.891
银行	86.451	273.768	0.250	0.892
交朋友	87.389	275.918	0.222	0.893
找到喜欢的食物	87.487	272.913	0.245	0.893
坐车或者开车	87.912	271.706	0.333	0.891
购物	88.088	274.117	0.279	0.891
买房、租房或住宾馆	87.761	271.933	0.388	0.890
看病或买药	87.257	265.389	0.440	0.889
与中国人交流	87.204	272.342	0.297	0.891

续　表

题项	删除项后的标度平均值	删除项后的标度方差	修正后的项与总计相关性	删除项后的克隆巴赫 α
适应中国的气候	87.115	259.317	0.604	0.885
理解中国的文化	87.425	262.568	0.597	0.886
理解中国的法律制度	87.283	261.241	0.571	0.886
理解中国的价值观	87.372	262.896	0.553	0.886
参加社交活动、聚会	87.451	264.661	0.549	0.887
在政府部门办事	87.009	267.545	0.438	0.889
与不同种族的人相处	87.584	269.031	0.419	0.889
适应工作环境	87.469	267.180	0.430	0.889
与中国朋友相处	87.407	263.886	0.561	0.886
理解文化差异	87.513	265.181	0.484	0.888
从中国人的角度看问题	87.319	266.237	0.505	0.887

此外,《文化距离量表》的折半信度和《社会文化适应量表》的折半信度也均较为理想。《社会文化适应量表》的斯皮尔曼-布朗系数为 0.840,格特曼折半系数为 0.836,2 个系数均大于 0.700(见表 4-5),表明量表的内部一致性较好。同样,《文化距离量表》的斯皮尔曼-布朗系数为 0.726,格特曼折半系数为 0.726,2 个系数均大于 0.700(见表 4-6),表明量表的内部一致性可以接受。

表 4-5　《社会文化适应量表》的折半信度

克隆巴赫 α	第一部分	值	0.788
		项数	9[a]
	第二部分	值	0.865
		项数	9[b]
	总项数		18
形态之间的相关性			0.724
斯皮尔曼-布朗系数	等长		0.840
	不等长		0.840
格特曼折半系数			0.836

　a 项为:交朋友,找到喜欢的食物,坐车或者开车,购物,买房、租房或住宾馆,看病或买药,与中国人交流,适应中国的气候,理解中国的文化。
　b 项为:理解中国的法律制度,理解中国的价值观,参加社交活动、聚会,在政府部门办事,与不同种族的人相处,适应工作环境,与中国朋友相处,理解文化差异,从中国人的角度看问题。

表 4-6　《文化距离量表》的折半信度

克隆巴赫 α	第一部分	值	0.861
		项数	7ª
	第二部分	值	0.858
		项数	7ᵇ
	总项数		14
形态之间的相关性			0.570
斯皮尔曼-布朗系数	等长		0.726
	不等长		0.726
格特曼折半系数			0.726

a 项为：饮食习惯,气候,服装,居住条件,娱乐活动,工作方式,交际方式。
b 项为：世界观,价值观,公共交通,政府部门,法律制度,医院,银行。

二、《社会文化适应量表》效度

除问卷的信度外,效度是检验问卷的另一指标,用于检验问卷调查结果所反映出的测量内容的程度。本研究采用了探索性因子分析,对《社会文化适应量表》进行效度检验。

在进行探索性因子分析之前,首先需要检验数据是否符合因子分析的条件。巴特利特球形检验可用于评估参与者反映的分布情况,以测试实验数据的可分解性。巴特利特球性检验如具有显著性,则表明数据分布充分,可以评估潜在因子结构。如表 4-7 所示,KMO＝0.823,大于 0.700,这表明变量之间的相关性较强;巴特利特球形检验显著性水平 $p<0.010$,达到显著水平,表明问卷数据有结构效度,符合因子分析的要求。

表 4-7　《社会文化适应量表》的巴特利特球形检验

KMO 取样适切性量数		0.823
巴特利特球形度检验	近似卡方	1032.958
	自由度	153.000
	显著性	0.000

主成分分析可以对量表进行降维,析出主要成分。通过提取特征值大于 1 的成分,并采用最大方差法进行旋转,本量表最终析出 5 个因子,累计方差贡献率为 69.052％。其中,因子 1 的方差贡献率为 23.680％,因子 2 的方差

贡献率为 14.646%,因子 3 的方差贡献率为 11.645%,因子 4 的方差贡献率为 10.365%,因子 5 的方差贡献率为 8.716%。

但是从旋转后的成分矩阵来看,"适应工作环境"这一项的因子载荷低于 0.5,我们最终将该项排除,并重新进行数据分析和检验。排除"适应工作环境"项后,主成分分析结果显示因子累计方差解释率为 69.992%,根据旋转后的因子载荷,因子 5 中仅包含一个题项,且"适应中国气候"这一项与 2 个因子的载荷都超过 0.5,故将此项排除。排除"适应中国气候"一项后,重新进行主成分分析。如此重复以上步骤,直至分析结果符合以下标准:因子累计贡献率超过 60.000%,旋转后各项仅与一个因子的载荷超过 0.500。最后,排除"适应工作环境""适应中国的气候""在政府部门办事""与不同种族的人相处""与中国朋友相处"和"参加社交活动、聚会"项。

将不符合标准的各项排除后,按照特征值大于 1 的标准,共析出 3 个因子,所得的因子累计方差贡献率为 62.857%。其中因子 1 的贡献率为 27.184%,因子 2 的贡献率为 20.902%,因子 3 的贡献率为 14.771%(见表 4-8)。

表 4-8 《社会文化适应量表》的因子累计方差贡献率

因子	初始特征值			提取载荷平方和			旋转载荷平方和		
	总计	方差贡献率/%	累计方差贡献率/%	总计	方差贡献率/%	累计方差贡献率/%	总计	方差贡献率/%	累计方差贡献率/%
因子 1	4.621	38.508	38.508	4.621	38.508	38.508	3.262	27.184	27.184
因子 2	1.675	13.955	52.463	1.675	13.955	52.463	2.508	20.902	48.086
因子 3	1.247	10.394	62.857	1.247	10.394	62.857	1.773	14.771	62.857
因子 4	0.987	8.226	71.083						
因子 5	0.806	6.720	77.803						
因子 6	0.610	5.080	82.883						
因子 7	0.536	4.470	87.353						
因子 8	0.422	3.516	90.869						
因子 9	0.352	2.936	93.805						
因子 10	0.344	2.869	96.674						
因子 11	0.221	1.842	98.516						
因子 12	0.178	1.484	100.000						

各因子与社会文化适应总分的相关系数分别为:因子 1 为 0.873,因子 2 为 0.720,因子 3 为 0.638。因子 1 与因子 2 的相关系数为 0.432,因子 1 与因子 3 的相关系数为 0.414,因子 2 与因子 3 的相关系数为 0.362(见表 4-9)。因子之间的相关系数明显低于因子与社会文化适应总分之间的相关系数,说明量表具有良好的结构效度。

表 4-9 《社会文化适应量表》因子间相关性

因子	统计值	因子 1	因子 2	因子 3	社会适应总分
因子 1	皮尔逊相关性	1	0.432**	0.414**	0.873**
	Sig.(双尾)	0.000	0.000	0.000	
	个案数	116	116	116	116
因子 2	皮尔逊相关性	0.432**	1	0.362**	0.720**
	Sig.(双尾)	0.000	0.000	0.000	
	个案数	116	116	116	116
因子 3	皮尔逊相关性	0.414**	0.362**	1	0.638**
	Sig.(双尾)	0.000	0.000	0.000	
	个案数	116	116	116	116
社会适应总分	皮尔逊相关性	0.873**	0.720**	0.638**	1
	Sig.(双尾)	0.000	0.000	0.000	
	个案数	116	116	116	116

**:在 0.010 级别(双尾),相关性显著。

三、社会文化适应调查结果

1. 社会文化适应维度

根据旋转后的成分矩阵(见表 4-10),可以进一步探索单项与因子间的关系。可以看出,因子 1 所包含的题项有"理解中国的文化""理解中国的法律制度""理解中国的价值观""理解文化差异"和"从中国人的角度看问题"。"理解中国的法律制度"项与因子 1 的相关系数为 0.815,"理解中国的价值观"项与因子 1 的相关系数为 0.787,"理解中国的文化"项与因子 1 的相关系数为 0.771,"理解文化差异"项与因子 1 的相关系数为 0.743,"从中国人的角度看问题"项与因子 1 的相关系数为 0.770。依据因子 1 所包含的题项内容,可以将该因子命名为"文化观念",包括对中国文化、价值观、中国政府的观念等要素。

表 4-10 《社会文化适应量表》旋转后的成分矩阵

题项	因子		
	1	2	3
理解中国的法律制度	0.815	0.281	0.053
理解中国的价值观	0.787	0.317	−0.067
理解中国的文化	0.771	0.079	0.395
从中国人的角度看问题	0.770	0.190	0.137
理解文化差异	0.743	−0.008	0.383
坐车或者开车	0.185	0.790	0.008
购物	0.259	0.772	−0.001
看病或买药	0.158	0.702	0.197
买房、租房或住宾馆	0.011	0.671	0.475
找到喜欢的食物	0.012	0.213	0.749
交朋友	0.279	−0.145	0.556
与中国人交流	0.182	0.236	0.554

提取方法:主成分分析法。
旋转方法:凯撒正态化最大方差法。

因子 2 所包含的题项有"坐车或者开车""购物""看病或买药"和"买房、租房或住宾馆"。"坐车或者开车"项与因子 2 的相关系数为 0.790;"购物"项与因子 2 的相关系数为 0.772;"看病或买药"项与因子 2 的相关系数为 0.702;"买房、租房或住宾馆"项与因子 2 的相关系数为 0.671。依照因子 2 所包含题项的内容来看,因子 2 可被命名为"生活环境",包括交通条件、购物环境、医疗以及住宿等要素。

因子 3 所包含的题项有"找到喜欢的食物""交朋友"和"与中国人交流"。"找到喜欢的食物"项与因子 3 的相关系数为 0.749;"交朋友"项与因子 3 的相关系数为 0.556;"与中国人交流"项与因子 3 的相关系数为 0.554。依照因子 3 所包含题项的内容来看,因子 3 可被命名为"人际交往",其中包括饮食交流、交友、与中国人交流等要素。

2. 社会文化适应描述分析

社会文化适应总分的均值为 39.974 分,最大值为 73.000 分,最小值为 18.000 分,总分基本符合正态分布的规律(见图 4-1)。社会文化适应难度系数为 0.440。从整体来看,在华非洲商人的社会文化适应水平一般,在社会文化适应方面仍存在一定的困难。

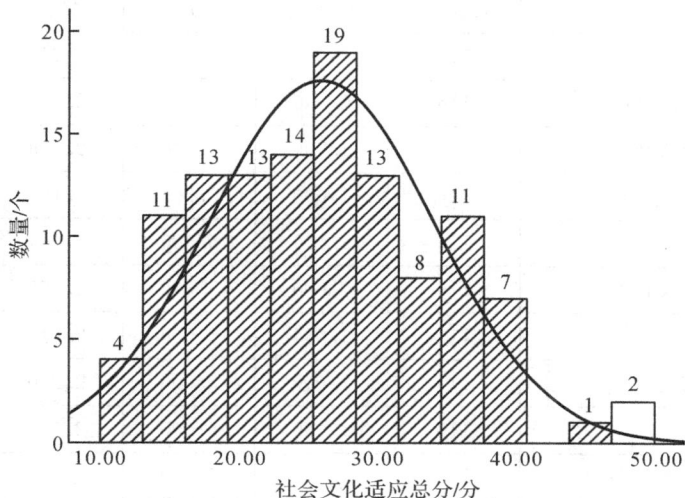

图 4-1 社会文化适应总分分布

依照社会文化适应主成分分析所得的 3 个维度,排除"适应工作环境""适应中国的气候""在政府部门办事""与不同种族的人相处""与中国朋友相处"和"参加社交活动、聚会"后,我们对剩余 12 项内容进行统计分析。单项均值最低的是"购物",单项均值最高的是"与中国人交流"(见表 4-11)。这说明,对于在华非洲商人而言,在社会适应的各个方面中,他们在购物生活方面比较适应,适应结果相对最好;在人际交往方面仍存在较大的困难,适应情况不够理想。

表 4-11 社会文化适应结果

题项	数量/份	最小值	最大值	均值	标准偏差
交朋友	116	1.000	5.000	2.267	1.033
找到喜欢的食物	116	1.000	5.000	2.190	1.257
坐车或者开车	115	1.000	5.000	1.757	1.065
购物	116	1.000	5.000	1.586	1.022
住房、租房或住宾馆	116	1.000	5.000	1.897	0.917
看病或买药	116	1.000	5.000	2.422	1.231
与中国人交流	116	1.000	5.000	2.483	1.130
适应中国的气候	115	1.000	5.000	2.548	1.216

续　表

题项	数量/份	最小值	最大值	均值	标准偏差
理解中国的文化	116	1.000	5.000	2.241	1.076
理解中国的法律制度	116	1.000	5.000	2.371	1.183
理解中国的价值观	116	1.000	5.000	2.293	1.127
参加社交活动、聚会	116	1.000	5.000	2.198	1.049
在政府部门办事	116	1.000	5.000	2.664	1.103
与不同种族的人相处	116	1.000	5.000	2.069	1.053
适应工作环境	116	1.000	5.000	2.216	1.171
与中国朋友相处	116	1.000	5.000	2.250	1.070
理解文化差异	116	1.000	5.000	2.155	1.147
从中国人的角度看问题	116	1.000	5.000	2.362	1.075
社会文化适应总分	116	18.000	73.000	39.974	12.065

　　单项均值低于 2 分的题项仅有 3 个,分别是"坐车或开车""购物"和"买房、租房或住宾馆",均属于生活环境维度。其中,"坐车或开车"的单项均值为 1.757 分;"购物"的单项均值为 1.586 分;"买房、租房或住宾馆"的单项均值为 1.897 分。由此可见,在华非洲商人在交通、购物、住房方面存在较少问题,这说明近些年中国交通和通信快速发展,国家基础建设力度大,外籍人士在华的交通出行和通信都较为便捷。此外,在交通方面,目前中国大多数城市的公共交通都配有中英双语播报,为汉语不那么流利的外籍人士提供了非常大的帮助,极大减少了他们在交通出行方面的困难。在购物方面,中国的线上电商购物平台发展迅速,线下物流发达,外籍人士在中国生活时所需要的物品几乎都可以在线上购物平台购买到,此外,还有种类多样的外卖平台。这些购物软件和外卖平台均支持汉语以外的其他多种语言,为外籍人士的社会生活适应提供了极大的帮助,这也大大减少了外商在华的生活适应困难。

　　单项均值高于 2 分的共有 9 个题项,分别是"交朋友""找到喜欢的食物""看病或买药""与中国人交流""理解中国的文化""理解中国的法律制度""理解中国的价值观""理解文化差异"和"从中国人的角度看问题",其中生活环境维度仅有一项,即"看病或买药"。"看病或买药"这一项的单项均值为 2.422 分,说明在华非洲商人认为在中国看病或买药的难度较大。这种现象的出现可能是因为看病买药时需要进行病情描述,而医生在说明时也可能会使用一些医学专业术语,这对外籍人士而言在理解上可能具有一定的难度。此外,中非医疗体系的差异也可能是导致外籍人士不适应的因素。国内医疗机构主要为公办,而非洲的不少医疗机构是私立的。另外,非洲商人在看病或买药时一般处于生病期间,除了有身体上的病痛,可能在心理上也存在一定程度的不安,心理方面的压力和不适也可能进一步影响了其社会文化适应情况。

以上9项内容中,属于人际交往维度的有"交朋友""找到喜欢的食物"和"与中国人交流",其中"交朋友"项的均值为2.267分,"找到喜欢的食物"项的均值为2.190分,"与中国人交流"项的均值为2.483分。由此可知,对于在华的非洲商人来说,与不同种族的人(包括中国朋友)相处具有一定的困难,其主要原因之一可能是语言障碍。中国人日常交流所使用的语言一般是普通话,也有部分地区在日常交流时惯用方言,在少数情况下与外籍人士交流时会使用英语。而不少非洲商人的母语是法语、西班牙语、葡萄牙语等非英语语言,因此与中国人交流时可能存在一定的语言障碍,造成沟通困难。

值得一提的是,从社会文化适应的维度以及单项均值来看,社会文化适应中的交友、交流与饮食的关系十分密切。推测其原因,可能是在中国文化环境中,人际交往常常与饮食文化联系在一起。例如,在饭桌上可以借助美食与酒水缓和气氛,有助于拉近彼此关系,促进双方的认识与理解。对于商人而言更是如此,除了在正式的工作场合外,餐桌亦是一个拉近合作关系和建立关系网络的重要场所。在中国,对于公司而言,聚餐也是一种常见的团建活动。此外,寻找喜欢的美食也是朋友间的重要话题,彼此分享美食,或是邀约一同探店,也是一个绝佳的朋友间交往机会:一方面可以满足自身在饮食方面的需要,另一方面也促进了与周围人之间的沟通交流。

相对于其他题项的平均值,人际交往维度这3项的单项均值偏低。这一现象的原因可能是:非洲商人来华的主要目的是工作,虽然工作地点有所不同,但是工作内容和方式比较相似,故适应难度不大。另外,在工作过程中,非洲商人难免要和同事、合作者进行沟通交流,建立朋友关系,因此在人际交往方面适应得比较好。

文化观念维度中包含的各题项单项均值均高于2.000分。其中,"理解中国的文化"这一项的单项均值为2.241分;"理解中国的法律制度"这一项的单项均值为2.371分;"理解中国的价值观"这一项的单项均值为2.293分;"理解文化差异"这一项的单项均值为2.155分;"从中国人的角度看问题"这一项的单项均值为2.362分。从上述单项均值结果来看,相较于其他几个维度而言,文化理解维度的单项均值相对比较高,这说明在华非洲商人在文化理解维度,即理解中国的文化、中国的法律制度、中国的价值观、中国人的观察视角等方面存在困难。可以看出,中国的文化、法律、价值观与非洲具有较大差异,而这些方面属于思想文化和制度观念,较为根深蒂固。受访者多是成年人,已经形成了较为稳定的思想文化模式和价值观,对他们而言,思维文化层面的接受和改变是相当困难的。

3. 文化距离维度

文化距离可用于描述主流社会与外籍人士原社会文化的差异程度。本研究采用《文化距离量表》,调查了在华非洲商人感知的文化距离。量表包含饮食、交际等 14 项内容。

调查结果显示,在华非洲商人的文化距离平均分为 49.577 分。总分为 47.000 分和 49.000 分的人数最多,各有 12 人;其次是总分为 57.000 分和 61.000 分,各有 7 人。从总分的分布情况来看,感知文化距离的总分符合正态分布(见图 4-2)。

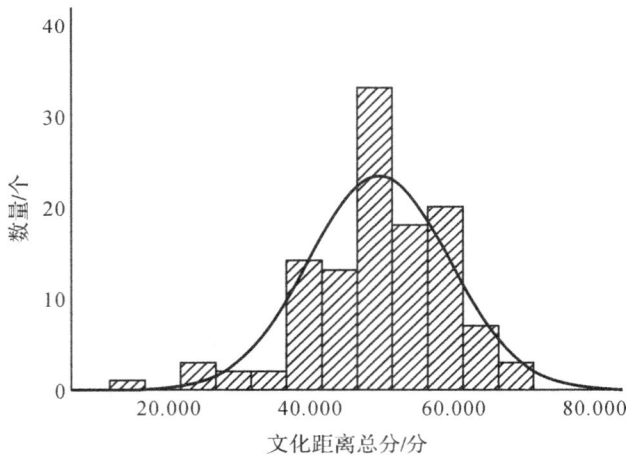

图 4-2 文化距离总分分布

为进一步探索量表的内在结构,我们进行了探索性因子分析。在开展因子分析前,先对数据进行了适用性检验。检验结果显示,KMO 值为 0.836,大于 0.700;巴特利特球形检验 $p < 0.010$。这表明,研究数据适合因子分析。

探索性因子分析结果显示,文化距离包含 3 个主要成分,累计方差贡献率为 64.852%。但是,旋转后的成分矩阵显示,"政府部门"和"工作方式"这 2 项内容与各成分之间的载荷低于 0.500,而且"娱乐活动"这一项与 2 个成分之间的载荷都高于 0.500,旋转后得到的成分结果不理想。因此,需要排除不符合要求的题项,重新分析。最终,排除"政府部门""工作方式""娱乐活动"和"居住条件"这几项后,将剩余 10 项进行主成分分析,KMO 和巴特利特球形检验结果表明:KMO=0.763,大于 0.700;$p<0.010$(见表 4-12)。这些符合因子分析要求。

表 4-12 《文化距离量表》的 KMO 和巴特利特检验

KMO 取样适切性量数		0.763
巴特利特球形度检验	近似卡方	508.542
	自由度	45
	显著性	0.000

调整后的因子分析结果表明,特征值大于 1 的主要成分有 3 个(见表 4-13),方差累计贡献率为 70.877%,可以较为充分地解释调查结果,其中因子 1 的解释率为 26.010%,因子 2 的解释率为 23.298%,因子 3 的解释率为 21.569%。

表 4-13 《文化距离量表》的因子累计方差贡献率

因子	初始特征值			提取载荷平方和			旋转载荷平方和		
	总计	方差贡献率/%	累计方差贡献率/%	总计	方差贡献率/%	累计方差贡献率/%	总计	方差贡献率/%	累计方差贡献率/%
因子 1	4.271	42.711	42.711	4.271	42.711	42.711	2.601	26.010	26.010
因子 2	1.770	17.702	60.413	1.770	17.702	60.413	2.330	23.298	49.308
因子 3	1.046	10.463	70.876	1.046	10.463	70.876	2.157	21.569	70.877
因子 4	0.612	6.117	76.994						
因子 5	0.594	5.936	82.929						
因子 6	0.482	4.817	87.746						
因子 7	0.432	4.320	92.066						
因子 8	0.347	3.469	95.535						
因子 9	0.276	2.762	98.297						
因子 10	0.170	1.703	100.000						

注:提取方法为主成分分析法。

由旋转后的成分矩阵可知,使用最大方差旋转法后各题项仅有一个成分的相关系数高于 0.500(见表 4-14)。各成分包含的题项如下:因子 1 包含"银行""法律制度""医院"和"公共交通",因子 2 包含"饮食习惯""服装"和"气候",因子 3 包含"价值观""世界观"和"交际方式"。

表 4-14 《文化距离量表》旋转后的成分矩阵

题项	因子		
	因子 1	因子 2	因子 3
银行	0.824	−0.023	0.203
法律制度	0.797	0.110	0.084
医院	0.749	0.221	0.235
公共交通	0.710	0.105	0.281
饮食习惯	0.114	0.862	0.001
服装	0.139	0.800	0.172
气候	0.039	0.783	0.216
价值观	0.267	0.125	0.860
世界观	0.299	0.085	0.839
交际方式	0.166	0.490	0.675

提取方法:主成分分析法。
旋转方法:凯撒正态化最大方差法。

各题项与不同因子间的相关系数如下:"银行"与因子 1 的相关系数为 0.824,与因子 2 的相关系数为−0.023,与因子 3 的相关系数为 0.203。"法律制度"与因子 1 的相关系数为 0.797,与因子 2 的相关系数为 0.110,与因子 3 的相关系数为 0.084。"医院"与因子 1 的相关系数为 0.749,与因子 2 的相关系数为 0.221,与因子 3 的相关系数为 0.235。"公共交通"与因子 1 的相关系数为 0.710,与因子 2 的相关系数为 0.105,与因子 3 的相关系数为 0.281。"饮食习惯"与因子 1 的相关系数为 0.114,与因子 2 的相关系数为 0.862,与因子 3 的相关系数为 0.001。"服装"与因子 1 的相关系数为 0.139,与因子 2 的相关系数为 0.800,与因子 3 的相关系数为 0.172。"气候"与因子 1 的相关系数为 0.039,与因子 2 的相关系数为 0.783,与因子 3 的相关系数为 0.216。"价值观"与因子 1 的相关系数为 0.267,与因子 2 的相关系数为 0.125,与因子 3 的相关系数为 0.860。"世界观"与因子 1 的相关系数为 0.299,与因子 2 的相关系数为 0.085,与因子 3 的相关系数为 0.839。"交际方式"与因子 1 的相关系数为 0.166,与因子 2 的相关系数为 0.490,与因子 3 的相关系数为 0.675。

由上述题项与因子间的相关系数可知,"银行""法律制度""医院"和"公共交通"这 4 个题项与因子 1 的相关系数最高,可以归入因子 1 中,依据该维度所包含的题项内容,该维度可以命名为"基础建设"。"饮食习惯""气候"和"服装"与因子 2 的相关系数最高,可以归入因子 2 中,该维度可以命名为"日常生活"。"价值观""世界观"和"交际方式"与因子 3 的相关系数最高,可以归入因子 3 中,该维度可以命名为"价值观念"。

如表 4-15 所示,《文化距离量表》中 14 项内容的单项均值皆超过了 3.000 分,所有测量项目中,单项均值最高的是"政府部门"这一项,单项均值为 3.957 分;单项均值最低的是"银行",单项均值为 3.216 分。依照维度分析时所分类的题项,除"政府部门""工作方式""娱乐活动"和"居住条件"这几项外,得分最高的是"饮食习惯"和"气候"这 2 项,单项均值为 3.759 分,得分最低的仍旧是"银行"这一项。

表 4-15　文化距离结果

题项	数量/份	最小值	最大值	均值	标准偏差
饮食习惯	116	1.000	5.000	3.759	1.052
气候	116	1.000	5.000	3.759	1.100
服装	116	1.000	5.000	3.440	1.144
居住条件	116	1.000	5.000	3.474	1.051
娱乐活动	116	1.000	5.000	3.491	1.034
工作方式	116	1.000	5.000	3.302	1.105
交际方式	116	1.000	5.000	3.388	1.214
世界观	115	1.000	5.000	3.670	1.006
价值观	116	1.000	5.000	3.466	1.008
公共交通	116	1.000	5.000	3.526	1.198
政府部门	116	1.000	5.000	3.957	0.964
法律制度	116	1.000	5.000	3.716	1.028
医院	116	1.000	5.000	3.448	1.137
银行	116	1.000	5.000	3.216	1.141
文化距离总分	116	14.000	70.000	49.580	9.904

单项均值超过 3.500 分的有 6 项,分别是"饮食习惯""气候""世界观""公

共交通""政府部门"和"法律制度"。以上 6 项中,"世界观"属于价值观念维度,"饮食习惯"和"气候"属于日常生活维度,"公共交通"和"法律制度"属于基础设施维度。"饮食习惯"项的均值为 3.759 分,"气候"项的均值为 3.759 分,"世界观"项的均值为 3.670 分,"公共交通"项的均值为 3.526 分,"法律制度"项的均值为 3.716 分。

单项均值为 3.000~3.500 分的有 8 项,分别是"服装""交际方式""价值观""医院"和"银行"。其中,"交际方式"和"价值观"属于价值观念维度,"服装"和"工作方式"属于日常生活维度,"医院"和"银行"属于基础设施维度。"服装"项的单项均值为 3.440 分,"居住条件"项的单项均值为 3.474 分,"交际方式"项的单项均值为 3.388 分,"价值观"项的单项均值为 3.466 分,"医院"项的单项均值为 3.448 分,"银行"项的单项均值为 3.216 分。

从感知文化距离单项的得分情况可知,对于在华非洲商人而言,虽然"饮食习惯""气候"和"服装"都属于日常生活维度,但是"饮食习惯"和"气候"方面的差异要明显大于"服装"方面的差异。究其原因可能是,中非所处的地理位置不同,在气候等自然条件方面存在较大差异。不同自然条件下,产出的农作物不同,导致中非在饮食文化上差异也较大。在服装方面,虽然存在差异,但随着互联网的兴起,全球各地的通信壁垒被打破,中国作为制造业大国,在服装制造方面较为发达,非洲商人在中国可以较为容易地购买到他们喜欢的服饰,故在服装方面并未产生如同气候和饮食方面那样的差距。

4. 文化距离与社会文化文化适应

相关研究发现,感知文化距离可以作为社会文化适应的预测因素,较低的感知文化距离可以预测较好的社会适应,较高的感知文化距离可预测较低的社会文化适应(Galchenko & Van de Vijver,2007)。然而,以往的研究较多关注留学生群体,对于在华非洲商人群体的文化距离与社会文化适应之间的关系值得进一步探究。

本研究的结果表明,对于在华非洲商人群体而言,文化距离总分与社会文化适应总分之间的相关系数为 0.102,$p = 0.278$(大于 0.050)。这表明,两者之间没有显著的相关性。原因可能是,商人群体总体而言善于交际,常在不同文化间流动,感知的文化距离并不显著影响其社会文化适应。为进一步探索两者之间的关系,我们考察了文化距离各维度与社会文化适应之间的关系。

相关分析结果表明(见表 4-16),文化距离的价值观念维度与社会文化适应总分的相关系数为 0.230,$p = 0.013$(小于 0.050);文化距离的价值观念层面与社会文化适应的文化观念维度之间的相关系数为 0.228，$p=0.014$（小于 0.050）；与社会文化适应的生活环境维度之间的相关系数为 0.189，$p=0.042$（小于 0.050）。这说明，文化距离的价值观念维度与社会文化适应总分、社会文化适应的文化观念维度以及社会文化的生活环境维度之间均存在显著的相关性。上述结果反映，价值观念总体上对社会文化适应的影响较大，且对社会文化适应中的文化观念、生活环境方面的适应影响也较大。这也说明，当两种文化间差异较大时，可能会带来社会适应中文化观念以及生活方面的适应困难。

文化距离的价值观念维度与社会文化适应的人际交往维度的相关系数为 0.080，$p=0.391$（大于 0.050）。这说明，文化距离的价值观念维度和社会文化适应的人际交往层面不存在显著的相关性。这反映出，社会适应的人际交往方面受外籍人士感知的价值观念差异的影响不大。原因可能是，不论新的社会价值观念与外籍人士原有的价值观念差异大小如何，外籍人士在新的环境中都可以进行基本的交际活动。

表 4-16　价值观念维度与社会适应的相关性

统计值	文化观念	生活环境	人际交往	社会文化适应总分
皮尔逊相关性	0.228*	0.189*	0.080	0.230*
Sig.（双尾）	0.014	0.042	0.391	0.013
个案数	116	116	116	116

*：在 0.05 级别（双尾），相关性显著。

如表 4-17 所示，文化距离的日常生活维度与社会文化适应总分之间的相关系数为 0.109，$p=0.245$（大于 0.050），这说明两者之间没有显著的相关性。文化距离的日常生活维度与社会文化适应的文化观念维度之间的相关系数为 0.137，$p=0.143$（大于 0.050）；文化距离的日常生活维度与社会文化适应的生活环境维度之间的相关系数为 -0.023，$p=0.808$（大于 0.050）；文化距离的日常生活维度与社会文化适应的人际交往之间的相关系数为 0.137，$p=0.142$（大于 0.050）；这说明，文化距离的日常生活维度与社会文化适应各维度之间均无显著相关性。这种不相关性在一定程度上可以说明，虽然在华非洲商人在日常生活方面能够感知到中非两种文化间的差异，但这并不影响他们的社会文化适应情况。

表 4-17　日常生活维度与社会文化适应的相关性

统计值	文化观念	生活环境	人际交往	社会文化适应总分
皮尔逊相关性	0.137	−0.023	0.137	0.109
Sig.（双尾）	0.143	0.808	0.142	0.245
个案数	116	116	116	116

如表 4-18 所示，文化距离的基础设施维度与社会文化适应总分之间的相关系数为−0.044，p＝0.642（大于 0.050），这说明两者间没有显著的相关性。文化距离的基础建设维度与社会文化适应的文化观念维度之间的相关系数为0.053，p＝0.571（大于 0.050）；文化距离的基础建设维度与社会文化适应的生活环境维度之间的相关系数为−0.033，p＝0.722（大于 0.050）；文化距离的基础建设维度与社会文化适应的人际交往维度之间的相关系数为−0.206，p＝0.027（小于 0.050）。整体来看，在华非洲商人感知到的中非之间在基础设施方面的差异并不会影响社会文化适应水平，两者之间不存在显著的相关性，原因可能是，中国的基础设施相对来说比较完善。虽然中非之间的差异比较大，但是这种差异并没有造成外籍人士在中国生活工作方面的困难。相反，中国良好的基础建设能够为他们在中国的生活提供极大的便利。因此，基础设施方面的差异并不影响他们的社会文化适应。

此外，值得一提的是，文化距离的基础建设维度与人际交往具有一定程度的相关性，原因可能是人际交往在一定程度上受到外在条件的影响和制约。银行、医院等地方如果有较好的硬件和软件设施，就可能会帮助外籍人士与当地人进行更为有效的沟通交流，比如医院、银行等场合的工作者如果提供较好的服务（在语言等方面减少沟通障碍等），就可以在很大程度上促进外籍人士与东道国国民的良好社交和接触。

表 4-18　基础设施维度与社会文化适应的相关性

统计值	文化观念	生活环境	人际交往	社会文化适应总分
皮尔逊相关性	0.053	−0.033	−0.206*	−0.044
Sig.（双尾）	0.571	0.722	0.027	0.642
个案数	116	116	116	116

*：在 0.050 级别（双尾），相关性显著。

5. 社会文化适应与心理适应

为进一步探索社会文化适应与心理适应之间的关系，我们对社会文化适应总分与心理适应总分,以及社会文化适应各维度与心理适应各维度进行了相关分析。

（1）心理适应总分与社会文化适应总分的关系

社会文化适应的总分和心理适应的总分之间的相关系数为 0.442，$p<0.010$，说明两者之间存在显著的相关性。这反映出，对于在华工作生活的非洲商人而言，他们的心理适应与社会文化适应是相互影响的。这也印证了前人的研究结果，说明心理适应和社会适应是文化适应的 2 个方面，虽然两者的侧重并不相同，但相互影响（Ward & Kennedy，1993）。

此外，我们针对心理适应与社会适应各个维度进行了相关分析。结果表明，心理适应与社会适应的各个维度均存在一定的相关（见表 4-19）。具体而言，心理适应总分与社会文化的文化观念维度之间的相关系数为 0.349，$p<0.010$；心理适应总分与社会文化适应生活环境维度的相关系数为 0.448，$p<0.010$；心理适应总分与社会文化适应的人际交往维度的相关系数为 0.210，$p=0.024$（小于 0.050）。

总体看来，上述结果验证了心理适应总分不仅与社会文化适应总分相关，还与社会文化适应的文化观念维度、生活环境维度、人际交往维度都有密切的联系。这说明，对于外籍人士而言，心理健康状况与社会适应的各方面均密切相关。

表 4-19　心理适应总分与社会文化适应因子的相关性

统计值	文化观念	生活环境	人际交往	社会文化适应总分
皮尔逊相关性	0.349**	0.448**	0.210*	0.442**
Sig.（双尾）	0.000	0.000	0.024	0.000
个案数	116	116	116	116

＊＊：在 0.010 级别（双尾），相关性显著。
＊：在 0.050 级别（双尾），相关性显著。

（2）心理适应各因子与社会适应各因子间关系

相关分析结果表明，心理适应的心理情绪维度与社会文化适应总分之间的相关系数为 0.231，$p=0.013$（小于 0.050）；心理适应的兴趣态度维度与社会文化适应的文化观念维度之间的相关系数为 0.187，$p=0.044$（小于 0.050）；心理适应的兴趣态度维度与社会文化适应的生活环境维度之间的相关系数为 0.213，$p=0.021$（小于 0.050）；心理适应的兴趣态度维度与社会文化适应人际交往维度之间的相关系数为 0.128，$p=0.171$（大于 0.050）（见表 4-20）。

上述结果表明,心理适应的兴趣态度维度与社会适应之间存在一定的相关性,这种相关性主要体现在社会适应的文化观念维度和生活环境维度。这在一定程度上说明,如果在华非洲商人保持良好的兴趣态度,那么其生活环境适应也会相对有所改善;这也说明,对周边事物能够保持积极接触态度的外籍商人,一般具有较好的文化理解力和文化认同感,相应地,对中国文化和价值观的了解也会比较深入和全面。

表 4-20 心理适应的兴趣态度维度与社会文化适应因子的相关性

统计值	文化观念	生活环境	人际交往	社会文化适应总分
皮尔逊相关性	0.187*	0.213*	0.128	0.231*
Sig.(双尾)	0.044	0.021	0.171	0.013
个案数	116	116	116	116

*:在 0.050 级别(双尾),相关性显著。

如表 4-21 所示,心理适应的心理情绪维度与社会文化适应总分之间的相关系数为 $0.449,p<0.010$;心理适应的心理情绪维度与社会文化适应的文化观念维度之间的相关系数为 $0.365,p<0.010$;心理适应的心理情绪维度与社会文化适应的生活环境维度之间的相关系数为 $0.439,p<0.010$;心理适应的心理情绪维度与社会文化适应的人际交往维度之间的相关系数为 $0.213,p=0.022$(小于 0.050)。

由此可知,心理适应的心理情绪维度与社会适应的总分以及社会适应的各维度都具有显著的相关性。这说明,对在华非洲商人而言,他们的心理情绪会在很大程度上影响他们的社会适应。保持良好稳定的心理情绪,能帮助他们更为有效地理解东道国的文化、适应东道国的生活环境以及与在东道国生活的群体进行交往。

表 4-21 心理适应的心理情绪维度与社会文化适应因子的相关性

统计值	文化观念	生活环境	人际交往	社会文化适应总分
皮尔逊相关性	0.365**	0.439**	0.213*	0.449**
Sig.(双尾)	0.000	0.000	0.022	0.000
个案数	116	116	116	116

**:在 0.010 级别(双尾),相关性显著。
*:在 0.050 级别(双尾),相关性显著。

如表 4-22 所示,心理适应的精神精力维度与社会文化适应总分之间的相关系数为 $0.279,p=0.002$(小于 0.050);心理适应的精神精力维度与社会文化适应的文化观念维度之间的相关系数为 0.259,$p=0.005$(小于 0.050);心理适应的精神精力维度与社会文化适应的生活环境维度之间的相关系数为 0.252,$p=0.006$(小于 0.050);心理适应的精神精力维度与社会文化适应的人际交往维度之间的相关系数为 0.099,$p=0.289$(大于 0.050)。

上述结果说明,心理适应的精神精力方面与社会文化适应的关联性不仅体现在整体社会文化适应上,还体现在与社会文化适应的文化观念维度以及生活环境维度上。这同时也说明,对于在华的非洲商人而言,精神面貌会在一定程度上影响其社会文化适应水平,尤其是在社会生活的生活环境方面。推测其中的原因,可能是当外籍人士有较好的精神精力时,他们能更好地在日常生活中对中国文化进行探索和了解;但若精神精力不足,外籍人士在适应过程中对东道国社会文化的兴趣就会大打折扣,进而其会减少与东道国国民的接触,从而导致社会适应较为困难。

表 4-22　心理适应的精神精力维度与社会文化适应因子的相关性

统计值	文化观念	生活环境	人际交往	社会文化适应总分
皮尔逊相关性	0.259**	0.252**	0.099	0.279**
Sig.(双尾)	0.005	0.006	0.289	0.002
个案数	116	116	116	116

**:在 0.01 级别(双尾),相关性显著。

如表 4-23 所示,心理适应的生活习惯维度与社会文化适应总分之间的相关系数为 0.369,$p<0.010$;心理适应的生活习惯维度与社会文化适应的文化观念维度之间的相关系数为 0.222,$p=0.016$(小于 0.050);心理适应的生活习惯维度与社会文化适应的生活环境维度之间的相关系数为 0.470,$p<0.010$;心理适应的生活习惯维度与社会文化适应的人际交往之间的相关系数为 0.176,$p=0.059$(大于 0.050)。

由上述结果可知,心理适应的生活习惯维度与社会适应整体较为相关,与其中的文化观念维度以及生活习惯维度显著相关。原因可能是,外籍人士对东道国文化的理解程度会影响他们的饮食、睡眠等日常生活习惯。例如,外籍人士若能接受东道国的饮食和作息习惯,则更有可能对东道国的饮食文化以及生活文化有更为深入的了解和更为强烈的认同。

表 4-23　心理适应的生活习惯维度与社会文化适应因子的相关性

统计值	文化观念	生活环境	人际交往	社会文化适应总分
皮尔逊相关性	0.222*	0.470**	0.176	0.369**
Sig.（双尾）	0.016	0.000	0.059	0.000
个案数	116	116	116	116

＊＊:在 0.010 级别（双尾），相关性显著。
＊:在 0.050 级别（双尾），相关性显著。

　　总体上，社会文化适应的总分与心理适应中的兴趣态度、心理情绪以及生活习惯有关，但社会适应和心理适应各维度之间的相关性又存在一定的差异。社会文化适应中的文化观念与心理适应的总分以及心理情绪、精神精力、生活习惯具有较为紧密的相关性。社会文化适应的生活环境维度与心理适应的总分、兴趣态度、心理情绪以及生活习惯维度都存在显著的相关性，与心理适应的精神精力维度不存在显著的相关性。社会文化适应的人际交往维度与心理适应的总分、心理情绪维度都存在显著的相关性，与心理适应的兴趣态度和精神精力维度不存在显著的相关性。从各维度之间的相关性来看，社会文化适应的文化观念以及生活环境维度与心理适应的各维度更为相关。社会文化适应的人际交往维度与心理适应存在一定的相关性，但是要明显弱于社会文化适应的其他 2 个维度。

第三节　小　结

　　从原有文化进入新的文化环境中时，外籍人士不仅在心理上会出现一定反应和变化，在行为方面也会出现许多改变。在新的文化社会中，旅居者需要适应新的文化环境、生活习惯和价值观念；同样，对于在华非洲商人而言，在中国社会的适应也包含多个方面，呈现出多样的适应情况。

　　主成分分析结果显示，非洲商人的社会适应包含 3 个维度，分别是文化观念、生活环境以及人际交往。文化理解所包含的题项有"理解中国的文化""理解中国的法律制度""理解中国的价值观""理解文化差异"和"从中国人的角度看问题"。生活环境维度所包含的题项有"坐车或者开车""购物""看病或买药"和"买房、租房或住宾馆"。人际交往维度所包含的题项有"找到喜欢的食物""交朋友"和"与中国人交流"。从具体内容而言，在华非洲商人最容易适应的是购物，最难适应的是中国的气候。从 3 个维度的均值来看，在华非洲商人在生活环境方面的适应最差,在中国价值理解方面的适应次之,在工作环境方面的适应最好。

文化距离也提取出 3 个维度,维度 1 命名为基础建设,包含"银行""法律制度""医院"和"公共交通"4 个题项。维度 2 命名为日常生活,包含"饮食习惯""气候"和"服装"3 个题项。维度 3 命名为价值观念,包含"价值观""世界观"和"交际方式"3 个题项。调查发现,社会文化适应与文化距离也具有一定的相关性,结果与前人的研究成果相符,即主流文化和移民文化之间的文化距离越大,旅居者的心理适应和社会文化适应就越困难(Suanet & Van de Vijver,2009)。

虽然从总体来看,文化距离与社会文化适应没有明显的相关性,但是文化距离中的部分要素和社会文化适应各维度具有一定的相关性。文化距离的价值观念维度与社会文化适应中的总分、文化观念维度以及生活环境维度都具有显著的相关性。文化距离的基础建设维度与社会文化适应的总分、人际交往维度具有显著的相关性。

除文化距离外,社会文化适应还与心理适应相关。社会文化适应的总分与心理适应的兴趣态度、心理情绪以及生活习惯有关。社会文化适应的文化观念与心理适应的总分以及心理情绪、精神精力、生活习惯有紧密的相关性。社会文化适应的生活环境维度与心理适应的总分、兴趣态度、心理情绪以及生活习惯维度都存在显著的相关性。社会文化适应的人际交往维度与心理适应的总分和心理情绪维度也存在显著的相关性。

因此,提高在华非洲商人的社会文化适应水平,需要加深在华非洲商人对于中国文化的理解。另外,推动非洲商人与中国人民之间的沟通交流,也能极大地缩短文化距离。为此,我们可以从以下几个方面开展工作,以促进外籍商人在中国的文化适应。首先,政府部门需要给予在华外籍人士更多的重视,对他们有更加充分的认识,在社会基础建设中能考虑到外籍人士的需求,尤其是在医疗卫生方面给予外籍人士足够的信息支持,在医院、银行等公共场所提供相关指引和服务。其次,社区方面也需要加强对外籍人士的关注,为外籍人士提供更完善的社区咨询服务,以促进双方沟通交流,增进彼此间的了解,同时能及时了解和解决外籍人士生活方面的困难。最后,外籍人士在华生活时,需要多加关注自身的心理健康和身体健康,加强身体锻炼,并保持积极乐观的态度,在生理、心理方面出现问题时,应及时就医,积极寻求医生的帮助。

第五章 在华非洲商人跨文化适应主要影响因素

在跨文化适应过程中，无论是短期旅居者还是长期在华居住的外籍人士，难免会面临或多或少的适应问题。跨文化适应过程具有复杂性和差异性，研究者对其影响因素进行了长期的探索与验证。目前，跨文化心理学主要包括2种理论：文化学习理论(culture learning approach)和压力应对理论(stress and coping approach)。文化学习理论的倡导者主要是 Furham 和 Bochner(1986)，他们从人类行为角度来看待文化适应问题，认为缺乏特定文化知识和社会技能会导致跨文化适应困难，同时强调学习跨文化知识、技能的重要性。因此，他们认为，目的文化知识、语言、两种文化的差异、同目的文化人群交往的程度、文化身份、文化适应模式、跨文化交际培训等因素，都会影响跨文化适应的过程和结果。压力应对理论主要从情感的角度看待文化适应问题，突出个体特征与文化适应的相互作用，强调跨文化心理焦虑策略的重要性，认为性格、社会支持、性别、民族、处理文化适应问题的策略等因素会影响跨文化适应的过程和结果(Berry & Annis，1974；Berry，2005)。

一些研究表明，文化距离和文化适应相关。一般认为，文化距离越大，个人要超越这些文化差异就需要付出越多努力，经历生活变化和体验时的心理焦虑也会越明显(Bochner，1986；Ward，2001)。例如，在新加坡留学的中国学生就比欧美学生更容易适应当地的文化。一般来说，个人或群体从集体主义文化到个人主义文化，从发达国家到发展中国家，会碰到较多的文化适应问题。

跨文化沟通能力的重要组成部分是语言水平，这也是影响跨文化适应的一个重要因素。国内外有不少学者对语言水平与跨文化适应的关系进行研究，如陈慧、车宏生和朱敏(2003)认为，个体的语言能力会影响其跨文化适应水平；杨军红(2005)指出，影响留学生适应的一个重要因素是语言水平；黄慧莹(2010)也认为，在沪法国留学生的心理健康水平、社会文化适应水平受到中

116

文语言能力的影响。

社会支持是旅居者与他人及群体联系的网络,被认为在调节身体和心理健康方面起着重要作用(Caplan,1974)。在适应新环境时,旅居者往往会向他们的社会网络寻求支持(Coleman,1988;Williams & Johnson,2011),比如国内的朋友和家人、来自同一国家的旅居者、东道国的新朋友、工作伙伴以及自助团体等。这些社会关系都可以为旅居者提供情感和社会支持,与其共同承担责任和压力,共享资源(金钱、技能和信息等),提供建议,分享经验,等等(Fontaine,1986)。

性格也被认为是跨文化适应的一个重要影响因素。一些研究指出,性格外向开朗、自信乐观、乐于与人交际交往的群体,跨文化适应相对更好;而性格内向、不善于表达交流的人自我效能感较差,遇到的跨文化适应障碍也相对更多,但研究结果也并非一致,有待于进一步研究(Ward,2001)。

本研究将考察个人因素、社会支持、语言水平、跨文化经历、在华生活时间、文化距离等因素对在华非洲商人跨文化适应的影响。

第一节　个人因素

一、年龄

如表 5-1 所示,从心理适应层面上来看,在华非洲商人中,18～25 岁人群的心理适应总分均值最高,为 28.714 分;其次是 41 岁以上人群,为 27.455 分;再次是 31～40 岁人群,心理适应总分均值为 26.914 分;最后为 26～30 岁群体,为 26.571 分。

心理适应的 4 个维度中,对于 18～25 岁人群,兴趣态度维度的单项均值得分最高,为 2.696 分;生活习惯维度的单项均值次之,为 2.571 分;心理情绪和精神精力维度的单项均值分别是 2.071 分和 2.250 分。与 18～25 岁群体相似,26～30 岁群体的兴趣态度单项均值最高,为 2.420 分;心理情绪、精神精力和生活习惯维度的均值分别为 1.987 分、2.116 分和 2.357 分。31～40 岁群体心理适应各维度的均值分别为 2.000 分、2.429 分、2.200 分和 2.400 分。41 岁以上群体的心理适应各维度均值分别为 2.091 分、2.500 分、2.273 分和 2.273 分。从心理适应的 4 个维度来看,心理情绪维度的单项均值最高的是 18～25 岁群体,单项均值最低的是 26～30 岁群体;兴趣态度维度的单项均值最高的是 18～25 岁群体,单项均值最低的是 26～30 岁群体;精神精力维度的单项均值最高的是 41 岁以上群体,单项均值最低的是 16～30 岁群体;生活习惯维度单项均值最高的是 18～25 岁群体,单项均值最低的是 41 岁以上群体。

表 5-1　不同年龄群体的心理适应均值

年龄	统计值	心理情绪	兴趣态度	精神精力	生活习惯	心理适应总分
18～25 岁	平均值	2.071	2.696	2.250	2.571	28.714
	个案数	14	14	14	14	14
	标准偏差	0.331	0.369	0.470	0.385	2.730
26～30 岁	平均值	1.987	2.420	2.116	2.357	26.571
	个案数	56	56	56	56	56
	标准偏差	0.451	0.440	0.548	0.474	4.360
31～40 岁	平均值	2.000	2.429	2.200	2.400	26.914
	个案数	35	35	35	35	35
	标准偏差	0.454	0.435	0.424	0.540	4.168
41 岁以上	平均值	2.091	2.500	2.273	2.273	27.455
	个案数	11	11	11	11	11
	标准偏差	0.478	0.474	0.410	0.467	4.034
总计	平均值	2.011	2.463	2.172	2.388	27.017
	个案数	116	116	116	116	116
	标准偏差	0.438	0.438	0.489	0.485	4.118

　　如表 5-2 所示,31～40 岁群体社会文化适应总分最高,为 27.343 分;41 岁以上群体次之,为 27.182 分;然后是 18～25 岁,为 26.000 分;最低是 26～30 岁,为 24.982 分。在社会文化适应的 5 个维度中,不同年龄段的表现也存在差异。社会文化的文化观念维度中,均值最高的是 31～40 岁群体,为 2.537 分;最低的是 26～30 岁群体,为 2.125 分。社会文化的生活环境维度中,均值最高的是 41 岁以上群体,为 2.159 分;最低的是 26～30 岁群体,为 1.857 分。社会文化适应的人际交往维度中,均值最高的是 18～25 岁群体,为 2.452 分;均值最低的是 41 岁以上群体,为 2.061 分。

　　由上述结果可知,对于在华非洲商人而言,31～40 岁群体所面临的社会文化适应难度较大,在文化适应过程中较易出现问题,而 26～30 岁群体情况较好。

表 5-2　不同年龄群体的社会文化适应均值

年龄	统计值	文化观念	生活环境	人际交往	社会文化适应总分
18~25 岁	平均值	2.143	1.982	2.452	26.000
	个案数	14	14	14	14
	标准偏差	0.965	0.616	0.802	7.636
26~30 岁	平均值	2.125	1.857	2.310	24.982
	个案数	56	56	56	56
	标准偏差	0.974	0.912	0.809	8.806
31~40 岁	平均值	2.537	1.907	2.343	27.343
	个案数	35	35	35	35
	标准偏差	0.785	0.745	0.782	7.021
41 岁以上	平均值	2.473	2.159	2.061	27.182
	个案数	11	11	11	11
	标准偏差	0.878	0.853	0.728	8.146
总计	平均值	2.284	1.916	2.313	26.026
	个案数	116	116	116	116
	标准偏差	0.919	0.822	0.788	8.075

　　心理适应和社会文化适应 2 个部分组成了文化适应。整体而言,26~30
岁群体的文化适应结果最好,文化适应均值为 82.250 分;41 岁以上和 18~25
岁群体的文化适应结果次之,文化适应均值分别为 85.273 分和 85.500 分;
31~40 岁群体的适应结果最差,文化适应均值为 86.514 分(见图 5-1)。这说
明,不同年龄段的在华非洲商人的文化适应结果存在一定差异。

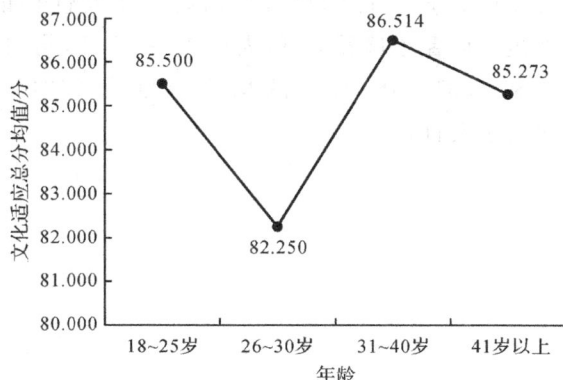

图 5-1　不同年龄群体的文化适应总分均值

二、性别

不同性别的在华非洲商人在心理适应总分及各维度的均值上也存在不同。从心理适应各维度(心理情绪维度、兴趣态度维度、精神精力维度、生活习惯维度)的均值来看,男性分别为2.036分、2.481分、2.178分、2.417分,女性分别为1.923分、2.404分、2.154分、2.288分(见表5-3)。整体来看,男性的均值高于女性的均值。由此可知,在华非洲商人群体中男性比女性的心理适应情况差,更易产生心理健康方面的问题,这可能是因为在心理调节方面,女性比男性具有更强的适应性和自控能力。

表 5-3　不同性别群体的心理适应均值

性别	统计值	心理情绪	兴趣态度	精神精力	生活习惯	心理适应总分
男性	平均值	2.036	2.481	2.178	2.417	27.256
	个案数	90	90	90	90	90
	标准偏差	0.470	0.437	0.499	0.515	4.351
女性	平均值	1.923	2.404	2.154	2.288	26.192
	个案数	26	26	26	26	26
	标准偏差	0.290	0.442	0.464	0.351	3.112
总计	平均值	2.011	2.463	2.172	2.388	27.017
	个案数	116	116	116	116	116
	标准偏差	0.438	0.438	0.489	0.485	4.118

从社会文化适应总分以及各维度的均值来看,女性在中国的社会文化适应结果也相对较好。如表5-4所示,男性的社会文化适应总分均值为26.267分,女性的均值为25.192分,男性的总分均值要高于女性均值。在社会文化适应的文化观念维度、生活环境维度和人际交往维度,男性的均值分别为2.304分、1.947分和2.319分,女性的均值分别为2.215分、1.808分和2.295分,男性也均高于女性。

表 5-4　不同性别群体的社会文化适应均值

性别	统计值	文化观念	生活环境	人际交往	社会文化适应总分
男性	平均值	2.304	1.947	2.319	26.267
	个案数	90	90	90	90
	标准偏差	0.931	0.851	0.777	8.315
女性	平均值	2.215	1.808	2.295	25.192
	个案数	26	26	26	26
	标准偏差	0.892	0.719	0.840	7.272
总计	平均值	2.284	1.916	2.313	26.026
	个案数	116	116	116	116
	标准偏差	0.919	0.822	0.788	8.075

从文化适应总分上来看（见图 5-2），女性的文化适应总分均值为 82.308 分，而男性的文化适应总分均值为 84.767 分，男性略高于女性，这说明在华非洲商人群体中的女性在中国的文化适应情况相对更好。

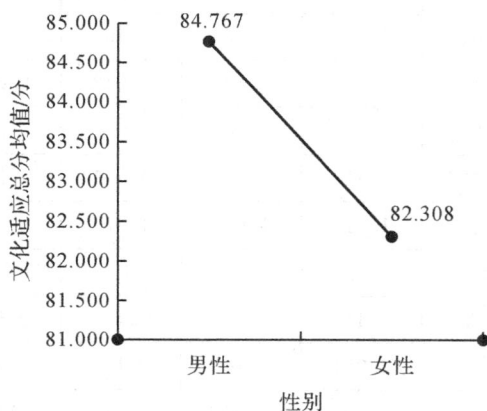

图 5-2　不同性别群体的文化适应均值

三、性格

从心理适应层面来看，非常内向群体的心理适应总分均值最高，为 29.857 分；其次为比较内向群体，心理适应总分均值为 28.190 分；再次为比较外向群体，其均值为 26.146 分；最低的为非常外向群体，心理适应总分均值为 23.083 分（见表 5-5）。在心理情绪、兴趣态度、精神精力和生活习惯维度，心理适应总分均值从高到低排列,为非常内向(均值分别为 2.161 分、2.732 分、2.500 分、2.643 分)、比较内向(均值分别为 2.071 分、2.565 分、2.298 分、2.524 分)、比较外向(均值分别为 1.964 分、2.422 分、2.042 分、2.260 分)、非常外向(均值分别为 1.813 分、1.958 分、1.875 分、2.125 分)。

这表明,在华非洲商人的心理适应受性格影响较大,最易产生心理健康问题的是非常内向的群体,其次是比较内向的群体、比较外向的群体,而非常外向的群体最不易有心理健康方面的问题。可以说,在华非洲商人性格越外向,越不易产生心理健康问题。

表 5-5　不同性格群体的心理适应均值

性格	统计值	心理情绪	兴趣态度	精神精力	生活习惯	心理适应总分
非常内向	平均值	2.161	2.732	2.500	2.643	29.857
	个案数	14	14	14	14	14
	标准偏差	0.445	0.373	0.439	0.457	3.505
比较内向	平均值	2.071	2.565	2.298	2.524	28.190
	个案数	42	42	42	42	42
	标准偏差	0.453	0.375	0.507	0.529	3.808
比较外向	平均值	1.964	2.422	2.042	2.260	26.146
	个案数	48	48	48	48	48
	标准偏差	0.416	0.403	0.423	0.372	3.620
非常外向	平均值	1.813	1.958	1.875	2.125	23.083
	个案数	12	12	12	12	12
	标准偏差	0.415	0.450	0.433	0.528	4.122
总计	平均值	2.011	2.463	2.172	2.388	27.017
	个案数	116	116	116	116	116
	标准偏差	0.438	0.438	0.489	0.485	4.118

在 116 名受访者中,从社会文化适应总分均值来看(见图 5-3),自我评价为非常内向的群体,其社会文化适应总分的均值最高,为 29.286 分;比较内向的群体的均值次之,为 29.119 分;第三是比较外向的群体,其均值为 24.146 分;最低的是非常外向的群体,均值为 18.917 分。

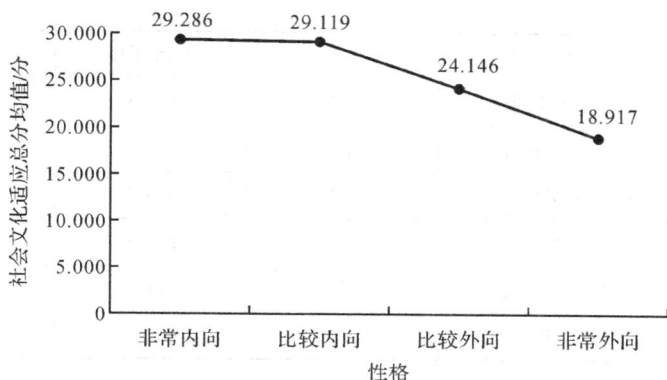

图 5-3 不同性格群体的社会文化适应总分均值

从高到低排列社会文化适应各维度的均值,结果大致为非常内向、比较内向、比较外向和非常外向(见表 5-6)。非常内向群体在社会文化适应的文化观念维度、生活环境维度以及人际交往维度的均值分别是 2.671 分、2.036 分和 2.595 分;比较内向的群体在社会文化适应的文化观念维度、生活环境维度以及人际交往维度的均值分别是 2.590 分、2.179 分和 2.484 分;比较外向群体在社会文化适应的文化观念维度、生活环境维度以及人际交往维度的均值分别是 2.088 分、1.781 分和 2.194 分;非常外向群体在社会文化适应的文化观念维度、生活环境维度以及人际交往维度的均值分别是 1.550 分、1.396 分和 1.861 分。由上述结果可知,对于在华非洲商人而言,性格较为外向的群体在中国社会文化的各方面适应相对较好。

表 5-6 不同性格群体的社会文化适应均值

性格	统计值	文化观念	生活环境	人际交往
非常内向	平均值	2.671	2.036	2.595
	个案数	14	14	14
	标准偏差	0.704	0.784	0.669
比较内向	平均值	2.590	2.179	2.484
	个案数	42	42	42
	标准偏差	0.944	0.842	0.800
比较外向	平均值	2.088	1.781	2.194
	个案数	48	48	48
	标准偏差	0.868	0.790	0.759

性格	统计值	文化观念	生活环境	人际交往
非常外向	平均值	1.550	1.396	1.861
	个案数	12	12	12
	标准偏差	0.633	0.617	0.784
总计	平均值	2.284	1.916	2.313
	个案数	116	116	116
	标准偏差	0.919	0.822	0.788

从文化适应总分来看（见图 5-4），非常内向的群体的文化适应均值为 95.429 分，其文化适应结果最差；比较内向的次之，均值为 90.000 分；第三是比较外向的，均值为 80.229 分；非常外向的群体的文化适应结果最好，均值为 66.833 分。

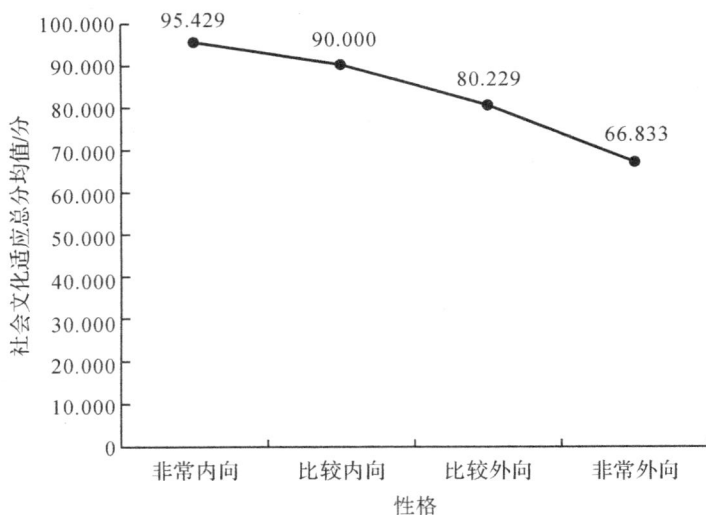

图 5-4　不同性格群体的文化适应总分均值

第二节　社会支持

是否有家人的陪伴是在华非洲商人在心理适应和社会文化适应结果上存在一定差异的另一因素。从心理适应总分均值看，如表 5-7 所示，在华非洲商人中无家人陪伴的心理适应总分均值为 27.022 分,而有家人陪伴的心理适应总分均值为 27.000 分,两者几乎没有差异。但是从心理适应的 4 个维度来看,有家人陪伴群体的心理情绪维度和生活习惯维度均值分别是 2.048 分和 2.481 分,无家人陪伴群体的心理情绪维度和生活习惯维度均值分别是 2.000 分和 2.361 分,有家人陪伴群体的均值要高于无家人陪伴群体的均值。而在兴趣态度维度和精神精力维度,有家人陪伴群体的心理适应总分均值为 2.433 分和 2.058 分,无家人陪伴群体的心理适应总分均值为 2.472 分和 2.206 分,有家人陪伴群体的均值则低于无家人陪伴群体的均值。

表 5-7 不同社会支持群体的心理适应均值

是否与家人一起来中国	统计值	心理情绪	兴趣态度	精神精力	生活习惯	心理适应总分
否	平均值	2.000	2.472	2.206	2.361	27.022
	个案数	90	90	90	90	90
	标准偏差	0.411	0.420	0.485	0.444	3.721
是	平均值	2.048	2.433	2.058	2.481	27.000
	个案数	26	26	26	26	26
	标准偏差	0.529	0.503	0.497	0.608	5.359
总计	平均值	2.011	2.463	2.172	2.388	27.017
	个案数	116	116	116	116	116
	标准偏差	0.438	0.438	0.489	0.485	4.118

从社会文化适应总分均值看,如表 5-8 所示,没有家人陪伴的群体社会文化适应总分均值为 26.333 分,有家人陪伴群体的社会文化适应总分均值为 24.962 分。可见,没有家人陪伴群体的均值要高于有家人陪伴群体的均值。且在社会文化适应的文化观念维度和人际交往维度,没有家人陪伴群体的均值分别为 2.358 分和 2.344 分,高于有家人陪伴群体的均值 2.031 分和 2.205 分。值得注意的是,在社会文化适应的生活环境这一维度上,有家人陪伴群体的均值为 2.048 分,高于没有家人陪伴群体的均值(1.878 分)。因此,从整体来看,有良好社会支持的在华非洲商人具有相对较好的社会文化适应。

表 5-8　不同社会支持群体的社会文化适应均值

是否与家人 一起来中国	统计值	文化观念	生活环境	人际交往	社会文化适应总分
否	平均值	2.358	1.878	2.344	26.333
	个案数	90	90	90	90
	标准偏差	0.891	0.781	0.744	7.673
是	平均值	2.031	2.048	2.205	24.962
	个案数	26	26	26	26
	标准偏差	0.989	0.957	0.934	9.425
总计	平均值	2.285	1.916	2.313	26.026
	个案数	116	116	116	116
	标准偏差	0.919	0.822	0.788	8.075

　　在文化适应总分上,有无家人陪伴也有所不同(见图 5-5)。有家人陪伴的在华非洲商人文化适应结果均值为 82.538 分,而没有家人陪伴的在华非洲商人文化适应结果均值为 84.700 分。这说明,有家人陪伴的在华非洲商人,其整体文化适应结果要优于没有家人陪伴的在华非洲商人。

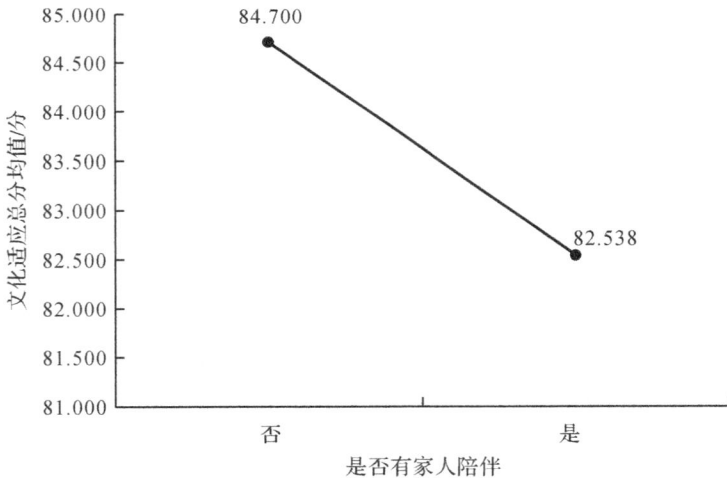

图 5-5　不同社会支持群体的文化适应总分均值

　　此外,非洲商人在华的文化适应过程中,其社会支持的来源主要包括 3 类:第一类是原有国的家人朋友,其中既包括在非洲的亲友,也包含在中国的非洲亲友;第二类是中国的朋友;第三类是来自第三方国家的朋友。数据显示,116 名受访者中,社会支持来源较为单一的 68 名受访者占总数的 58.6%。就单项支持来源情况来看,在华非洲商人更倾向于选择来自本国的亲友。在所有的受访者中,35.3% 的受访者选择向家人寻求帮助,另有 31.0% 的受访者选择向在中国的本国朋友寻求帮助。

由上述结果可知,在华非洲商人的文化适应过程中,大多数受访者在面临文化适应问题时会选择从家人或朋友处寻得帮助,只有极少数的受访者未寻找社会支持。

第三节 语言水平

在本次调查的在华非洲商人中,不同语言水平的群体在心理适应上存在一定差异(见图 5-6),自我评定汉语非常差的群体,其心理适应总分均值为第一,为 31.000 分;第二为汉语不好的群体,心理适应总分均值为 27.833 分;第三为汉语不错的群体,心理适应总分均值为 27.294 分;第四为汉语还可以的群体,心理适应总分均值为 26.927 分;第五为汉语很好的群体,心理适应总分均值为 25.882 分。

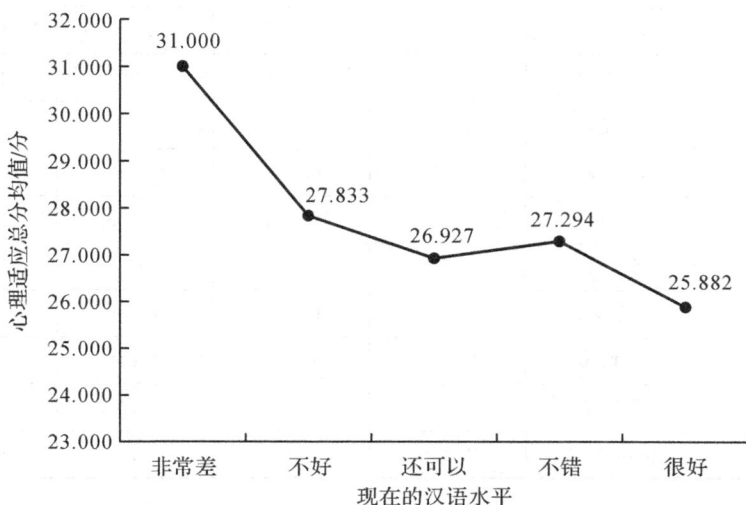

图 5-6 不同汉语水平群体的心理适应总分均值

在心理适应的心理情绪维度、兴趣态度维度和精神精力维度,心理适应总分均值最高的为汉语非常差的群体,均值分别为 2.250 分、3.000 分和 2.500

分;最低的为汉语很好的群体,均值分别为 1.926 分、2.441 分和 2.088 分。在
生活习惯维度中,心理适应总分均值第一的是汉语不好的群体,均值为 2.667
分;第二是汉语很好的群体,均值为 2.118 分。从整体上看,在华非洲商人中
汉语很好的群体其心理抑郁程度最低,其次是汉语不好的群体,第三是汉语不
错的群体,第四是汉语还可以的群体,而心理抑郁程度最高的是汉语非常差的
群体(见表 5-9)。

表 5-9　不同汉语水平群体的心理适应均值

汉语水平	统计值	心理情绪	兴趣态度	精神精力	生活习惯
非常差	平均值	2.250	3.000	2.500	2.500
	个案数	1	1	1	1
	标准偏差	0.000	0.000	0.000	0.000
不好	平均值	1.917	2.583	2.250	2.667
	个案数	6	6	6	6
	标准偏差	0.438	0.492	0.274	0.408
还可以	平均值	2.018	2.439	2.146	2.402
	个案数	41	41	41	41
	标准偏差	0.420	0.443	0.391	0.527
不错	平均值	2.039	2.466	2.206	2.431
	个案数	51	51	51	51
	标准偏差	0.478	0.450	0.558	0.469
很好	平均值	1.926	2.441	2.088	2.118
	个案数	17	17	17	17
	标准偏差	0.383	0.391	0.566	0.376
总计	平均值	2.011	2.463	2.172	2.388
	个案数	116	116	116	116
	标准偏差	0.438	0.438	0.489	0.485

如图 5-7 所示,不同语言水平群体的社会文化适应均值也存在差异。均
值第一的是汉语非常差的群体,为 31.000 分;第二是汉语不好的群体,均值为
30.333 分;第三是汉语不错的群体,均值为 27.020 分;第四是汉语还可以的
群体,均值为 25.854 分;最低的是汉语很好的群体,均值为 21.647 分。

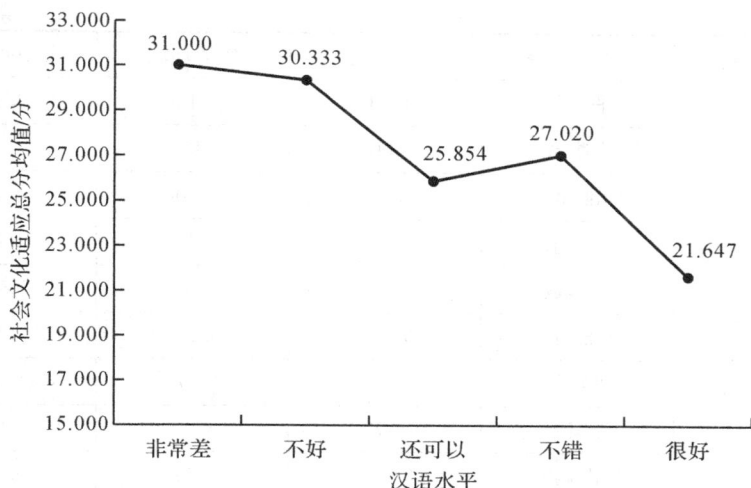

图 5-7　不同汉语水平群体的社会文化适应总分均值

　　不同语言水平的群体在社会文化适应结果的不同维度上也存在一定差异（见表 5-10）。在社会文化适应的文化观念维度，均值最高的是汉语不好的群体（3.100 分），最低的是汉语很好的群体（2.094 分）；在社会文化适应的生活环境维度，均值最高的是汉语非常差的群体（2.500 分），最低的是汉语很好的群体（1.471 分）；在社会文化适应的人际交往维度，均值最高的是汉语非常差的群体（3.333 分），最低的是汉语很好的群体（1.765 分）。总体来看，汉语较好的群体，其社会文化适应相对较好，而汉语较差的群体，其在中国的文化适应过程中较易出现问题。

表 5-10　不同语言水平的社会文化适应各维度均值

现在汉语水平	统计值	文化观念	生活环境	人际交往
非常差	平均值	2.200	2.500	3.333
	个案数	1	1	1
	标准偏差	0.000	0.000	0.000
不好	平均值	3.100	2.125	2.111
	个案数	6	6	6
	标准偏差	1.178	0.971	0.455

现在汉语水平	统计值	文化观念	生活环境	人际交往
还可以	平均值	2.034	2.110	2.415
	个案数	41	41	41
	标准偏差	0.804	0.900	0.748
不错	平均值	2.455	1.873	2.418
	个案数	51	51	51
	标准偏差	0.968	0.751	0.819
很好	平均值	2.094	1.471	1.765
	个案数	17	17	17
	标准偏差	0.749	0.655	0.664
总计	平均值	2.284	1.916	2.313
	个案数	116	116	116
	标准偏差	0.919	0.822	0.788

从文化适应总分来看,不同语言水平的文化适应总分均值不同(见图5-8)。汉语很好的文化适应均值为 76.941 分,汉语不错的文化适应均值为 85.804 分,汉语还可以的文化适应均值为 83.756 分,汉语不好的文化适应均值为 92.833 分,汉语非常差的文化适应均值为 94.000 分。

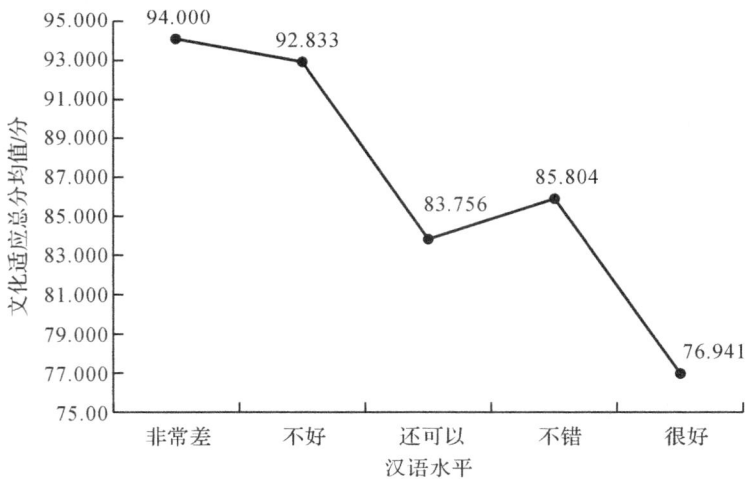

图 5-8　不同汉语水平群体的文化适应总分均值

第四节　跨文化经历

在参与调查的在华非洲商人中,有跨文化经历的群体心理适应总分均值高于无跨文化经历的群体(见图 5-9)。没有跨文化经历的群体,心理适应总分均值为 26.569 分;有 3 个月以下跨文化经历的群体,心理适应总分均值为 26.600 分;有 3~6 个月跨文化经历的群体,心理适应总分均值为 27.000 分;有 6 个月以上跨文化经历的群体,心理适应总分均值为 28.500 分。

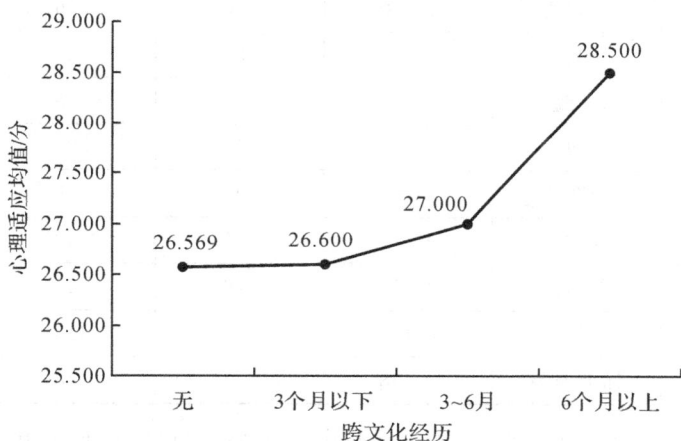

图 5-9　不同跨文化经历群体的心理适应总分均值

如表 5-11 所示,在心理适应的心理情绪维度,心理适应均值最高的是有 3~6 个月跨文化经历的群体,均值为 2.250 分;最低的是有 3 个月以下跨文化经历的群体,均值为 1.950 分。在心理适应的兴趣态度维度,心理适应均值最高的是有 6 个月以上跨文化经历的群体,均值为 2.567 分,最低的是从未有过跨文化经历的群体,均值为 2.417 分。在心理适应的精神精力维度,心理适应均值最高的是有 6 个月以上跨文化经历的群体,均值为 2.308 分;最低的是从未有过跨文化经历的群体,均值为 2.125 分。在心理适应的生活习惯维度,心理适应均值最高的是有 6 个月以上跨文化经历的群体,均值为 2.558 分;最低的是有过 3~6 个月跨文化经历的群体,均值为 1.833 分。从以上结果来看,在疫情背景下,曾经有过跨文化经历的在华非洲商人,其在中国生活更易产生心理健康问题。

表 5-11　不同跨文化经历群体的心理适应各维度均值

跨文化经历	统计值	心理情绪	兴趣态度	精神精力	生活习惯
无	平均值	1.972	2.417	2.125	2.382
	个案数	72	72	72	72
	标准偏差	0.427	0.444	0.480	0.478
3 个月以下	平均值	1.950	2.500	2.167	2.233
	个案数	15	15	15	15
	标准偏差	0.380	0.299	0.645	0.458
3~6 个月	平均值	2.250	2.500	2.167	1.833
	个案数	3	3	3	3
	标准偏差	0.000	0.500	0.289	0.289
6 个月以上	平均值	2.125	2.567	2.308	2.558
	个案数	26	26	26	26
	标准偏差	0.506	0.482	0.426	0.476
总计	平均值	2.011	2.463	2.172	2.388
	个案数	116	116	116	116
	标准偏差	0.438	0.438	0.489	0.485

在中国社会生活时,有着不同跨文化经历的非洲商人表现出不同的社会文化适应总分均值与各维度的均值。在社会文化适应总分均值方面,如图 5-10 所示,均值最高的是有 3 个月以下跨文化经历的群体,均值为 28.000 分;其次是有 6 个月以上跨文化经历的群体,均值为 27.615 分;再次是从未有过跨文化经历的群体,均值为 25.125 分;最低是有 3~6 个月跨文化经历的群体,均值为 24.000 分。

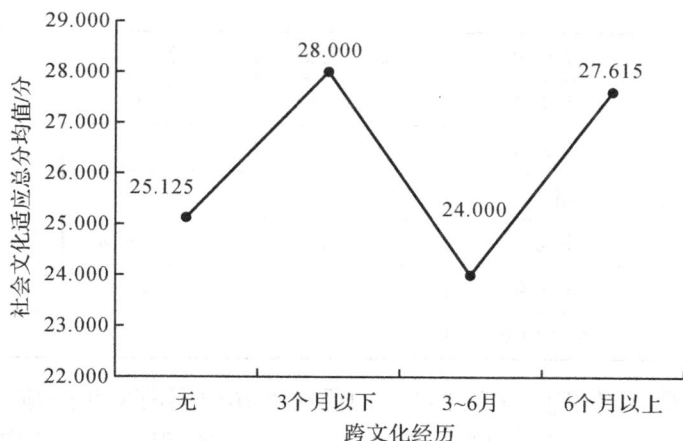

图 5-10　不同跨文化经历群体的社会文化适应总分均值

　　如表 5-12 所示,在社会文化适应的文化观念维度上,均值最高的是有 6 个月以上跨文化经历的群体(2.523 分);最低的是有 3～6 个月跨文化经历的群体(2.133 分)。在社会文化适应的生活环境维度,均值最高的是有 3 个月以下跨文化经历的群体(2.233 分);最低的是有 3～6 个月跨文化经历的群体(1.250 分)。在社会文化适应的人际交往维度,均值最高的是有 3～6 个月以下跨文化经历的群体(2.778 分);最低的是从未有过跨文化经历的群体(2.176 分)。

表 5-12　不同跨文化经历群体的社会文化适应各维度均值

跨文化经历	统计值	文化观念	生活环境	人际交往
无	平均值	2.200	1.899	2.176
	个案数	72	72	72
	标准偏差	0.937	0.845	0.681
3 个月以下	平均值	2.307	2.233	2.511
	个案数	15	15	15
	标准偏差	0.763	0.904	0.677
3～6 月	平均值	2.133	1.250	2.778
	个案数	3	3	3
	标准偏差	0.987	0.250	0.385

续　表

跨文化经历	统计值	文化观念	生活环境	人际交往
6 个月以上	平均值	2.523	1.856	2.526
	个案数	26	26	26
	标准偏差	0.953	0.708	1.059
总计	平均值	2.284	1.916	2.313
	个案数	116	116	116
	标准偏差	0.919	0.822	0.788

总的来看,具有不同跨文化经历的受访者在中国的文化适应结果不尽相同(见图 5-11)。有过 6 个月以上跨文化经历的群体,其文化适应均值最高,总分均值为 88.615 分;其次是有过 3 个月以下跨文化经历的群体文化适应均值,为 85.533 分;再次是从未有过跨文化经历的群体,其文化适应均值为 82.458 分;最后是有过 3~6 个月跨文化经历的群体,其文化适应均值最低,为 81.667 分。这说明,有过 3~6 个月跨文化经历的群体,其文化适应结果最好;有过 6 个月以上跨文化经历的群体,其文化适应结果最差。

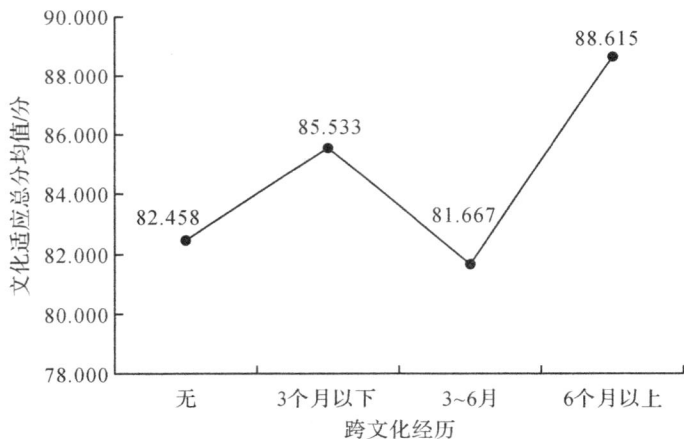

图 5-11　不同跨文化经历群体的文化适应总分均值

第五节　在华生活时间

在本次调查的在华非洲商人中,如表 5-13 所示,在心理适应的心理情绪维度,均值最高的是在华1~3个月的群体,均值为2.625分;均值最低的是在华10年以上的群体,均值为1.500分。在心理适应的兴趣态度维度,均值最高的是在华1~3个月的群体,均值为2.875分;均值最低的是在华10年以上的群体,均值为1.667分。在心理适应的精神精力维度,均值最高的是在华1~3个月的群体,均值为2.500分;均值最低的是在华1个月以下和在华10年以上的群体,均值为2.000分。在心理适应的生活习惯维度,均值最高的是在华5~10年的群体,均值为2.833分;均值最低的是在华10年以上的群体,均值为1.833分。

表5-13　不同在华生活时间群体的心理适应均值

在华时间	统计值	心理情绪	兴趣态度	精神精力	生活习惯	心理适应总分
1个月以下	平均值	2.143	2.786	2.000	2.571	28.857
	个案数	7	7	7	7	7
	标准偏差	0.244	0.267	0.577	0.345	2.268
1~3个月	平均值	2.625	2.875	2.500	2.750	32.500
	个案数	2	2	2	2	2
	标准偏差	0.530	0.177	0.707	1.061	6.364
3~6个月	平均值	2.000	2.500	2.200	2.533	27.467
	个案数	15	15	15	15	15
	标准偏差	0.354	0.390	0.414	0.352	3.159
6~12个月	平均值	2.125	2.250	2.250	2.375	26.750
	个案数	8	8	8	8	8
	标准偏差	0.443	0.443	0.463	0.518	4.590
1~2年	平均值	2.022	2.449	2.103	2.338	26.765
	个案数	34	34	34	34	34
	标准偏差	0.410	0.464	0.547	0.439	4.127
2~5年	平均值	1.895	2.441	2.224	2.263	26.316
	个案数	38	38	38	38	38
	标准偏差	0.422	0.351	0.446	0.398	3.120

在华时间	统计值	心理情绪	兴趣态度	精神精力	生活习惯	心理适应总分
5～10 年	平均值	2.306	2.667	2.222	2.833	30.000
	个案数	9	9	9	9	9
	标准偏差	0.622	0.559	0.565	0.750	6.384
10 年以上	平均值	1.500	1.667	2.000	1.833	20.333
	个案数	3	3	3	3	3
	标准偏差	0.000	0.289	0.500	0.577	3.215
总计	平均值	2.011	2.463	2.172	2.388	27.017
	个案数	116	116	116	116	116
	标准偏差	0.438	0.438	0.489	0.485	4.118

从心理适应总分均值情况来看,非洲商人的心理健康状况并不是随着在华生活时长的增加呈单一趋势变化的,而是存在一定的波动情况(见图 5-12)。在华生活时长为 1～3 个月的在华非洲商人群体,其心理抑郁程度最高,均值为 32.500 分;第二为 5～10 年的群体,其心理适应总分均值为 30.000 分;第三为 1 个月以下的群体,心理适应总分均值为 28.857 分;第四为 3～6 个月的群体,心理适应总分均值为 27.467 分;第五为 1～2 年的群体,心理适应总分均值为 26.765 分;第六是 2～5 年的群体,心理适应总分均值为 26.316 分;第七是在华 10 年以上的群体,均值为 20.333 分。

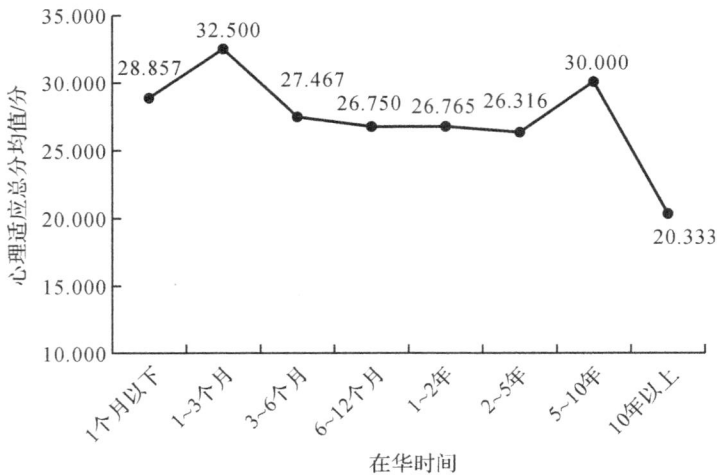

图 5-12　不同在华时间群体的心理适应总分均值

从在华生活时长不同的商人在社会文化适应的均值情况来看,如图 5-13 所示,在华生活 1~3 个月的商人社会文化适应总分均值最高,均值为 37.500 分;第二是在中国生活 5~10 年的群体,均值为 29.222 分;第三是在中国生活 3~6 个月的群体,均值为 27.133 分;第四是在中国生活 2~5 年的群体,均值为 25.921 分;第五是在中国生活 1 个月以下的群体,均值为 25.857 分;第六是在中国生活 1~2 年的群体,均值为 25.500 分;第七是在中国生活 6~12 个月的群体,均值为 24.250 分;第八是在中国生活 10 年以上的群体,均值为 15.667 分。

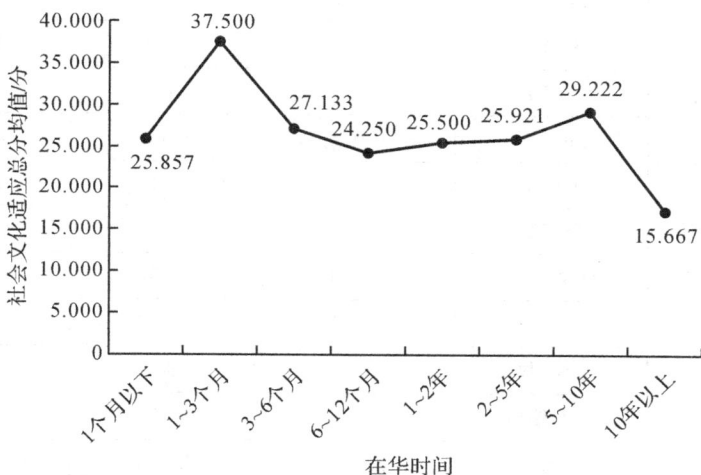

图 5-13　不同在华时间群体的社会文化适应总分均值

另外,在社会文化适应的文化观念维度、生活环境维度和人际交往维度,均值最高的是在华生活 1~3 个月的群体,均值分别为 3.300 分、3.375 分和 2.500 分;最低的是在华生活 10 年以上的群体,均值分别为 1.467 分、1.167 分和 1.222 分(见表 5-14)。由以上结果可知,在华生活 10 年以上的非洲商人,其社会文化适应的结果最好,而在华生活 1~3 个月时间的非洲商人,其社会文化适应情况较为不理想。

表 5-14　不同在华时间群体的社会文化适应各维度均值

在华时间	统计值	文化观念	生活环境	人际交往
1 个月以下	平均值	1.914	2.393	2.238
	个案数	7	7	7
	标准偏差	0.701	0.705	0.659

续　表

在华时间	统计值	文化观念	生活环境	人际交往
1～3 个月	平均值	3.300	3.375	2.500
	个案数	2	2	2
	标准偏差	0.141	0.530	0.236
3～6 个月	平均值	2.240	2.233	2.333
	个案数	15	15	15
	标准偏差	1.179	1.046	0.535
6～12 个月	平均值	2.200	1.750	2.083
	个案数	8	8	8
	标准偏差	1.014	0.582	0.684
1～2 年	平均值	2.306	1.713	2.373
	个案数	34	34	34
	标准偏差	0.888	0.757	0.760
2～5 年	平均值	2.311	1.816	2.368
	个案数	38	38	38
	标准偏差	0.863	0.732	0.823
5～10 年	平均值	2.578	2.278	2.407
	个案数	9	9	9
	标准偏差	0.951	0.843	1.256
10 年以上	平均值	1.467	1.167	1.222
	个案数	3	3	3
	标准偏差	0.643	0.289	0.385
总计	平均值	2.284	1.916	2.313
	个案数	116	116	116
	标准偏差	0.919	0.822	0.788

总体来看,非洲商人在中国生活的时间不同,其文化适应结果之间也存在一定差异(见图 5-14),在中国生活 1～3 个月文化适应均值第一,为 105.000 分;第二是 5～10 年,均值为 94.889 分;第三是 3～6 个月,均值为 87.400 分;第四是 1 个月以下,均值为 86.000 分;第五是 1～2 年,均值为 83.088 分;第

六是 2～5 年,均值为 82.868 分;第七是 6～12 个月,均值为 80.375 分;第八是 10 年以上,均值为 58.333 分。

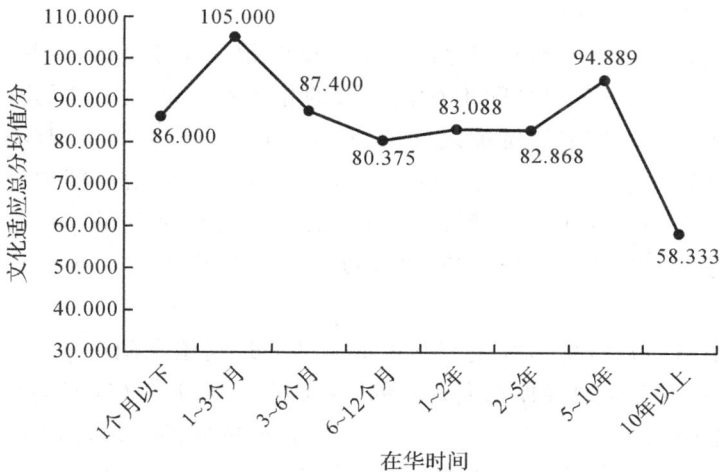

图 5-14　不同在华生活时间群体的文化适应总分均值

第六节　文化距离

文化距离作为文化适应的一个重要预测因素,已有较多的研究对其进行相关探索和验证。现有的研究结果表明,一般文化距离越大,文化适应越困难。本研究在前人研究的基础上,验证在华非洲商人的文化距离与文化适应,尤其是其与心理适应之间的关系。

研究结果表明,在华非洲商人的文化距离和文化适应之间没有显著的相关性($p=0.232$,大于 0.050)。另外,本研究通过对调查数据进行相关分析(详见第四章),将文化距离分为 3 个维度,分别是基础建设、日常生活和价值观念。基础建设与文化适应总分之间不存在显著的相关性($p=0.585$,大于0.050);日常生活维度与文化适应总分之间不存在显著的相关性($p=0.117$,大于 0.050);而价值观念维度与文化适应总分之间存在显著的相关性($p=0.015$,小于 0.050)。

本研究的调查数据分析结果与前人的研究结果存在一定差异,文化距离与心理适应之间不存在显著的相关性($p=0.927$,大于 0.050);文化距离的基础建设维度与心理适应之间的相关性并不显著($p=0.361$,大于 0.050);文化距离的日常生活维度与心理适应总分之间也不存在显著的相关性($p=0.762$，大于 0.050)；文化距离价值观念与心理适应总分之间亦不存在显著的相关性($p=0.587$，大于 0.050)。

文化距离 3 个维度与心理适应 4 个维度的相关性分析结果(见表5-15)表明，文化距离与心理适应之间不存在显著的相关性。文化距离的基础建设维度与心理适应的心理情绪维度之间的 $p=0.210$(大于 0.050)，与心理适应的兴趣态度之间的 $p=0.553$(大于 0.050)，与心理适应的精神精力维度之间的 $p=0.933$(大于 0.050)，与心理适应的生活习惯维度之间的 $p=0.645$(大于 0.050)。可见，文化距离的基础建设维度与心理适应的 4 个维度均不存在显著相关性。

文化距离的日常生活维度与心理适应的心理情绪之间的 $p=0.890$(大于 0.050)，与心理适应的兴趣态度之间的 $p=0.852$(大于 0.050)，与心理适应的精神精力之间的 $p=0.193$(大于 0.050)，与心理适应的生活习惯的 $p=0.948$(大于 0.050)。可见，文化距离的日常生活维度与心理适应的 4 个维度均不存在显著相关性。文化距离的价值观念维度与心理适应的心理情绪之间的 $p=0.770$(大于 0.050)；与心理适应的兴趣态度维度的 $p=0.580$(大于 0.050)；与心理适应的精神精力维度之间的 $p=0.059$(大于 0.050)；与心理适应的生活习惯维度之间的 $p=0.376$(大于 0.050)。可见，文化距离的价值观念维度与心理适应的 4 个维度均不存在显著相关性。

表 5-15　文化距离与心理适应的相关性

文化距离维度	统计值	心理情绪	兴趣态度	精神精力	生活习惯	心理适应总分
基础建设	皮尔逊相关性	−0.117	−0.056	−0.008	−0.043	−0.086
	Sig.(双尾)	0.210	0.553	0.933	0.645	0.361
	个案数	116	116	116	116	116
日常生活	皮尔逊相关性	0.013	−0.018	0.122	0.006	0.028
	Sig.(双尾)	0.890	0.852	0.193	0.948	0.762
	个案数	116	116	116	116	116
价值观念	皮尔逊相关性	0.027	−0.052	0.176	0.083	0.051
	Sig.(双尾)	0.770	0.580	0.059	0.376	0.587
	个案数	116	116	116	116	116

续　表

文化距离维度	统计值	心理情绪	兴趣态度	精神精力	生活习惯	心理适应总分
文化距离总分	皮尔逊相关性	−0.046	−0.058	0.103	0.016	−0.016
	Sig.（双尾）	0.622	0.535	0.273	0.861	0.864
	个案数	116	116	116	116	116

＊＊：在 0.010 级别（双尾），相关性显著。
＊：在 0.050 级别（双尾），相关性显著。

　　文化距离与社会文化适应之间的相关性也不强（见表 5-16）。文化距离总分与社会文化适应总分之间不存在显著的相关性（$p=0.278$，大于 0.050），文化距离的基础建设维度与社会文化适应总分之间也不存在显著的相关性（$p=0.642$，大于 0.050），文化距离的日常生活维度与社会文化适应总分之间不具备显著的相关性（$p=0.245$，大于 0.050），仅文化距离的价值观念维度与社会文化适应总分之间存在显著的相关性（$p=0.013$，小于 0.050）。

　　通过对文化距离的 3 个维度与社会文化适应的 3 个维度之间进行相关性分析发现，文化距离的基础建设维度与社会文化适应的文化观念维度之间没有显著的相关性（$p=0.571$，大于 0.050），与社会文化适应的生活环境维度不存在显著的相关性（$p=0.722$，大于 0.050），与社会文化适应的人际交往维度存在显著的相关性（$p=0.027$，小于 0.050）。文化距离的日常生活维度与社会文化适应的文化观念维度不存在显著的相关性（$p=0.143$，大于 0.050），与社会文化适应的生活环境维度不存在显著的相关性（$p=0.808$，大于 0.050），与社会文化适应的人际交往维度不存在显著的相关性（$p=0.142$，大于 0.050）。文化距离的价值观念维度与社会文化适应的文化观念维度存在显著的相关性（$p=0.014$，小于 0.050），与社会文化适应的生活环境维度存在显著的相关性（$p=0.042$，小于 0.050），与社会文化适应的人际交往维度不存在显著的相关性（$p=0.391$，大于 0.050）。

表 5-16　文化距离与社会文化适应的相关性

文化距离维度	统计值	基础建设	日常生活	价值观念	文化距离总分
文化观念	皮尔逊相关性	0.053	0.137	0.228＊	0.163
	Sig.（双尾）	0.571	0.143	0.014	0.081
	个案数	116	116	116	116

续　表

文化距离维度	统计值	基础建设	日常生活	价值观念	文化距离总分
生活环境	皮尔逊相关性	−0.033	−0.023	0.189*	0.043
	Sig.（双尾）	0.722	0.808	0.042	0.649
	个案数	116	116	116	116
人际交往	皮尔逊相关性	−.206*	0.137	0.080	−0.028
	Sig.（双尾）	0.027	0.142	0.391	0.761
	个案数	116	116	116	116
社会文化适应总分	皮尔逊相关性	−0.044	0.109	0.230*	0.102
	Sig.（双尾）	0.642	0.245	0.013	0.278
	个案数	116	116	116	116

＊＊：在 0.010 级别（双尾），相关性显著。

＊：在 0.050 级别（双尾），相关性显著。

第七节　小　结

在华非洲商人的文化适应包含心理适应和社会文化适应 2 个维度，其适应结果受到人口统计学、社会支持、语言水平等要素的影响，且不同要素对在华非洲商人的影响程度存在一定差异。

从年龄来看，26～30 岁群体的文化适应结果最好，31～40 岁群体适应结果最差。在心理适应方面，18～25 岁群体的心理适应总分均值最高，适应情况最差；26～30 岁群体的心理适应总分均值最低，心理适应最好。在社会文化适应方面，31～40 岁群体的社会文化适应总分最高，26～30 岁的社会文化适应总分最低，即 31～40 岁群体在中国的社会文化适应难度较大，较易出现问题，而 26～30 岁群体的社会文化适应较好。

从性别来看，女性的文化适应均值为 82.308 分，整体低于男性的文化适应均值（84.767 分），说明女性在中国的文化适应结果更佳；在心理适应方面，男性也比女性更差，更易产生心理健康方面的问题；在社会文化适应方面，也呈现类似的结果。

从性格来看，最易产生心理健康问题的是非常内向的群体，其次是比较内向的群体，再次是比较外向的群体，最后是非常外向的群体。不同性格的在华非洲商人的社会文化适应结果同样存在显著差异,这种差异不仅体现在社会文化适应总分上,还体现在社会文化适应的文化观念维度、生活环境维度和人际交往维度上。

从社会支持来看,对于是否有家人的陪伴,在文化适应结果上差异并不明显,有家人陪伴的在华非洲商人,其整体文化适应结果稍微优于没有家人陪伴的,但不存在显著性差异。有较好的社会支持的在华非洲商人的心理适应和社会文化适应相对较好。另外,针对在华非洲商人在文化适应过程中寻求社会支持的途径而言,大多数受访者会选择从家人或朋友处寻得帮助。调查还发现,非洲商人本国亲友及其东道国的朋友所提供的社会支持相对较多,而其他外国朋友提供的社会支持相对较少。

从语言水平来看,语言较高的非洲商人文化适应结果较好,且在心理适应和社会文化适应上皆是如此。总体来看,汉语水平较低的群体,在中国的文化适应比较容易出现问题,遭遇更多困难。

跨文化经历不同的在华非洲商人在文化适应情况上也呈现出一定的不同。有 6 个月以上跨文化经历的群体文化适应结果最差,有 3~6 个月跨文化经历的群体文化适应结果最好。另外,本研究显示,有不同跨文化经历的群体在心理适应总分上并无统计差异。此外,总体而言,有跨文化经历的群体在中国生活时更易产生心理健康方面的问题。

关于在中国的生活时长方面,在中国生活 10 年以上的非洲商人的社会文化适应结果最好,在中国生活 1~3 个月的非洲商人在社会文化适应过程中最易遇到困难。并且,在中国生活的时间不同,非洲商人的文化适应结果存在显著差异。

文化距离包含 3 个维度,分别是基础建设、日常生活和价值观念。文化距离的 3 个维度与文化适应总分的相关性存在一定差异。文化距离的 3 个维度与心理适应的 4 个维度之间的相关性分析结果显示:文化距离的价值观念维度与社会文化适应的文化观念维度、生活环境维度之间存在显著的相关性,而文化距离的基础建设维度和社会文化适应的人际交往维度存在显著的相关性。

第六章　在华非洲商人跨文化
适应模型建构

目前,学界对文化适应的描述与测量仍存在较大争议,尤其是在文化适应的维度和与其相关的影响因素方面仍需深入探索(Berry,2005)。此外,现有研究主要针对加拿大、美国、新西兰等国家的移民或旅居者群体展开,而对在华非洲商人文化适应的测量和模型研究仍为空白。

基于 Berry(1980)的文化适应双维双向模型以及 Ward(2001)提出的文化适应 ABC 模型,本研究从心理适应和社会文化适应 2 个维度出发,对在华非洲商人的文化适应进行描述、分析,并建立相关模型,以深化对在华非洲商人群体适应状况的了解,并对现有的文化适应理论进行验证和补充。

第一节　研究假设和模型建构

一、心理适应测量手段与模型假设

心理适应包括心理健康的各个方面,其适应结果可以从文化适应压力(acculturative stress)、生活满意度(satisfaction with life)和心理健康问题(psychological well-being)3 个角度来测量(Lazarus & Folkman,1984;Ward & Kennedy,1994;Ward,Bochner & Furnham,2001)。

文化适应压力主要来自文化适应过程,通常伴随着一系列压力行为的出现,例如较低的心理健康状况(如困惑、焦虑、抑郁)、边缘化和疏离感、身体症状或身份认同困惑(Berry,Kim,Minde,et al.,1987)。文化适应压力的测量方法主要有 2 种:一是采用《心理健康量表》,例如《生活满意度量表》和《抑郁自评量表》(Sam,Vedder,Ward,et al.,2006);二是依照特定研究目的而研发的量表,一般包含几个分量表,例如《文化适应压力量表》(SAFE Acculturative

Stress Measure)，其中包括了社会、态度、家庭和环境等方面的分量表（Padilla，Wagatsuma & Lindholm，1985）。

心理健康（psychological well-being）被定义为持续成长、功能健全的人的精神健康（Ryff & Singer，2006；Berger，Safdar，Spieß，et al.，2019）。Ryff 和 Singer（1996）提出的心理健康包括自我接纳、与他人的积极关系、自主性、环境控制、生活目标和个人成长。心理健康与内部控制、自尊和生活满意度呈正相关，与抑郁、机会控制呈负相关。

生活满意度是指个体依照自己的标准对一定时期内的整体生活状况或家庭、环境、朋友等特定生活领域的总体认知性评估（Shin & Johnson，1978；Suldo & Huebner，2004）。目前已有的研究主要采用《生活满意度量表》（The Satisfaction with Life Scale）进行测量（Diener & Emmons，1985）。

本研究采用《抑郁自评量表》（Self-Rating Depression Scale）来考察在华非洲商人的心理适应状况，并在前人研究的基础上，提出假设模型（见图 6-1），包含 4 个潜变量，分别为心理情绪、兴趣态度、精神精力和生活习惯。

二、社会文化适应测量手段与模型假设

作为一种基于行为的文化能力评估，社会文化适应测量可以追溯到 Argyle 等人关于社会能力的研究，他们认为自测的社交困难可以作为一项社会技能指标，在跨文化环境中进行测量（Argyle，Furnham & Graham，1981；Udahemuka & Pernice，2010）。此后，Searle 和 Ward（1990）对 Furnham 和 Bochner（1982）设计的《社会情境问卷》（Social Situations Questionnaire，SSQ）进行了修改和扩展，设计了第一个版本的《社会文化适应量表》（Sociocultural Adaptation Scale，SCAS）。该量表包含 16 个题项，除了社会地位外，《社会文化适应量表》还包括食物和气候等适应领域，且该量表使用 5 级量表（无困难、轻度困难、中度困难、大困难、极端困难）来描述个人在各个领域经历的困难程度。在此之后，随着研究的深入，该量表又由原先的 16 项增加至 41 项（Ward & Kennedy，1999）。Ward 和 Kennedy（1999）认为，社会文化适应可以通过 2 个因素来测量：一是文化移情与关联性（cultural empathy and relatedness），与认知和交流有关，如对当地文化观点、价值观和世界观的理解，以及跨文化交际行为；二是非个人的努力和危险因素（impersonal endeavors and perils），涉及对非个人互动和尴尬局面的管理，如对遭遇的不满意服务的处理或与令人不愉快的人的相处。

Wilson、Ward、Fetvadjiev 等（2017）在原有的《社会文化适应量表》

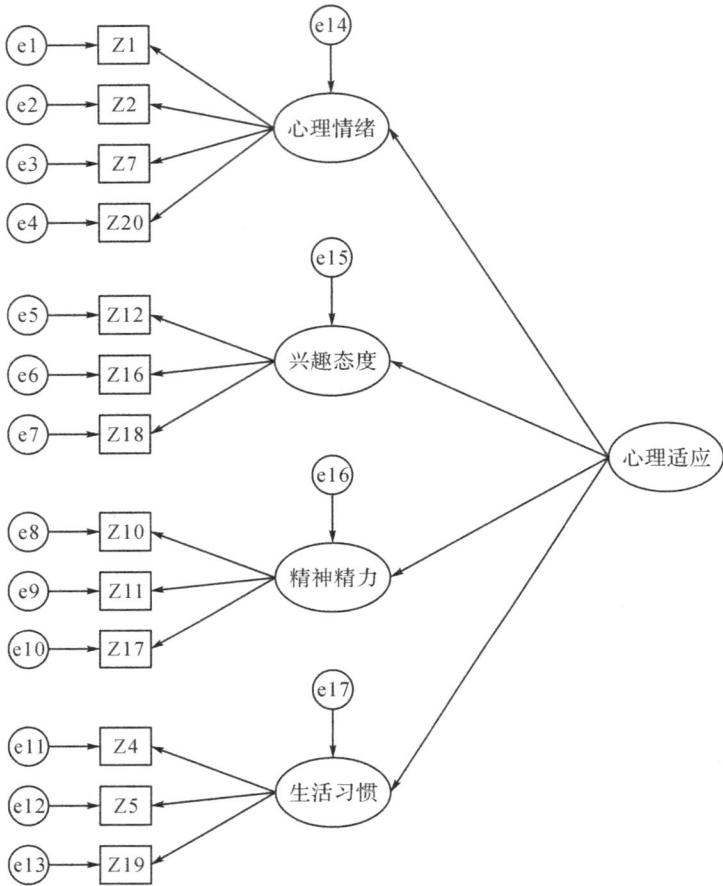

图 6-1　在华非洲商人心理适应假设模型

(SCAS)基础上进一步修订,开发了新的社会文化适应双因素测量模型[《社会文化适应量表(修订版)》(SCAS-R)],并在短期和长期移民的混合样本中进行测量,修订后的量表包括 3 个领域,分别为社会互动、社区参与和生态适应性,共 11 个项目。

本研究在 Wilson、Ward、Fetvadjiev 等(2017)开发的《社会文化适应量表》的基础上,结合现有理论以及研究对象的特性进行适当修订,最终形成调查量表。基于前人研究结果,本研究构建社会文化适应的测量模型,其中包含 3 个潜变量,分别是文化观念、生活环境与人际交往(见图 6-2)。

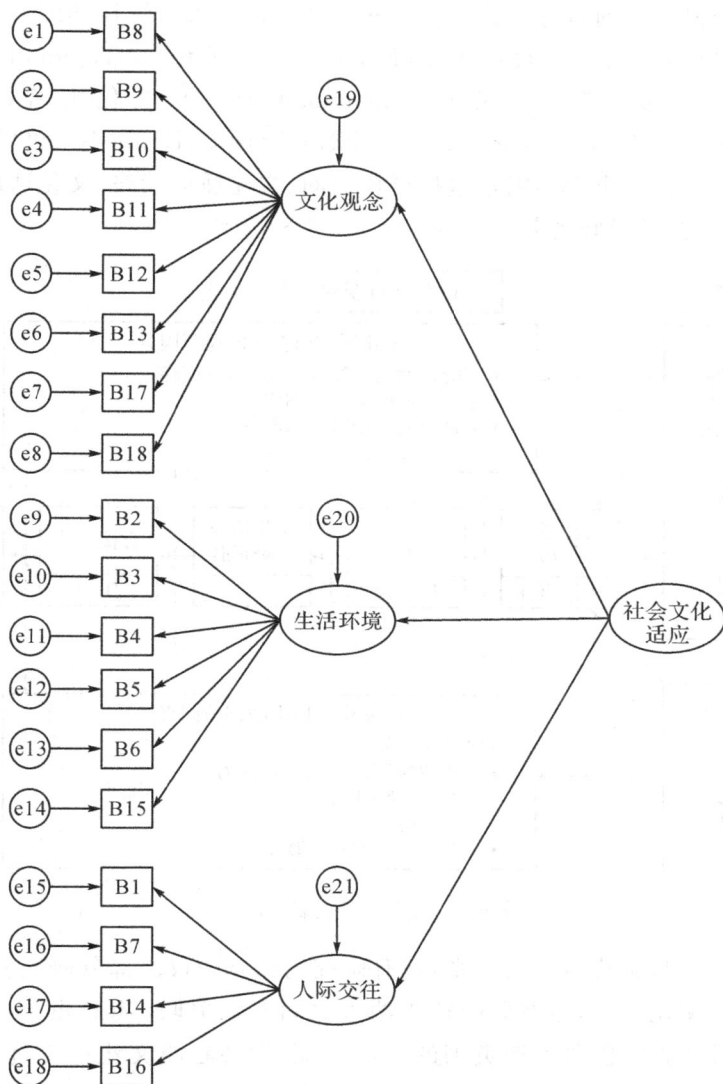

图 6-2　在华非洲商人社会文化适应假设模型

三、跨文化适应影响因素模型假设

　　基于相关理论，一些研究对文化适应的相关影响因素进行了探索，如 Sam 和 Berry(2006)从群体层面(文化层面)和个体层面(心理层面)展开了分析(见图 6-3)。从心理层面看，个体的心理适应受众多调节因素的影响。这些调节因素可以分为文化适应之前存在的因素和文化适应过程中出现的因素。个体在心理适应发生之前就存在的调节因素包括个体的人口统计学因素以及社会特性，例如年龄、性别、受教育程度（Moghaddam，Ditto & Taylor，1990）。此外还有地位、移民动机与期望（Richmond，1993）、文化距离（Ward & Kennedy，1993；Ward & Searle，1991）、个性（Ward & Kennedy，1992）等因素。跨文化适应过程中出现的因素包括居住时间、文化适应策略、文化适应态度与行为、社会支持以及歧视与偏见等。

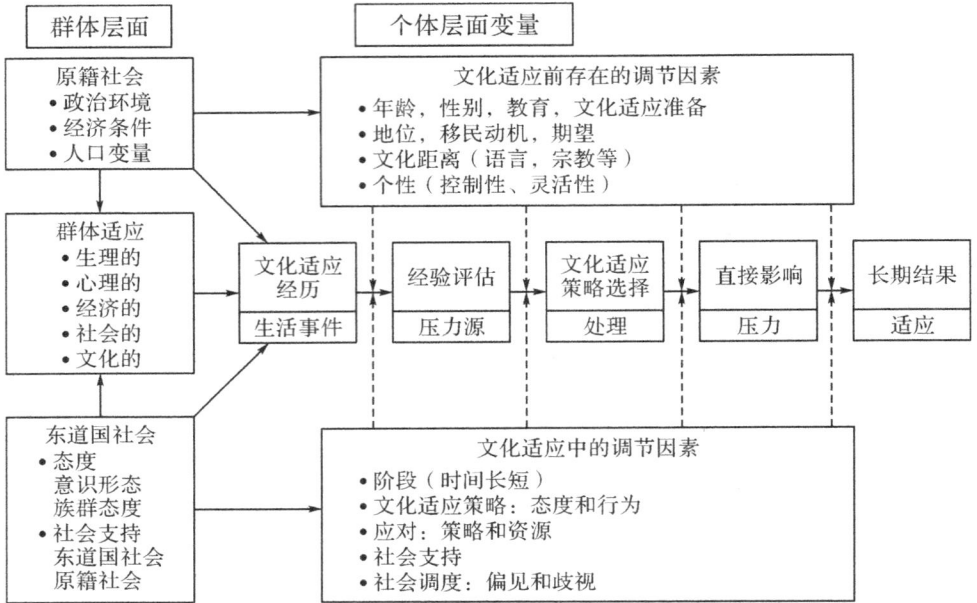

图 6-3　跨文化适应影响因素

　　关于性别与文化适应的关系，现有研究仍存有争议。部分研究发现，性别可能会影响文化适应，也有研究认为两者之间并无关联。Furnham 和 Shiekh（1993）通过调查印巴移民在英国的生活情况，发现在跨文化适应过程中女性的心理适应困难程度明显高于男性。Tang 和 Dion（1999）调查了移民大学生的性别与文化适应的关系，发现男性明显更为传统，更不容易被同化。Abdullah 和 Adebayo（2015）考察了马来西亚一所公立大学的留学生的人口学因素和社会支持与社会文化适应之间的关系。结果表明，受访者的性别、婚姻状况、学习年限与社会文化适应水平没有显著相关性。

　　一些研究表明，年龄可以用于文化适应状况的预测。总体而言，年龄越大，文化适应越困难。Yeh（2003）的研究表明，年龄是心理健康状况的重要预测因子，年龄较大的青少年心理健康状况相对更差，原因可能是他们与本族群体具有更多的接触机会,并具有更强的自身民族身份意识。Fennelly(2006)的研究也发现,年轻的移民通常更容易、更快地适应新环境。

关于东道国居住时长与文化适应之间的关系,现有研究的结果也并不一致。Spencer-Oatey和Xiong(2006)考察了在英国大学学习的中国学生,发现他们的社会文化适应与平均绩点、年龄以及在英国停留的时间相关。Swami(2009)考察了旅居英国的中国和马来西亚留学生的社会文化适应情况。研究结果表明,马来西亚学生的社会文化适应能力明显低于中国学生,但参与者的性别、年龄和居住时间并非这两个种族群体文化适应的重要预测因素。

关于性格与文化适应的关系,相关研究主要涉及外向性(Padilla,Wagatsuma & Lindholm,1985;Ones & Viswesvaran,1999)、开放性(Ward,Berno & Main,2002)、自我监控(Kosic,Mannetti & Sam,2006)、自尊(Valentine,2001)等方面。外向性在跨文化研究中受到较多的关注,然而结论缺乏一致性(Viswesvaran & Ones,1999)。部分研究发现,外向性对文化适应具有积极的作用,与社会文化适应和心理适应显著相关(Searle & Ward,1990;Ward,Leong & Low,2004);而有一些研究发现,外向性对文化适应具有负面作用,与较高程度的抑郁、沮丧和无聊显著相关(Armes & Ward,1989);也有一些研究认为,二者没有直接关系(Ward & Kennedy,1993)。

不少研究表明,语言能力对移民和旅居者的文化适应产生重要作用(Ward & Kennedy,1994;Poyrazli,Arbona,Nora,et al.,2002;Yeh & Inose,2003;Zhang & Goodson,2011;Bierwiaczonek & Waldzus,2016)。Ozer(2015)考察了丹麦奥胡斯大学留学生的心理和社会文化适应情况,研究发现,仅通过英语水平就能预测留学生的社会文化适应状况。El Khoury(2019)的调查结果表明,德语习得水平与社会文化适应具有显著正相关性。

社会支持是个体与他人或群体联系的网络,随着时间的推移,它在调节身体和心理健康方面起着重要作用(Caplan,1974)。大部分研究发现,移民和旅居者的主要社会网络为本族人群网络,这些网络为他们提供了文化认同感和情感支持,他们通过一起讨论、活动和交流加强对新文化的理解(Woolf,2007),这有助于减轻他们的跨文化适应压力。Berry、Kim、Minde等(1987)的研究表明,有亲密本国朋友的韩国移民在加拿大移居期间经历更少的文化适应压力。Ward和Kennedy(1993)的研究也发现,在新西兰的马来西亚和新加坡留学生对来自本国群体关系的满意度是心理适应的一个强有力的预测因子,但对东道国国民关系的满意度与心理压力无显著相关性。

本研究主要关注在华非洲商人的文化适应,基于前人的研究发现和前期调研，提出以下假设模型。图 6-4 是心理适应与人口统计学要素关系的假设模型，图 6-5 是社会文化适应与人口统计学要素关系的假设模型。

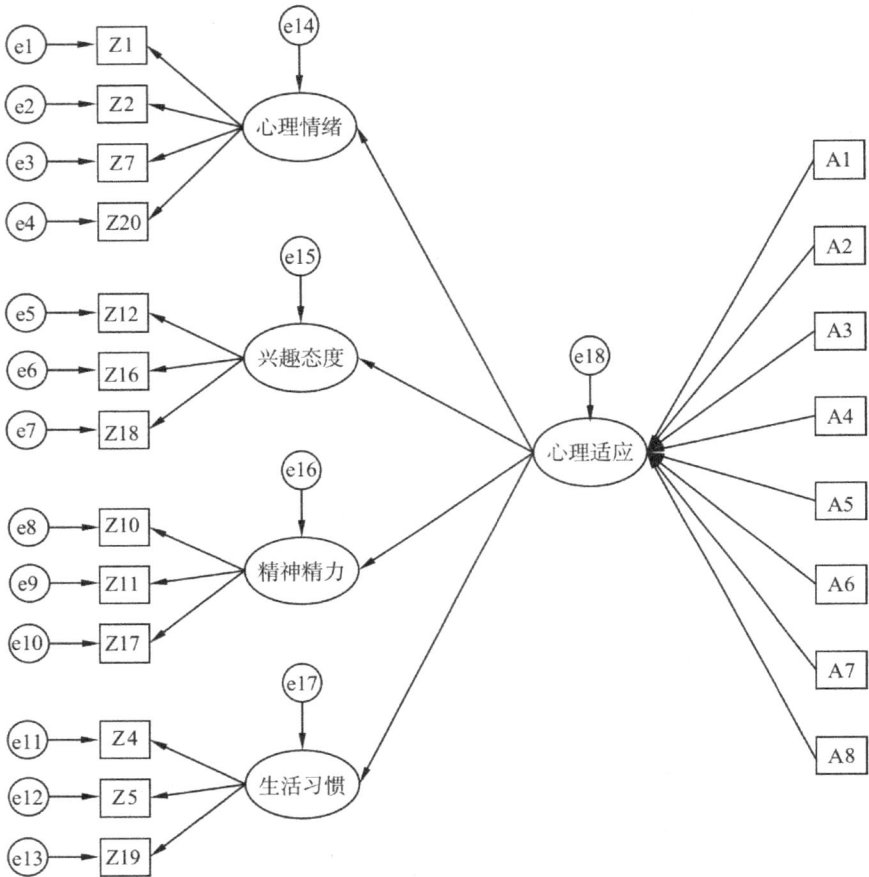

图 6-4　心理适应与人口统计学要素关系的假设模型

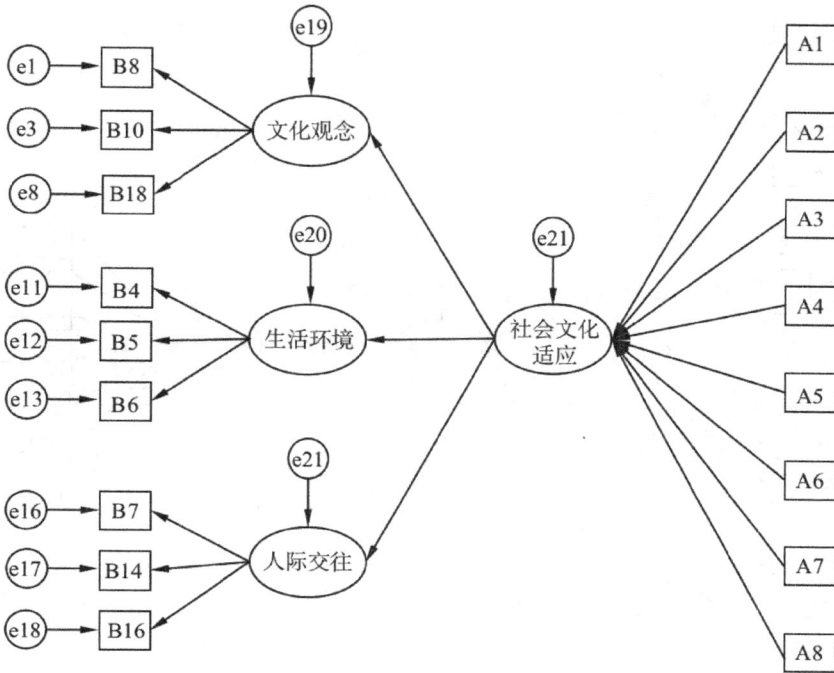

图 6-5　社会文化适应与人口统计学要素关系的假设模型

　　文化距离通常指不同文化之间的差异,包括文化价值、行为规范、语言、交际风格、宗教、政治、经济制度等(Kogut & Singh,1988)。文化距离也常用来测量旅居者在文化适应过程中遇到的压力和困难。部分研究表明,文化距离与文化适应具有显著的负相关性,两种文化之间的距离越大,个体在文化适应过程中遇到的困难就越多,心理压力也越大,因而适应结果也越差(Demes & Geeraert,2014;Galchenko & Van de Vijver,2007)。基于前人的研究发现和前期调研,本研究提出了假设模型。图 6-6 是文化距离与心理适应关系的假设模型,图 6-7 是社会文化适应与文化距离关系的假设模型。

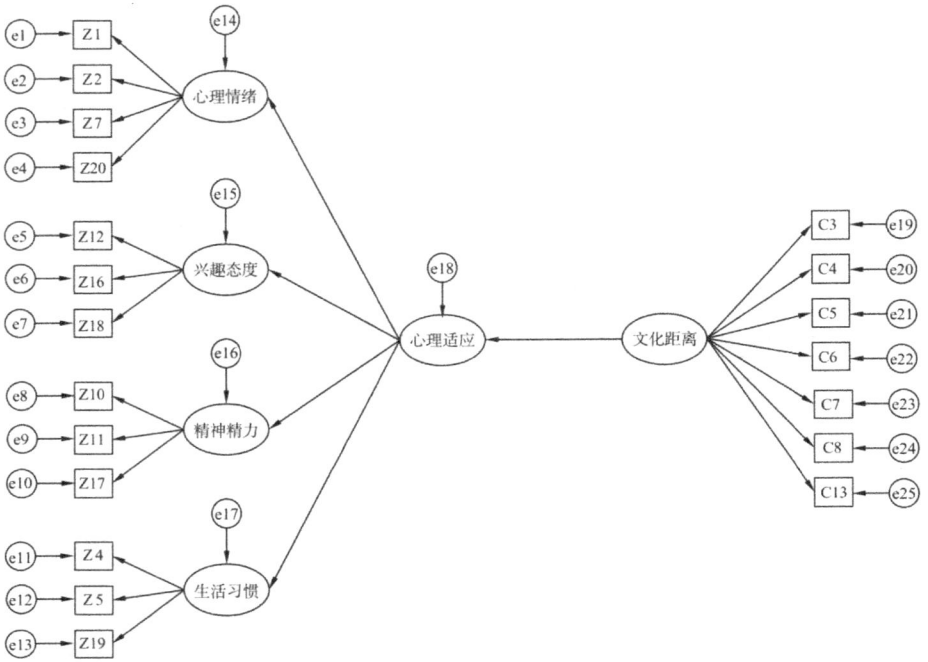

图 6-6　文化距离与心理适应关系的假设模型

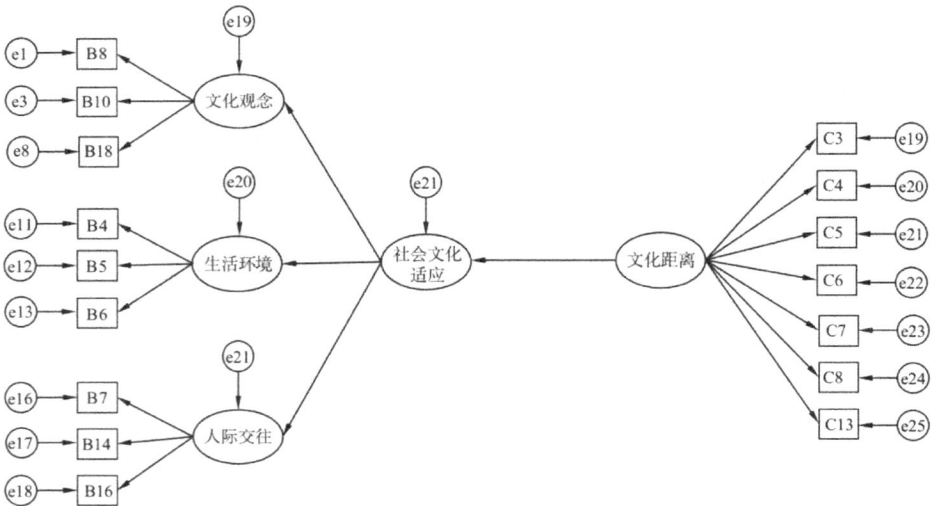

图 6-7　社会文化适应与文化距离关系的假设模型

第二节 模型评估与假设检验

一、数据来源

数据来自116名在华非洲商人心理适应、社会文化适应以及文化适应影响因素的调查问卷。其中,心理适应调查采用了 Zung 氏的《抑郁自评量表》,社会文化适应的调查问卷改编自《社会文化适应量表》(Ward & Kennedy,1999),文化适应的影响因素包括人口统计学要素、文化距离、语言水平、跨文化经历、在中国生活时长。

本研究采用结构方程模型验证人口统计学变量与文化适应之间的关系,并采用 IBM Amos 26.0 软件进行模型构建。结构方程分析,也常被称作结构方程建模(Sructural Equation Model),是基于变量的协方差矩阵关系来分析变量之间关系的一种统计方法,所以也被称为协方差结构分析(侯杰泰、温忠麟、成子娟,2006)。结构方程模型包含测量方程和结构方程两部分:测量方程描述潜变量与指标之间的关系,结构方程描述潜变量与潜变量之间的关系。

心理适应模型拟合的测量题共包含13项(见表6-1)。基于前人研究和探索性因子分析的结果,量表分为心理情绪、兴趣态度、精神精力以及生活习惯4个维度。心理情绪维度包含 Z1、Z2、Z7、Z20 题项,兴趣态度维度包含 Z12、Z16、Z18 题项,精神精力维度包含 Z10、Z11、Z17 题项,生活习惯维度包含 Z4、Z5、Z19 题项。

表 6-1 心理适应维度及测量题项

变量	题项	题号
心理情绪	我觉得闷闷不乐,情绪低沉	Z1
	一阵阵哭出来或觉得想哭	Z2
	我与异性接触时和以往一样感到愉快	Z7
	我认为如果我死了,别人会生活得更好	Z20
兴趣态度	我觉得经常做的事情并没有困难	Z12
	我觉得做出决定是容易的	Z16
	平常感兴趣的事我仍然感兴趣	Z18

变量	题项	题号
精神精力	我无故地感到疲乏	Z10
	我觉得不安而平静不下来	Z11
	我比平常容易生气激动	Z17
生活习惯	我晚上睡眠不好	Z4
	我吃得跟平常一样多	Z5
	我觉得自己是个有用的人	Z19

　　社会文化适应假设模型的测量题共包含 18 项(见表 6-2),分为 3 个维度,分别是文化观念、生活环境以及人际交往。其中,文化观念维度包括 B8、B9、B10、B11、B12、B13、B17、B18 测量题项,生活环境包括 B2、B3、B4、B5、B6、B15 测量题项,人际交往包括 B1、B7、B14、B16 测量题项。

表 6-2　社会文化适应维度及测量项

变量	题项	题号
文化观念	适应中国的气候	B8
	理解中国的文化	B9
	理解中国的法律制度	B10
	理解中国的价值观	B11
	参加社交活动、聚会	B12
	在政府部门办事	B13
	理解文化差异	B17
	从中国人的角度看问题	B18
生活环境	找到喜欢的食物	B2
	坐车或者开车	B3
	购物	B4
	买房、租房或住宾馆	B5
	看病或买药	B6
	适应工作环境	B15

续　表

变量	题项	题号
人际交往	交朋友	B1
	与中国人交流	B7
	与不同种族的人相处	B14
	与中国朋友相处	B16

影响因素共包含 8 个变量,分别是性别、社会支持、人格、年龄、在华时间、汉语水平、跨文化经历以及对中国的了解。变量、题项以及问题的编号如表 6-3 所示。

表 6-3　影响因素相关变量与题项

变量	题项	题号
性别	你的性别	A1
社会支持	与家人一起来中国	A2
人格	你的性格	A3
年龄	你的年龄	A4
在华时间	你在中国的时间	A5
汉语水平	你现在的汉语水平	A6
跨文化经历	海外生活的经历	A7
对中国的了解	现在对中国的了解	A8

二、信效度检验

为验证数据的可靠性和有效性,本研究进行了信度分析(internal reliability)。结果表明,《心理适应量表》整体一致性高,克隆巴赫 α 为 0.835,符合结构方程模型分析要求。另外,维度 1(克隆巴赫 $\alpha=0.722$)、维度 2(克隆巴赫 $\alpha=0.654$)、维度 3(克隆巴赫 $\alpha=0.629$)、维度 4(克隆巴赫 $\alpha=0.621$)的克隆巴赫 α 均在 0.600 以上,表明量表具有良好的内部一致性和结构效度(见表 6-4)。

表 6-4　心理适应整体及各维度信度

维度	指标	克隆巴赫 α	项数
心理适应整体	Z1、Z2、Z4、Z5、Z7、Z10、Z11、Z12、Z16、Z17、Z18、Z19、Z20	0.835	13
维度 1	Z1、Z2、Z7、Z20	0.722	4
维度 2	Z10、Z11、Z17	0.654	3
维度 3	Z12、Z16、Z18	0.629	3
维度 4	Z4、Z5、Z19	0.621	3

《社会文化适应总量表》的克隆巴赫 α 为 0.898,同样具有较好的内部一致性,符合模型标准。另外,维度 1(克隆巴赫 α＝0.888)、维度 2(克隆巴赫 α＝0.745)的克隆巴赫 α 均在 0.700 以上,具有较好的结构效度。维度 3(克隆巴赫 α＝0.579)的克隆巴赫 α 相对较低,可能是受样本量的影响,然而信度指标亦接近 0.600,数据仍具有可信度(见表 6-5)。

表 6-5　社会文化适应整体及各维度信度

维度	指标	克隆巴赫 α	项数
社会文化适应整体	B1、B2、B3、B4、B5、B6、B7、B8、B9、B10、B11、B12、B13、B14、B15、B16、B17、B18	0.898	18
维度 1	B8、B9、B10、B11、B12、B13、B17、B18	0.888	8
维度 2	B2、B3、B4、B5、B6、B15	0.745	6
维度 3	B1、B7、B14、B16	0.579	3

为进一步验证量表的结构效度,本研究通过因子分析获取相关维度的载荷率以及各题项的载荷系数。结果显示,《心理适应量表》的 KMO＝0.842(大于 0.800),$p < 0.010$,巴特利特球形检验达到显著性水平。如表 6-6 所示,心理适应的总方差解释率为 60.253%,此外,各题项与所属因子的因子载荷系数均超过 0.500,与其他非所属因子的载荷系数均低于 0.500(见表 6-7),说明《心理适应量表》具有良好的区分效度。

表 6-6 心理适应总方差解释率

因子	初始特征值			提取载荷平方和			旋转载荷平方和		
	总计	方差贡献率/%	累计方差贡献率/%	总计	方差贡献率/%	累计方差贡献率/%	总计	方差贡献率/%	累计方差贡献率/%
因子1	4.390	33.769	33.769	4.390	33.769	33.769	2.489	19.149	19.149
因子2	1.304	10.030	43.800	1.304	10.030	43.800	1.941	14.932	34.081
因子3	1.071	8.241	52.041	1.071	8.241	52.041	1.746	13.427	47.509
因子4	1.068	8.212	60.253	1.068	8.212	60.253	1.657	12.744	60.253
因子5	0.856	6.586	66.838						
因子6	0.735	5.653	72.492						
因子7	0.671	5.165	77.657						
因子8	0.610	4.693	82.350						
因子9	0.539	4.149	86.499						
因子10	0.496	3.819	90.318						
因子11	0.458	3.521	93.839						
因子12	0.427	3.285	97.124						
因子13	0.374	2.876	100.000						

表 6-7 心理适应旋转后成分矩阵

题项	因子			
	因子1	因子2	因子3	因子4
我认为如果我死了,别人会生活得更好	0.728			
一阵阵哭出来或觉得想哭	0.715			
我觉得闷闷不乐,情绪低沉	0.683			
我与异性接触时和以往一样感到愉快	0.638			
我晚上睡眠不好	0.526			
我比平常容易生气激动		0.780		
我无故地感到疲乏		0.697		
我觉得不安,且平静不下来		0.561		0.404
我觉得经常做的事情没有困难			0.772	

题项	因子			
	因子 1	因子 2	因子 3	因子 4
我觉得做出决定是容易的			0.673	
平常感兴趣的事我仍然感兴趣			0.642	
我吃得跟平常一样多				0.862
我觉得自己是个有用的人				0.511

　　《社会文化适应量表》的 KMO＝0.827(大于 0.800)，$p<0.010$，巴特利特球形检验达到显著性水平。如表 6-8 所示，社会文化适应的总方差解释率为68.967％，大于 60.000％，且各题项与所属因子的因子载荷系数均超过0.500，与其他非所属因子的载荷系数低于 0.500(见表 6-9)，说明社会文化适应部分具有良好的区分效度。

表 6-8　社会文化适应总方差解释率

因子	初始特征值			提取载荷平方和			旋转载荷平方和		
	总计	方差贡献率/％	累计方差贡献率/％	总计	方差贡献率/％	累计方差贡献率/％	总计	方差贡献率/％	累计方差贡献率/％
因子 1	6.815	37.862	37.862	6.815	37.862	37.862	4.282	23.787	23.787
因子 2	1.830	10.168	48.030	1.830	10.168	48.030	2.637	14.647	38.435
因子 3	1.449	8.048	56.078	1.449	8.048	56.078	2.076	11.532	49.966
因子 4	1.215	6.752	62.829	1.215	6.752	62.829	1.856	10.309	60.276
因子 5	1.105	6.138	68.967	1.105	6.138	68.967	1.564	8.691	68.967
因子 6	0.816	4.533	73.499						
因子 7	0.765	4.247	77.747						
因子 8	0.633	3.518	81.265						
因子 9	0.592	3.286	84.551						
因子 10	0.523	2.905	87.456						
因子 11	0.457	2.541	89.998						
因子 12	0.417	2.318	92.316						
因子 13	0.321	1.784	94.099						
因子 14	0.294	1.632	95.731						

因子	初始特征值			提取载荷平方和			旋转载荷平方和		
	总计	方差贡献率/%	累计方差贡献率/%	总计	方差贡献率/%	累计方差贡献率/%	总计	方差贡献率/%	累计方差贡献率/%
因子 15	0.238	1.322	97.053						
因子 16	0.226	1.257	98.310						
因子 17	0.179	0.994	99.303						
因子 18	0.125	0.697	100.000						

表 6-9　社会文化适应旋转后成分矩阵

题项	因子				
	因子 1	因子 2	因子 3	因子 4	因子 5
理解中国的法律制度	0.867				
理解中国的文化	0.804				
理解中国的价值观	0.757				
从中国人的角度看问题	0.697				
参加社交活动、聚会	0.626		0.439		
理解文化差异	0.621				0.438
适应中国的气候	0.517			0.485	
在政府部门办事	0.502			−0.407	
坐车或者开车		0.856			
购物、买东西		0.804			
适应工作环境	0.405	0.480			0.415
买房、租房或住宾馆			0.740		
找到喜欢的食物			0.697		
看病或买药		0.430	0.539		
与不同种族的人相处		0.406		0.629	
与中国人交流			0.414	0.614	
与中国朋友相处				0.547	0.402
交朋友					0.819

一般而言,良好测量模型的各维度标准化因子载荷量(标准化回归系数,standardized factor loading,STD)须大于 0.500,组合信度(composite reliability,CR)须大于 0.600,平均变异数萃取量(average variance extracted,AVE)须大于 0.500。本研究心理适应测量模型收敛效度结果见表 6-10,维度 1 的 AVE 值为 0.631(大于 0.500),维度 2 的 AVE 值为 0.606(大于 0.500),维度 3 的 AVE 值为 0.620(大于 0.500),维度 4 的 AVE 值为 0.585(大于 0.500);各维度的标准化因子载荷量平均值均超过 0.500,组合信度和标准化因子载荷量也均较为理想,这表明《心理适应调查问卷》具有良好的收敛效度。

表 6-10 心理适应收敛效度

维度	题项	SE	T 值	P	STD	AVE	CR
维度 1	Z7				0.589	0.631	0.726
	Z1	0.214	4.832	***	0.666		
	Z2	0.186	4.959	***	0.636		
	Z20	0.234	4.855	***	0.633		
维度 2	Z16				0.738	0.606	0.641
	Z12	0.160	5.004	***	0.627		
	Z18	0.138	3.753	***	0.454		
维度 3	Z10				0.658	0.620	0.635
	Z17	0.169	4.635	***	0.546		
	Z4				0.611		
维度 4	Z5	0.186	4.023	***	0.493	0.585	0.630
	Z11	0.211	4.921	***	0.655		
	Z19	0.248	4.607	***	0.651		

《社会文化适应调查问卷》同样具有良好的收敛效度(见表 6-11),其中维度 1 的 AVE 值为 0.709(大于 0.500),维度 2 的 AVE 值为 0.597(大于 0.500),维度 3 的 AVE 值为 0.520(大于 0.500)。各维度的标准化因子载荷量均超过 0.500,组合信度以及平均变异数萃取量同样符合标准。

表 6-11　社会文化适应收敛效度

维度	题项	SE	T 值	P	AVE	CR
维度 1	B8				0.709	0.892
	B17	0.135	7.090	* * *		
	B12	0.123	6.656	* * *		
	B18	0.126	7.210	* * *		
	B11	0.133	7.570	* * *		
	B9	0.127	8.225	* * *		
	B10	0.140	8.206	* * *		
	B13	0.128	4.944	* * *		
维度 2	B6				0.597	0.773
	B2	0.191	3.204	0.001		
	B5	0.157	5.090	* * *		
	B15	0.192	4.618	* * *		
	B4	0.186	5.616	* * *		
	B3	0.193	5.631	* * *		
维度 3	B1				0.520	0.602
	B16	0.671	3.079	0.002		
	B7	0.584	2.865	0.004		
	B14	0.572	2.933	0.003		

三、心理适应模型检验与模型修正

基于以往的理论成果和前人实证研究的结果,本研究绘制了心理适应的潜变量及相应测量指标的路径图,并对模型中的相关路径进行了定义。首先,一级因子所包含的条目中,有一个条目对该因子的负荷不为 0,但对其他一级因子的负荷量为 0;其次,一级因子中将其中某个因子的负荷量固定为 1;最后将测量误差的路径系数固定为 1。

基于结构方程模型的一阶验证性因子的心理适应分析结果如图 6-8 所示。该模型包含 4 个潜变量(图中椭圆形所示),分别是心理情绪、兴趣态度、精神精力和生活习惯,以及相关的 12 个测量变量(图中长方形所示)。模型中 4 个潜变量之间相互不独立,潜变量之间具有共变关系。

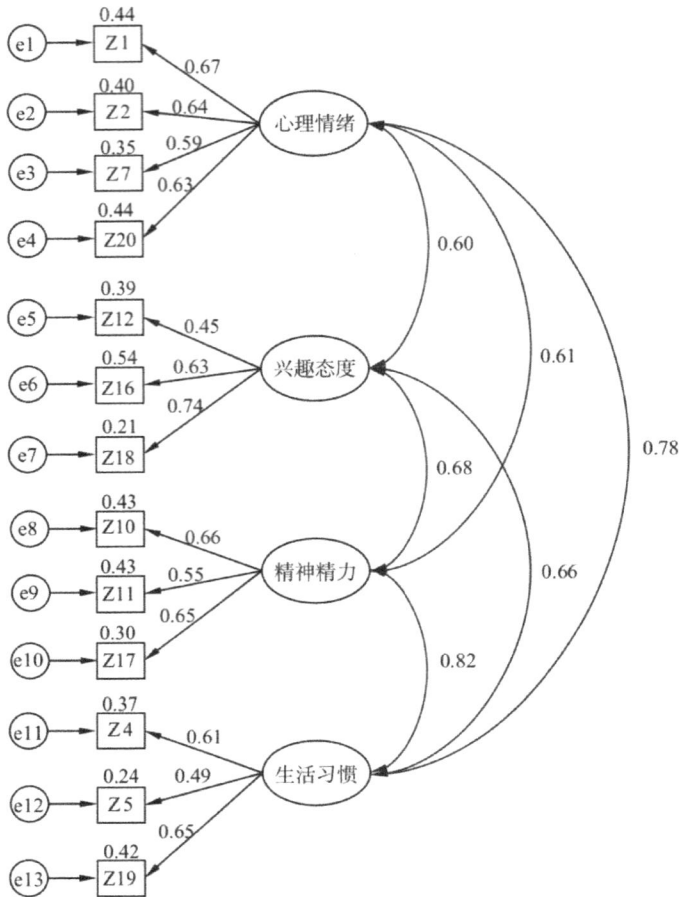

图 6-8　心理适应一阶 CFA 拟合结果

1. 心理适应模型检验

根据所绘制的路径图,输入相应数据并采用最大似然估计进行模型拟合,最终输出标准化模型。模型中的标准化系数由箭头上的数字所表示,心理情绪维度中 Z1 的标准化载荷系数为 0.67,Z2 的标准化载荷系数为 0.64,Z7 的标准化载荷系数为 0.59,Z20 的标准化载荷系数为 0.63;兴趣态度中 Z12 的标准化载荷系数为 0.45,Z16 的标准化载荷系数为 0.63,Z18 的标准化载荷系数为 0.74;精神精力维度中 Z10 的标准化载荷系数为 0.66,Z11 的标准化载荷系数为 0.55,Z17 的标准化载荷系数为 0.65;生活习惯维度中 Z4 的标准化载荷系数为 0.61,Z5 的标准化载荷系数为 0.49,Z19 的标准化载荷系数为 0.65。各维度的载荷系数均接近或大于 0.50,说明模型拟合良好。

从模型的拟合指数来看（见表 6-12），绝对拟合指数中调整卡方（chi-square/degrees of freedom，CMIN/DF＝1.043，小于 2.000）、拟合优度指数（goodness of fit index，GFI＝0.925 大于 0.900）、均方根残差（root mean square residual，RMR＝0.019，小于 0.050）、近似误差的均方根（root mean square error of approximation，RMSEA＝0.019，小于 0.050）和调整的拟合优度指数（adjusted goodness of fit index，AGFI＝0.884，大于 0.800）均符合适配标准。相对拟合指数中的比较拟合指数（comparative fit index，CFI＝0.992，大于 0.900）同样符合适配标准，同样说明构建的模型拟合较好。

表 6-12　心理适应一阶 CFA 模型拟合结果

指数	适配标准或临界值	检验结果
CMIN/DF	＜2.000 或＜3.000	1.043
RMR	＜0.050	0.019
RMSEA	≤0.050，拟合非常好；0.050～0.080，拟合较好；0.080～0.100，拟合一般；＞0.100，拟合较差	0.019
GFI	＞0.900 或＞0.800	0.925
AGFI	＞0.900 或＞0.800	0.884
CFI	＞0.900	0.992

从标准化载荷系数来看，各因素负荷量介于 0.50 到 0.95 之间，说明模型适配度良好。此外，心理情绪变量与兴趣态度变量的相关系数为 0.60，与精神精力变量的相关系数为 0.61，与生活习惯变量的相关系数为 0.78；兴趣态度变量与精神精力变量的相关系数为 0.68，与生活习惯变量的相关系数为 0.66；精神精力变量与生活习惯变量的相关系数为 0.82。4 个潜变量之间的相关系数均高于 0.50，表明 4 个因素之间存在较强的相关，说明这些因素中可能还存在另一个高阶的共同因子。

2. 心理适应模型修正

基于一阶 CFA 模型的拟合结果，本研究进一步引入二阶因子，以揭示心理适应的内部结构（见图 6-9）。二阶验证性因子分析模型的路径图包含一阶的 4 个潜变量（心理情绪、兴趣态度、精神精力、生活习惯）、二阶的一个潜变量（心理适应）和多个测量变量。一阶变量中心理情绪潜变量包含 Z1、Z2、Z7、Z20 等 4 个测量变量，兴趣态度潜变量包含 Z12、Z16、Z18 等 3 个测量变量，精神精力潜变量包含 Z10、Z11、Z17 等 3 个测量变量，生活习惯潜变量包含 Z4、Z5、Z19 等 3 个测量变量。心理情绪变量中，Z1 的标准化载荷系数为 0.67，Z2

的标准化载荷系数为 0.64,Z7 的标准化载荷系数为 0.59,Z20 的标准化载荷系数为 0.63。兴趣态度潜变量中 Z12 的标准化载荷系数为 0.45,Z16 的标准化载荷系数为 0.63,Z18 的标准化载荷系数为 0.74。精神精力潜变量中 Z10 的标准化载荷系数为 0.66,Z11 的标准化载荷系数为 0.55,Z17 的标准化载荷系数为 0.65。生活习惯潜变量中 Z4 的标准化载荷系数为 0.61,Z5 的标准化载荷系数为 0.49,Z19 的标准化载荷系数为 0.65。各测量项的标准化载荷系数(除 Z5 和 Z12 外)基本大于 0.50,说明模型适配度良好。

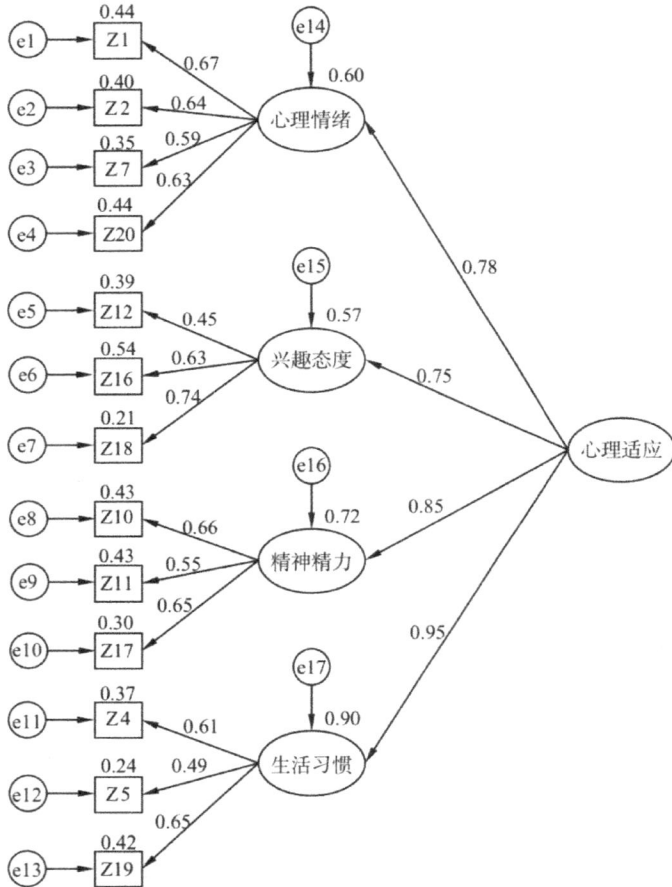

图 6-9 修正后的心理适应模型

二阶验证性因子分析结果表明,如图 6-9 所示,心理情绪的载荷量为 0.78,兴趣态度的载荷量为 0.75,精神精力的载荷量为 0.85,生活习惯的载荷量为 0.95。一阶因子对二阶因子的因子载荷量均在 0.50 以上,说明模型适配

度良好。本研究采用极大似然估计回归系数,其中临界值比(CR)大于 2.58,
且 $p < 0.01$(见表 6-13)。这说明,一阶的 4 个因子对心理适应的路径系数达
到显著水平,即心理适应的 4 个因素对心理适应存在显著影响。

表 6-13　极大似然法估计的回归系数

因子	路径	变量	SE	C. R.	P
因子 1	←	F1	0.210	3.937	* * *
因子 2	←	F1	0.268	3.855	* * *
因子 3	←	F1	0.243	4.057	* * *
因子 4	←	F1			

　　心理适应高阶验证性因子分析验证了心理适应的 4 个维度,分别为兴趣
态度、心理情绪、精神精力和生活习惯,回归系数均高于 0.500(见表 6-14),二
阶因子对一阶因子的解释力分别是 0.777、0.752、0.851 和 0.947。4 个维度
与心理适应总体水平具有正相关性,其中生活习惯维度(因子 4)对心理适应
的影响最大,其次是精神精力(因子 3),再次是心理情绪(因子 1)和兴趣态度
(因子 2)。

表 6-14　心理适应高阶 CFA 标准回归系数

因子	路径	变量	回归系数
因子 1	←	F1	0.777
因子 2	←	F1	0.752
因子 3	←	F1	0.851
因子 4	←	F1	0.947

　　此外,心理适应二阶验证性因子分析的拟合指标显示(见表 6-15),心理适
应的二阶验证性因子分析模型拟合较好,符合实际情况。其中绝对拟合指数
中调整卡方(CMIN/DF = 1.035,小于 2.000)、均方根残差(RMR = 0.020,小
于 0.050)、拟合优度指数(GFI = 0.923,大于 0.900)、近似误差的均方根
(RMSEA = 0.017,小于 0.050)和调整的拟合优度指数(AGFI = 0.885,大于
0.800)均符合适配标准。相对拟合指数中的比较拟合指数(CFI = 0.993,大于
0.900)同样符合适配标准。

表 6-15　心理适应高阶 CFA 模型拟合结果

指数	适配标准或临界值	检验结果
CMIN/DF	<2.000 或 <3.000	1.035
RMR	<0.050	0.020
RMSEA	≤0.050,拟合非常好;0.050～0.080,拟合较好;0.080～0.100,拟合一般;>0.100,拟合较差	0.017
GFI	>0.900 或 >0.800	0.923
AGFI	>0.900 或 >0.800	0.885
CFI	>0.900	0.993

综上所述,二阶验证性因子分析结果表明,心理适应可以通过心理情绪、兴趣态度、精神精力和生活习惯这 4 个变量进行测量。由 4 个变量构建的模型具有良好的拟合效果。结果也说明,在华非洲商人的心理适应并非单一变量,而是众多变量的复合体,体现在多个不同的维度上。在心理适应过程中,在华非洲商人的心理情绪、兴趣态度、精神精力、生活习惯与他们的心理适应息息相关。从标准化回归系数来看,这 4 个潜变量与心理适应之间呈现正相关性,也就是说,当非洲商人有良好的心理情绪、精神精力、生活习惯,对外界事物保持积极的兴趣态度时,他们的心理健康状况更佳。

四、社会文化适应模型检验与修正

本研究对社会文化适应的一阶验证性因子进行分析,包含 3 个潜变量(文化观念、生活环境和人际交往)和 18 个测量变量。其中,文化观念包含 B8、B9、B10、B11、B12、B13、B17、B18 等 8 个测量变量,生活环境包含 B2、B3、B4、B5、B6、B15 等 6 个测量变量,人际交往包含 B1、B7、B14、B16 等 4 个测量变量(详见图 6-4)。

1. 社会文化适应一阶 CFA 模型拟合与修正

一阶验证性模型拟合指数显示(见表 6-16),绝对拟合指数中调整卡方(CMIN/DF=2.969,大于 2.000)、均方根残差(RMR=0.122,大于 0.050)、近似误差的均方根(RMSEA=0.131,大于 0.050)、拟合优度指数(GFI=0.729,小于 0.800)和调整的拟合优度指数(AGFI=0.649,小于 0.800)均不符合适配标准。相对拟合指数中的比较拟合指数(CFI=0.728,小于 0.900)同样不符合适配标准。上述结果说明假设模型的拟合不理想,需对假设模型进行修改。

表 6-16　社会文化适应一阶 CFA 模型拟合指标

指数	适配标准或临界值	检验结果
CMIN/DF	<2.000 或 <3.000	2.969
RMR	<0.050	0.122
RMSEA	≤0.050,拟合非常好;0.050~0.080,拟合较好;0.080~0.100,拟合一般;>0.100,拟合较差	0.131
GFI	>0.900 或 >0.800	0.729
AGFI	>0.900 或 >0.800	0.649
CFI	>0.900	0.728

从测量模型的标准化载荷系数来看,如图 6-10 所示,文化观念潜变量中 B13 的标准化载荷系数为 0.49,生活环境潜变量中 B02 的标准化载荷系数为 0.35,人际交往中 B1 的标准化载荷系数为 0.43。这 3 个测量项的标准化载荷系数都低于 0.50,说明这 3 项的对应关系较弱,因此考虑将这 3 项删去。

依照模型修正指数(modification index,MI)将 MI 指数高于 5 的题项逐步删除。最终,在文化观念维度删除 B9、B11、B12、B13、B17 等 5 项,在生活环境维度删除 B2、B3、B15 等 3 项,在人际交往维度删除 B1,由此得到新的假设模型。社会文化适应新的假设模型依旧包含 3 个潜变量,分别是文化观念、生活环境和人际交往。其中,文化观念维度包含 B8、B10、B18 等 3 项测量变量,生活环境维度包含 B4、B5、B6 等 3 项测量变量,人际交往维度包含 B7、B14 和 B16 等 3 项测量变量。

修正后模型的拟合结果如表 6-17 所示,绝对拟合指数中调整卡方(CMIN/DF=1.595,小于 2.000)、均方根残差(RMR=0.067,大于 0.050)、近似误差的均方根(RMSEA=0.072,小于 0.080)、拟合优度指数(GFI=0.935,大于 0.900)和调整的拟合优度指数(AGFI=0.878,大于 0.800)均符合适配标准。相对拟合指数中的比较拟合指数(CFI=0.949,大于 0.900)也符合适配标准,说明模型适配度良好。

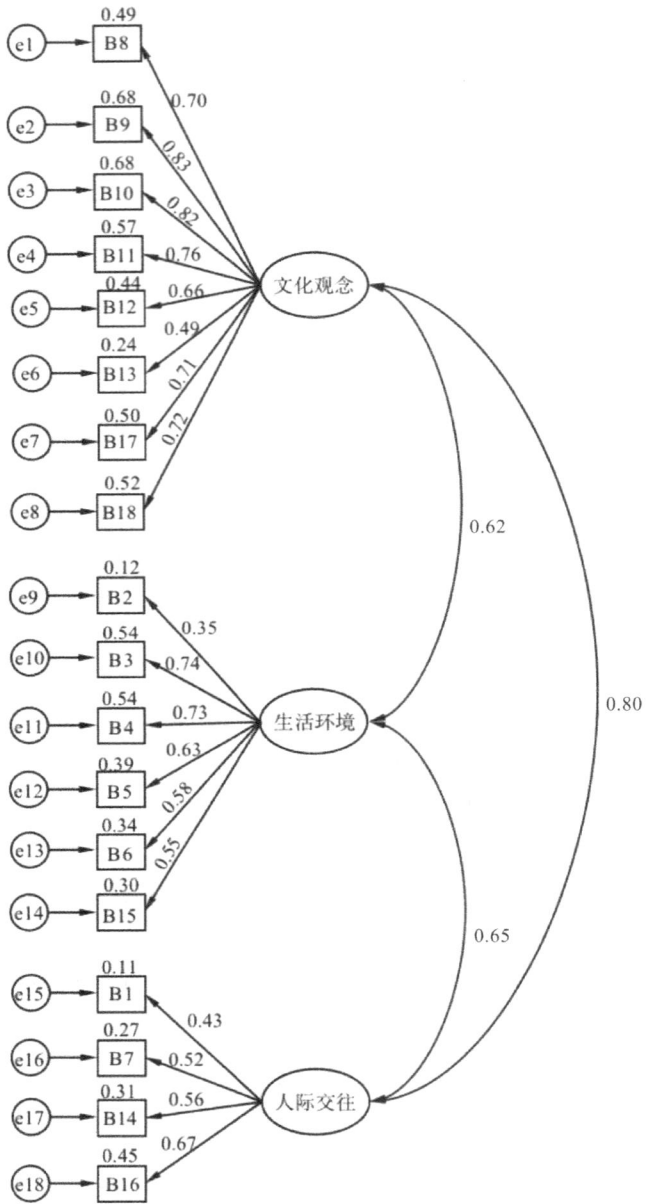

图 6-10　社会文化适应一阶 CFA 结果

表 6-17　社会文化适应一阶 CFA 修正模型拟合结果

指数	适配标准或临界值	检验结果
CMIN/DF	＜2.000 或＜3.000	1.595
RMR	＜0.050	0.067
RMSEA	≤0.050,拟合非常好;0.050~0.080,拟合较好;0.080~0.100,拟合一般;＞0.100,拟合较差	0.072
GFI	＞0.900 或＞0.800	0.935
AGFI	＞0.900 或＞0.800	0.878
CFI	＞0.900	0.949

2. 社会文化适应二阶 CFA 模型拟合与修正

一阶 CFA 模型拟合结果显示,各因素负荷量介于 0.50 到 0.95 之间,说明模型的适配度良好,且3个潜变量之间的相关系数均高于 0.50,具有较强的相关性,也说明可能还存在另一个高阶的共同因子。为此,本研究进一步建立二阶 CFA 模型,模型中共包含 4 个潜变量,分别是 3 个一阶潜变量(文化观念、生活环境和人际交往)以及一个二阶潜变量(社会文化适应)。3 个一阶潜变量所对应的测量变量与一阶验证性因子分析模型中的测量变量相同。

如图 6-11 所示,模型拟合结果表明,文化观念潜变量中 B8 的标准化载荷系数为 0.77,B10 的标准化载荷系数为 0.72,B18 的标准化载荷系数为 0.68;生活环境变量中 B4 的标准化载荷系数为 0.63,B5 的标准化载荷系数为 0.63,B6 的标准化载荷系数为 0.69;人际交往变量中 B7 的标准化载荷系数为 0.54,B14 的标准化载荷系数为 0.62,B16 的标准化载荷系数为 0.61。二阶变量社会文化适应中文化观念变量的标准化载荷系数为 0.90,生活环境的标准化载荷系数为 0.70,人际交往变量的标准化载荷系数为 0.97。各变量的标准化载荷系数均处于 0.50 到 0.97 之间,适配度良好。

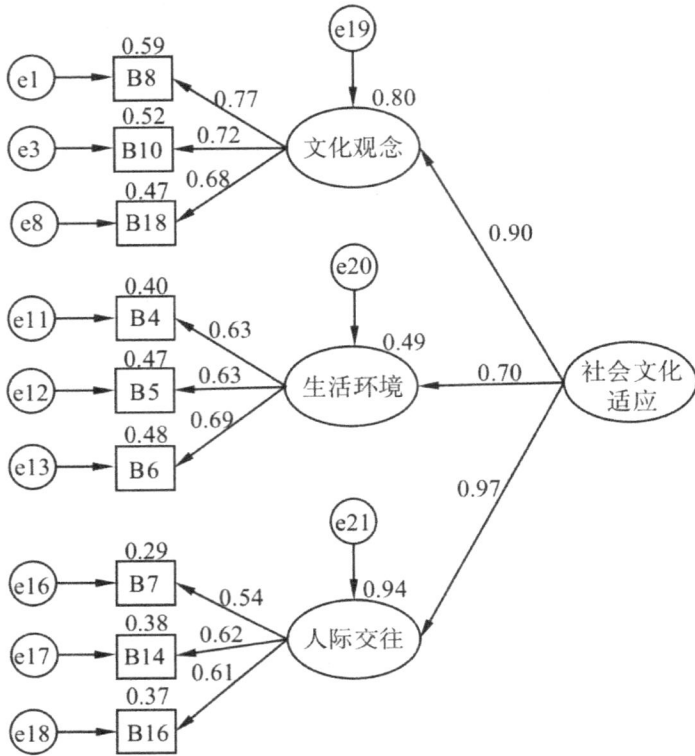

图 6-11　社会文化适应二阶 CFA 模型

此外,从模型的拟合指数来看(见表 6-18),绝对拟合指数中调整卡方(CMIN/DF＝1.595,小于 2.000)、近似误差的均方根(RMSEA＝0.072,小于0.080)、拟合优度指数(GFI＝0.935,大于 0.900)和调整的拟合优度指数(AGFI＝0.878,大于 0.800)都符合适配标准。相对拟合指数中的比较拟合指数(CFI＝0.949,大于 0.900)也符合适配标准。

表 6-18　社会文化适应二阶 CFA 模型拟合结果

指数	适配标准或临界值	检验结果
CMIN/DF	＜2.000 或＜3.000	1.595
RMR	＜0.050	0.067
RMSEA	≤0.050,拟合非常好;0.050～0.080,拟合较好;0.080～0.100,拟合一般;＞0.100,拟合较差	0.072
GFI	＞0.900 或＞0.800	0.935

指数	适配标准或临界值	检验结果
AGFI	＞0.900 或＞0.800	0.878
CFI	＞0.900	0.949

五、跨文化适应模型拟合与修正

考虑到心理适应和社会文化适应之间可能存在相关性,本研究进一步设想心理适应和社会文化适应之间还存在更高阶的因子文化适应。基于这一假设,本研究进一步绘制了模型路径图(如图 6-12 所示)。

1. 跨文化适应模型拟合结果

拟合结果显示,心理情绪潜变量的测量变量 Z1 的标准化载荷系数为 0.66,Z2 的标准化载荷系数为 0.62,Z7 的标准化载荷系数为 0.62,Z20 的标准化载荷系数为 0.62;兴趣态度潜变量的测量变量 Z12 的标准化载荷系数为 0.62,Z16 的标准化载荷系数为 0.73,Z18 标准化载荷系数为 0.47;精神精力潜变量的测量变量 Z10 的标准化载荷系数为 0.64,Z11 的标准化载荷系数为 0.51,Z17 的标准化载荷系数为 0.61;生活习惯潜变量的测量变量 Z4 的标准化载荷系数为 0.61,Z5 的标准化载荷系数为 0.49,Z19 的标准化载荷系数为 0.65;心理情绪的标准化载荷系数为 0.83,兴趣态度的标准化载荷系数为 0.71,精神精力的标准化载荷系数为 0.84,生活习惯的标准化载荷系数为 0.94。

文化观念潜变量的测量变量 B9 的标准化载荷系数为 0.83,B10 的标准化载荷系数为 0.84,B11 的标准化载荷系数为 0.74,B17 的标准化载荷系数为 0.70,B18 的标准化载荷系数为 0.73;生活环境潜变量的测量变量 B3 的标准化载荷系数为 0.72,B4 度标准化载荷系数为 0.74,B5 的标准化载荷系数为 0.65,B6 的标准化载荷系数为 0.65;人际交往潜变量的测量变量 B1 的标准化载荷系数为 0.31,B2 的标准化载荷系数为 0.46,B7 的标准化载荷系数为 0.58。二阶变量社会文化适应中文化观念变量的标准化载荷系数为 0.67,生活环境的标准化载荷系数为 0.80,人际交往变量的标准化载荷系数为 0.80。文化适应变量中心理适应的标准化载荷系数为 0.96,社会文化适应的标准化载荷系数为 0.67。由上可知,在此模型中大部分变量的标准化载荷系数均大于 0.50,但是仍有少数变量的标准化载荷系数低于 0.50,说明模型仍存在一定问题。

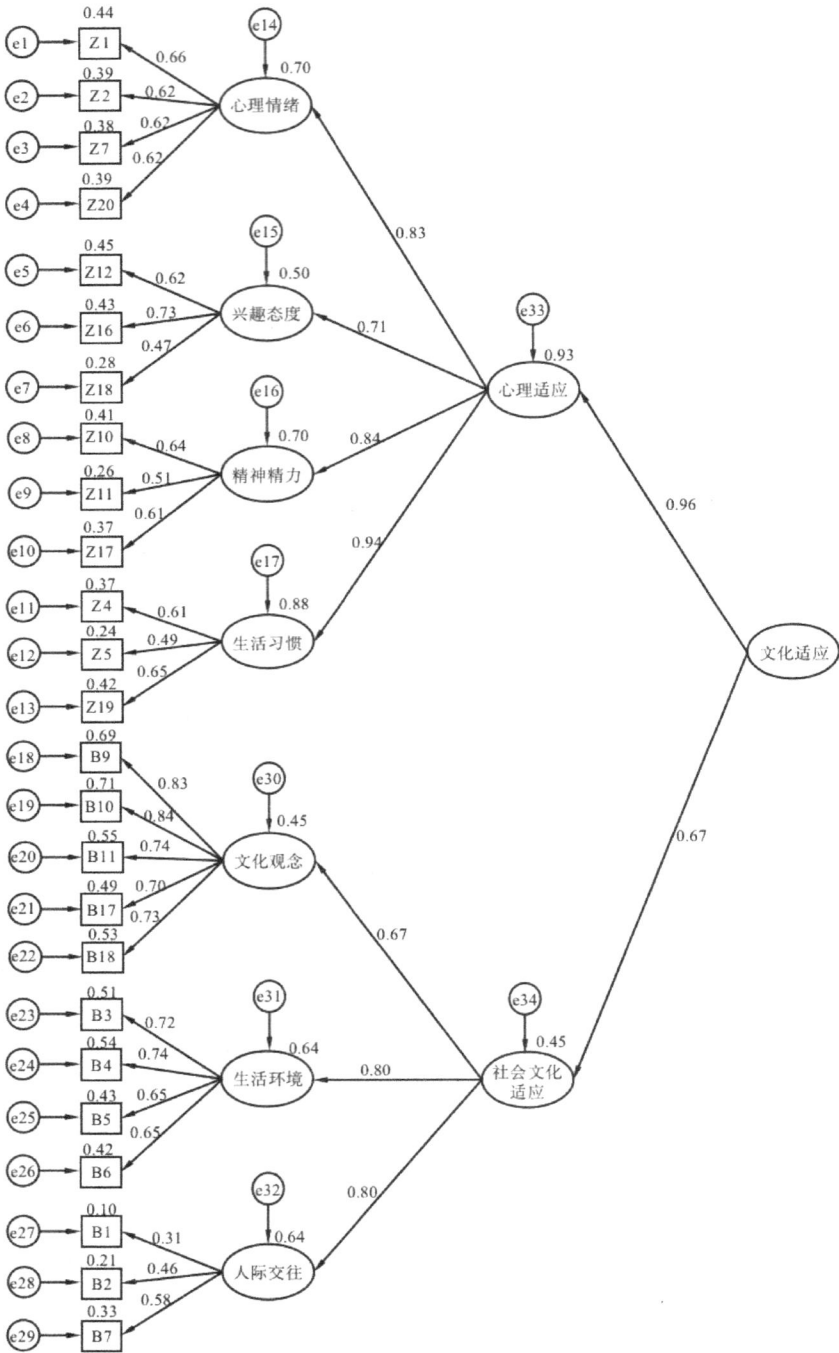

图 6-12　跨文化适应 CFA 模型

由于模型拟合指数中均方根残差(RMR＝0.066,大于0.050)、近似误差的均方根(RMSEA＝0.069,大于0.050)和调整的拟合优度指数(AGFI＝0.737,小于0.800)并不理想,说明模型拟合效果一般,因此需要进一步修正模型,再重新进行模型拟合。

2. 跨文化适应模型修正

依照MI指数,将共线性较强的题项进行逐项删除拟合,直至模型符合拟合标准。从MI指数来看,文化适应测量模型中,Z7这一项与其他变量的共线性较强,故将此项删除。删除该项后将模型重新拟合,得到新的模型拟合结果(见图6-13)。

在新的模型中,心理适应的标准化载荷系数为0.94,社会文化适应的标准化载荷系数为0.64,其中心理情绪的标准化载荷系数为0.78,兴趣态度的标准化载荷系数为0.71,精神精力的标准化载荷系数为0.85,生活习惯的标准化载荷系数为0.96。心理情绪变量中Z1的标准化载荷系数为0.71,Z2的标准化载荷系数为0.61,Z20的标准化载荷系数为0.63。兴趣态度潜变量中,Z12的标准化载荷系数为0.62,Z16的标准化载荷系数为0.73,Z18标准化载荷系数为0.47。精神精力潜变量中Z10的标准化载荷系数为0.66,Z11的标准化载荷系数为0.66,Z17的标准化载荷系数为0.53。生活习惯潜变量中Z4的标准化载荷系数为0.61,Z5的标准化载荷系数为0.49,Z19的标准化载荷系数为0.65。文化观念潜变量中B9的标准化载荷系数为0.83,B10的标准化载荷系数为0.84,B11的标准化载荷系数为0.74,B17的标准化载荷系数为0.70,B18的标准化载荷系数为0.73;生活环境变量中B3的标准化载荷系数为0.72,B4的标准化载荷系数为0.73,B5的标准化载荷系数为0.66,B6的标准化载荷系数为0.65;人际交往变量中B1的标准化载荷系数为0.31,B2的标准化载荷系数为0.46,B7的标准化载荷系数为0.58。二阶变量社会文化适应中,文化观念变量的标准化载荷系数为0.67,生活环境的标准化载荷系数为0.80,人际交往变量的标准化载荷系数为0.81。各潜变量的标准化载荷系数均较为理想。

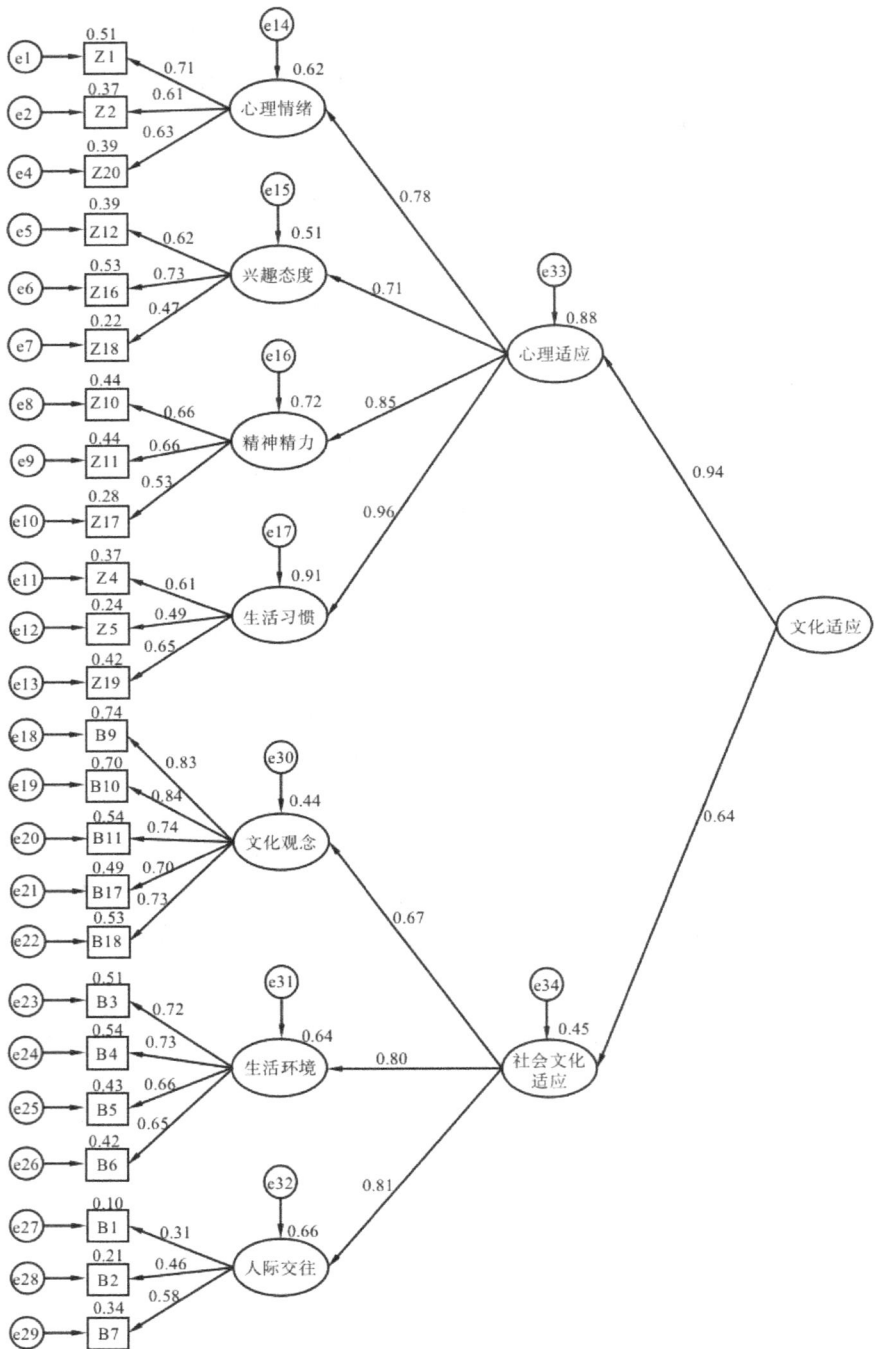

图 6-13 跨文化适应修正模型

修正后的文化适应测量模型各个拟合指数如表 6-19 所示,绝对拟合指数中调整卡方(CMIN/DF＝1.270,小于 2.000)、拟合优度指数(GFI＝0.859,大于 0.800)、近似误差的均方根(RMSEA＝0.072,小于 0.080)和调整的拟合优度指数(AGFI＝0.807,大于 0.800)均符合适配标准。相对拟合指数中的比较拟合指数(CFI＝0.920,大于 0.900)也符合适配标准。上述结果说明,修正后的文化适应测量模型适配性较好,模型具有合理性。

表 6-19 修正后文化适应模型拟合指数

指数	适配标准或临界值	检验结果
CMIN/DF	＜2.000 或＜3.000	1.270
RMR	＜0.050	0.055
RMSEA	≤0.050,拟合非常好;0.050～0.080,拟合较好;0.080～0.100,拟合一般;＞0.100,拟合较差	0.072
GFI	＞0.900 或＞0.800	0.859
AGFI	＞0.900 或＞0.800	0.807
CFI	＞0.900	0.920

模型最终拟合结果表明,文化适应是一个多维度、多层面的复合变量,至少包含心理适应和社会文化适应两个层面。由模型拟合中的标准化回归系数可知,心理适应、社会文化适应和文化适应之间存在正相关性。因此,对于在华非洲商人这一特殊群体而言,在评判他们的文化适应情况时,我们不能从单一的心理适应或仅从社会文化适应层面进行判定,而需要从心理适应、社会文化适应以及两者所包含的不同维度进行测量。

六、跨文化适应影响因素模型拟合与修正

现有的研究结果表明,文化适应作为一个复杂的过程受到诸多因素的影响,对于在华非洲商人而言,这些影响因素有待深入探索。

1. 文化距离模型

依据探索性因子分析的结果,本研究建立了文化距离的测量模型,模型中的文化距离中包含 3 个潜变量,分别是价值观念、日常生活和基础设施。价值观念包含 C4、C7、C8、C9 等 4 项测量变量,日常生活包含 C1、C2、C3、C5、C6 等 5 项测量变量,基础设施包含 C10、C12、C13、C14 等 4 项测量变量,潜变量之间的相关性用双向箭头表示。模型采用最大似然法进行拟合,拟合结果如图6-14 所示,3 个潜变量之间的相关系数均大于 0.50,表明可能存在更高阶的潜变量。

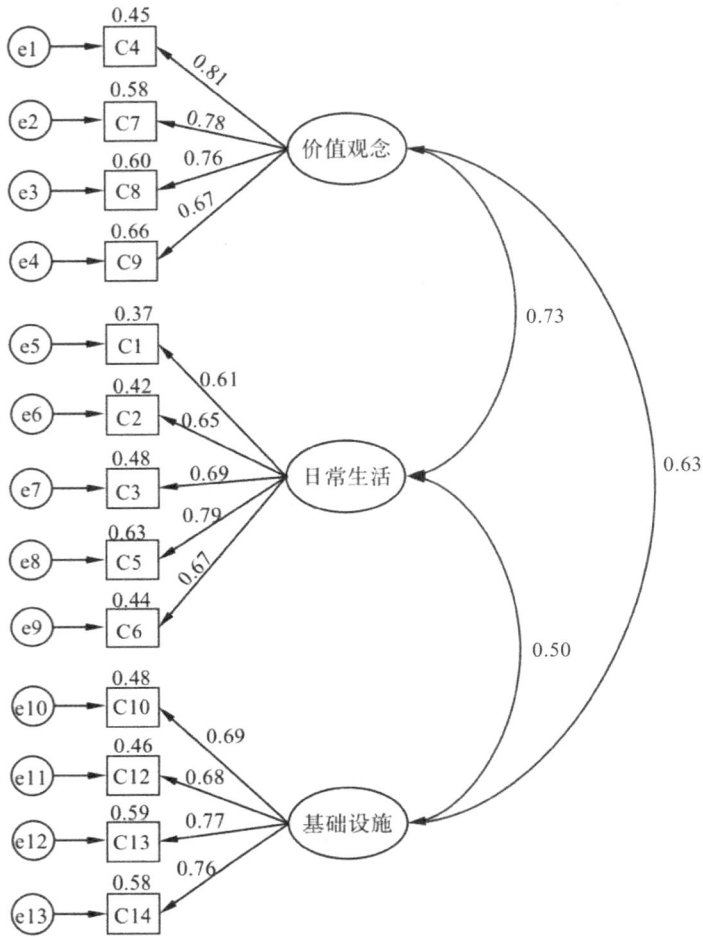

图 6-14　文化距离模型拟合结果

　　文化距离假设模型的拟合结果(见表 6-20)显示,绝对拟合指数中调整卡方(CMIN/DF＝2.653,大于 2.000)、拟合优度指数(GFI＝0.830,小于 0.900)、均方根残差(RMR＝0.096,大于 0.050)、近似误差的均方根(RMSEA＝0.120,大于0.050)、调整的拟合优度指数(AGFI＝0.750,小于 0.800)和相对拟合指数中的比较拟合指数(CFI＝0.850,小于 0.900)均不理想,说明模型适配度低,需要进行修正。

表 6-20　文化距离模型拟合结果

指数	适配标准或临界值	检验结果
CMIN/DF	＜2.000 或＜3.000	2.653
RMR	＜0.050	0.096
RMSEA	≤0.050,拟合非常好;0.050~0.080,拟合较好;0.080~0.100,拟合一般;＞0.100,拟合较差	0.120
GFI	＞0.900 或＞0.800	0.830
AGFI	＞0.900 或＞0.800	0.750
CFI	＞0.900	0.850

根据拟合指数将模型进行修正,修正后的模型仅包含一个潜变量,即文化距离,以及 7 个测量变量,分别是 C3、C4、C5、C6、C7、C8、C13。模型采用最大似然法重新进行拟合,拟合结果如图 6-15 所示。文化距离潜变量的测量变量 C3 的标准化载荷系数为 0.58,C4 的标准化载荷系数为 0.65,C5 的标准化载荷系数为 0.83,C6 的标准化载荷系数为 0.68,C7 的标准化载荷系数为 0.83,C8 的标准化载荷系数为 0.62,C13 的标准化载荷系数为 0.53。潜变量下各测量变量的标准化载荷系数均超过 0.50,说明模型适配度较好。

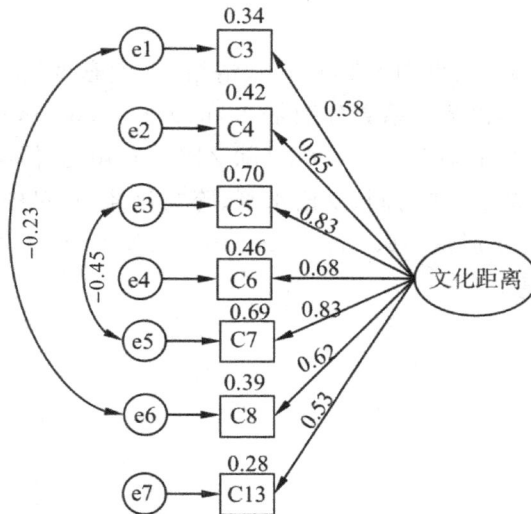

图 6-15　修正后的文化距离模型拟合结果

从模型的拟合指数来看(见表 6-21)。绝对拟合指数中,调整卡方(CMIN/DF＝1.245,小于 2.000)、拟合优度指数(GFI＝0.967,大于 0.900),

均方根残差(RMR=0.046,小于 0.050)、调整的拟合优度指数(AGFI=0.924,大于 0.900)均符合适配标准。相对拟合指数中的比较拟合指数(CFI=0.990,大于 0.900)也符合适配标准。

表 6-21　修正后文化距离模型拟合系数

指数	适配标准或临界值	检验结果
CMIN/DF	<2.000 或<3.000	1.245
RMR	<0.050	0.046
RMSEA	≤0.050,拟合非常好;0.050～0.080.拟合较好;0.080～0.100.拟合一般;>0.100.拟合较差	0.095
GFI	>0.900 或>0.800	0.967
AGFI	>0.900 或>0.800	0.924
CFI	>0.900	0.990

2. 心理适应影响因素模型拟合

基于现有理论和前期的探索性研究,本研究拟构建的心理适应测量模型由 4 个潜变量、相关的测量标量以及影响因素变量构成。影响因素变量分别为性别、年龄、人格、社会支持、在华时间、汉语水平、跨文化经历、对中国的了解。

模型拟合结果显示(见图 6-16),心理情绪、兴趣态度、精神精力和生活习惯 4 个潜变量的标准化载荷系数分别是 0.76、0.76、0.87、0.97,其测量变量的标准化载荷系数也几乎均在 0.50 以上(除 Z18=0.48)。但结构模型中性别、社会支持、人格、年龄、在华时间、汉语水平、跨文化经历、对中国的了解这 8 项的标准化载荷系数分别是—0.13、0.22、—0.50、0.07、—0.23、—0.04、0.19、0.07,结果并不理想。

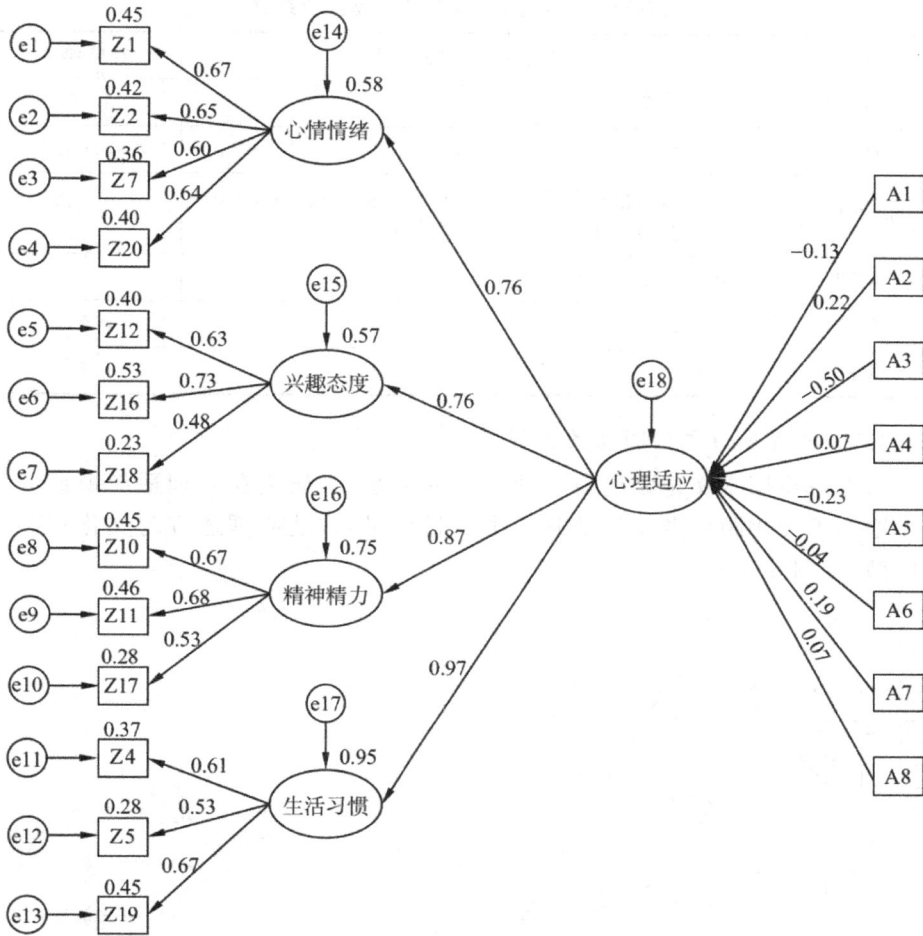

图 6-16　心理适应与影响因素关系模型

从心理适应影响因素模型的拟合系数看(见表 6-22),绝对拟合指数中调整卡方(CMIN/DF＝1.575,小于 2.000)、拟合优度指数(GFI＝0.823,大于0.800)、近似误差的均方根(RMSEA＝0.045,小于 0.050)均符合适配标准。均方根残差(RMR＝0.062,大于 0.050)、调整的拟合优度指数(AGFI＝0.779,小于 0.800)以及相对拟合指数中的比较拟合指数(CFI＝0.763,小于0.900)虽然未达到适配标准,但是与适配的标准都较为接近。考虑到样本量的影响,检验结果在可接受范围内。

表 6-22　心理适应影响因素模型拟合系数

指数	适配标准或临界值	检验结果
CMIN/DF	<2.000 或<3.000	1.575
RMR	<0.050	0.062
RMSEA	≤0.050,拟合非常好;0.050～0.080,拟合较好;0.080～0.100.拟合一般;>0.100,拟合较差	0.045
GFI	>0.900 或>0.800	0.823
AGFI	>0.900 或>0.800	0.779
CFI	>0.900	0.763

3. 心理适应与文化距离关系模型

为进一步探索文化距离与心理适应的关系,本研究在心理适应模型的基础上增加了文化距离潜变量及其 7 个测量变量,构建心理适应与文化距离关系模型(见图 6-17)。

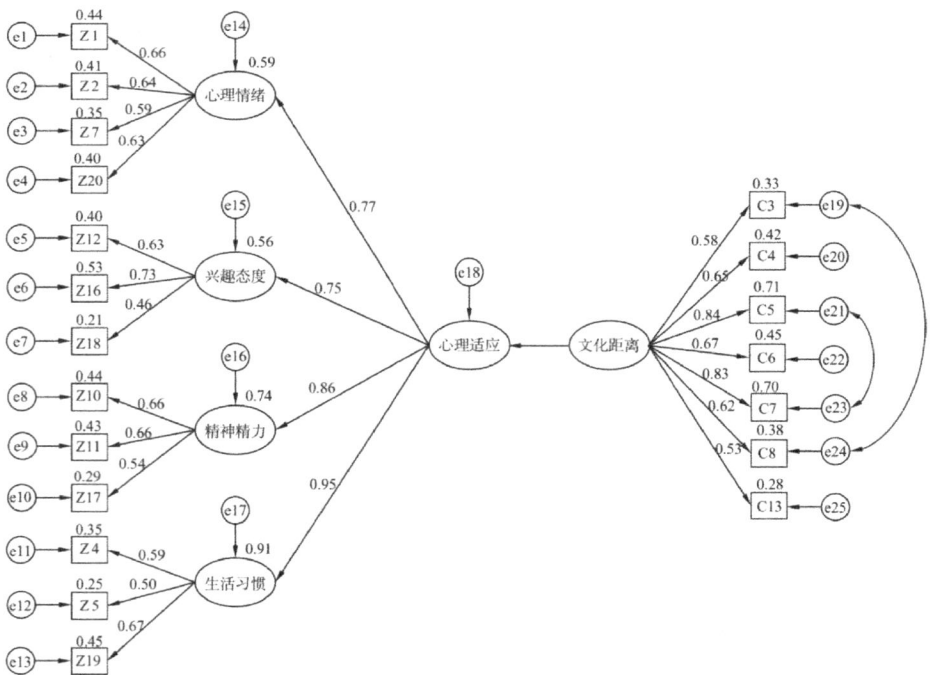

图 6-17　心理适应与文化距离关系模型

从模型的拟合系数看(见表 6-23),绝对拟合指数中调整卡方(CMIN/DF=

1.179,小于 2.000)、拟合优度指数(GFI＝0.866,大于 0.800)、近似误差的均
方根(RMSEA＝0.063,小于 0.080)以及均方根残差(RMR＝0.042,小于
0.050)、调整的拟合优度指数(AGFI＝0.827,大于 0.800)均符合适配标准。
相对拟合指数中的比较拟合指数(CFI＝0.953,大于 0.900)也符合标准,说明
构建的心理适应与文化距离模型适配度良好。

表 6-23　心理适应与文化距离模型拟合系数

指数	适配标准或临界值	检验结果
CMIN/DF	＜2.000 或＜3.000	1.179
RMR	＜0.050	0.042
RMSEA	≤0.050,拟合非常好;0.050～0.080,拟合较好;0.080～0.100,拟合一般;＞0.100,拟合较差	0.063
GFI	＞0.900 或＞0.800	0.866
AGFI	＞0.900 或＞0.800	0.827
CFI	＞0.900	0.953

4. 社会文化适应影响因素模型拟合与修正

为考察社会文化适应的影响因素及其相互关系,本研究拟构建社会适应
影响因素模型。社会文化适应包含 3 个潜变量,分别是文化观念、生活环境和
人际交往;文化观念、生活环境和人际交往各变量又分别包括 3 个测量变量;
影响因素包含 8 个变量,模型如图 6-18 所示。

模型拟合结果显示(见表 6-24),绝对拟合指数中调整卡方(CMIN/DF＝
1.720,小于 2.000)和拟合优度指数(GFI＝0.839,大于 0.800)符合适配标准。
绝对拟合指数中近似误差的均方根(RMSEA＝0.079,小于 0.800),显示适配
良好。但均方根残差(RMR＝0.099,大于 0.050)和调整的拟合优度指数
(AGFI＝0.788,小于 0.800),不符合适配标准。相对拟合指数中的比较拟合
指数(CFI＝0.774,小于＜0.900)也不符合适配标准。上述结果说明,构建的
模型 拟合效果一般,需要进一步对模型进行修正。

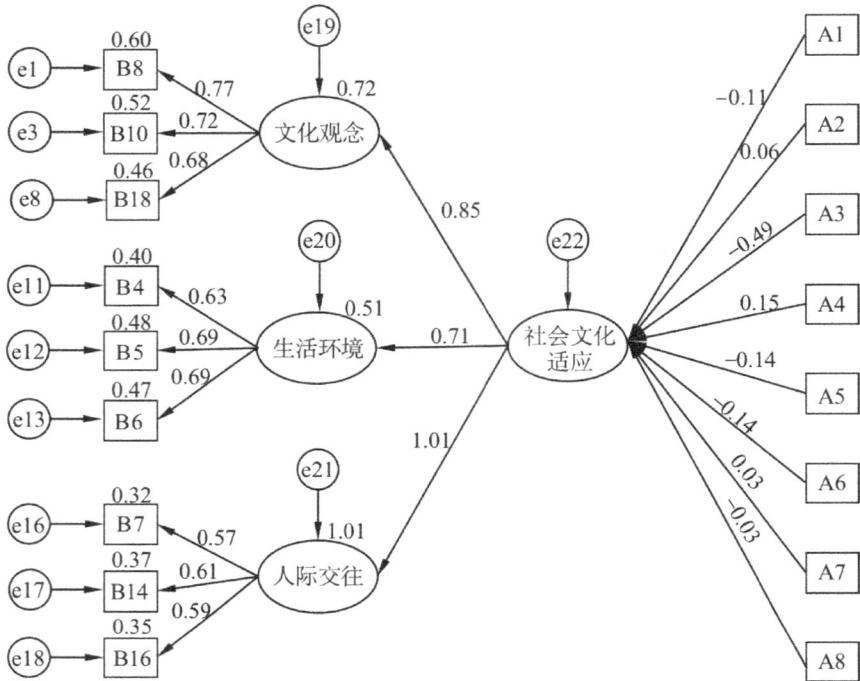

图 6-18 社会文化适应与文化距离模型

表 6-24 社会文化适应影响因素模型拟合指数

指数	适配标准或临界值	检验结果
CMIN/DF	＜2.000 或＜3.000	1.720
RMR	＜0.050	0.099
RMSEA	≤0.050,拟合非常好;0.050~0.080,拟合较好;0.080~0.100,拟合一般;＞0.100,拟合较差	0.079
GFI	＞0.900 或＞0.800	0.839
AGFI	＞0.900 或＞0.800	0.788
CFI	＞0.900	0.774

本研究基于模型 MI 修正指数(见表 6-25),删除共线性较强的变量。鉴于 A5 这一项的 MI 指数较高,决定在原模型基础上删除 A5 这一变量,构建新的模型(见图 6-19)。

表 6-25　MI 修正指数

变量	路径	变量	修正指数	期望参数改变量
A7	↔	A8	7.263	0.188
A5	↔	A6	5.598	0.290
A4	↔	A5	12.294	0.428
A2	↔	A8	4.900	0.079
A1	↔	A8	4.900	0.079
A3	↔	A2	8.516	0.095
e21	↔	A4	4.441	−0.098
e20	↔	A5	4.771	−0.277
e19	↔	A5	6.610	0.314
e19	↔	A4	6.098	0.153
e18	↔	A5	4.357	−0.277
e17	↔	A6	6.880	−0.195
e13	↔	A8	4.264	−0.151
e11	↔	A5	4.007	−0.224
e9	↔	e16	7.428	−0.232
e7	↔	e17	4.506	−0.175
e4	↔	A1	4.223	0.068
e4	↔	e7	4.968	0.159
e1	↔	A8	4.120	−0.155
e1	↔	e21	4.257	0.103
F3	←	A4	4.441	−0.147
F2	←	A5	4.771	−0.108
F1	←	A5	6.610	0.122
F1	←	A4	6.098	0.231
B14	←	A5	4.357	−0.107
B7	←	A6	6.880	−0.291
B16	←	B6	5.436	−0.161
B4	←	A8	4.264	−0.181

变量	路径	变量	修正指数	期望参数改变量
B5	←	A5	4.007	−0.087
B6	←	B16	4.894	−0.195
B18	←	A1	4.223	0.394
B8	←	A8	4.120	−0.186

　　修订后模型的标准化回归系数显示（见表 6-26），性别的标准化回归系数为 −0.077，社会支持的标准化回归系数为 0.037，性格的标准化回归系数为 −0.490，年龄的标准化回归系数为 0.113，汉语水平的标准化回归系数为 −0.163，跨文化经历的标准化回归系数为 0.013，对中国的了解的标准化回归系数为 −0.041。虽然整体系数不高，但性别和性格两个测量变量的标准化回归系数较为理想。

表 6-26　社会文化适应影响因素修正模型标准化回归系数

变量	路径	变量	标准化回归系数
F4	←	A1	−0.077
F4	←	A2	0.037
F4	←	A3	−0.490
F4	←	A4	0.113
F4	←	A6	−0.163
F4	←	A7	0.013
F4	←	A8	−0.041
F1	←	F4	0.867
F2	←	F4	0.692
F3	←	F4	1.001
B8	←	F1	0.777
B18	←	F1	0.671
B10	←	F1	0.715
B6	←	F2	0.687
B5	←	F2	0.689
B4	←	F2	0.632

变量	路径	变量	标准化回归系数
B16	←	F3	0.604
B7	←	F3	0.563
B14	←	F3	0.595

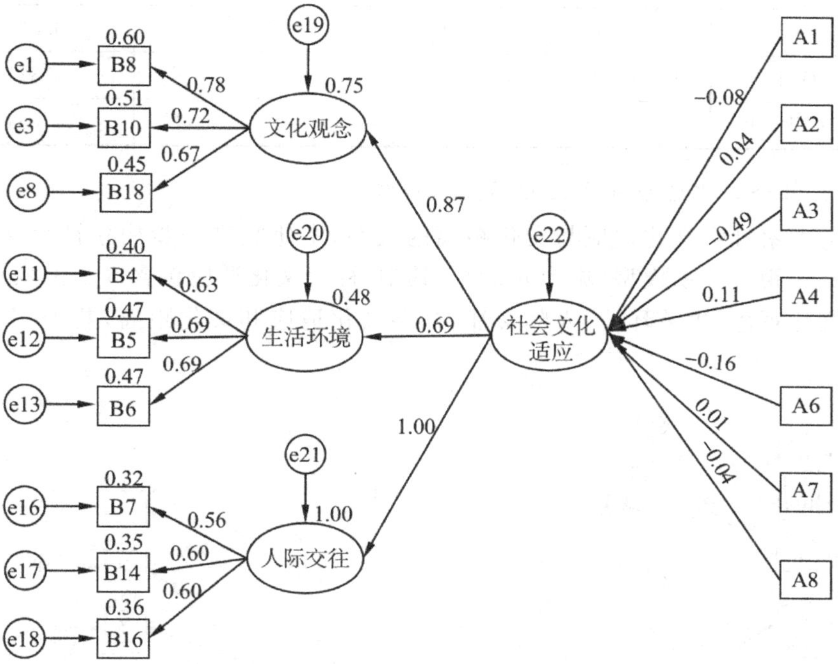

图 6-19　社会文化适应影响因素修正模型

而且,如表 6-27 所示,绝对拟合指数中调整卡方(CMIN/DF＝1.484,小于 2.000)、拟合优度指数(GFI＝0.867,大于 0.800)、调整的拟合优度指数(AGFI＝0.821,大于 0.800)和近似误差的均方根(RMSEA＝0.065,小于 0.080)均符合适配标准。绝对拟合指数中均方根残差(RMR＝0.072,大于 0.050)和相对拟合指数中的比较拟合指数(CFI＝0.854,小于 0.900)与适配标准也较为接近。考虑到样本量的影响,指数可接受。修正后的模型的整体配度基本合理。

表 6-27　社会文化适应影响因素修正模型拟合指数

指数	适配标准或临界值	检验结果
CMIN/DF	＜2.000 或＜3.000	1.484
RMR	＜0.050	0.072
RMSEA	≤0.050,拟合非常好;0.050~0.080,拟合较好;0.00~0.100,拟合一般;＞0.100,拟合较差	0.065
GFI	＞0.900 或＞0.800	0.867
AGFI	＞0.900 或＞0.800	0.821
CFI	＞0.900	0.854

5. 社会文化适应和文化距离关系模型

为考察社会文化适应与文化距离的关系,本研究进一步构建社会文化适应和文化距离关系模型(见图6-20)。其中,社会文化适应包含5个潜变量,分别是文化观念、生活环境、人际交往、社会文化适应和文化距离,共16个测量变量。

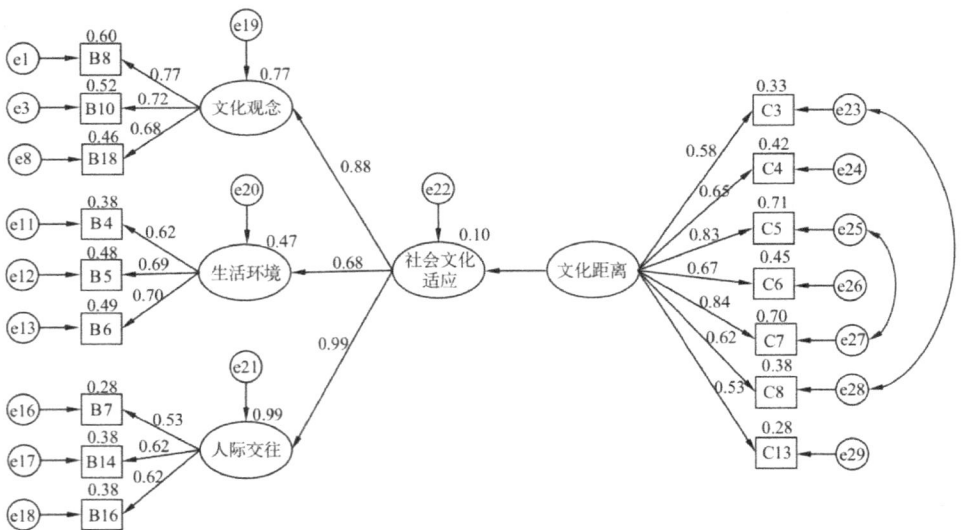

图 6-20　社会文化适应与文化距离关系模型

模型拟合结果(见表 6-28)显示,绝对拟合指数中近似误差的均方根(RMSEA＝0.091,大于0.080)、均方根残差(RMR＝0.108,大于0.050)和调整的拟合优度指数(AGFI＝0.779,小于0.800)均不符合适配标准。绝对拟合指数中调整卡方(CMIN/DF＝1.960,小于2.000)、拟合优度指数(GFI＝

0.841，大于 0.800)和相对拟合指数中的比较拟合指数(CFI＝0.953，大于 0.900)符合适配标准。该模型适配度一般，需要进一步修正。

表 6-28　社会文化适应与文化距离关系模型拟合指数

指数	适配标准或临界值	检验结果
CMIN/DF	＜2.000 或＜3.000	1.960
RMR	＜0.050	0.108
RMSEA	≤0.050，拟合非常好；0.050～0.080，拟合较好；0.080～0.100，拟合一般；＞0.100，拟合较差	0.091
GFI	＞0.900 或＞0.800	0.841
AGFI	＞0.900 或＞0.800	0.779
CFI	＞0.900	0.953

根据 MI 指数，本研究对模型进行修正，删除载荷过低或是与其他变量存在较强共线性的变量。修正后的假设模型如图 6-21 所示，其中文化距离潜变量中包含 4 个测量变量，分别是 C3、C4、C7、C8，社会文化适应部分与原模型相同。

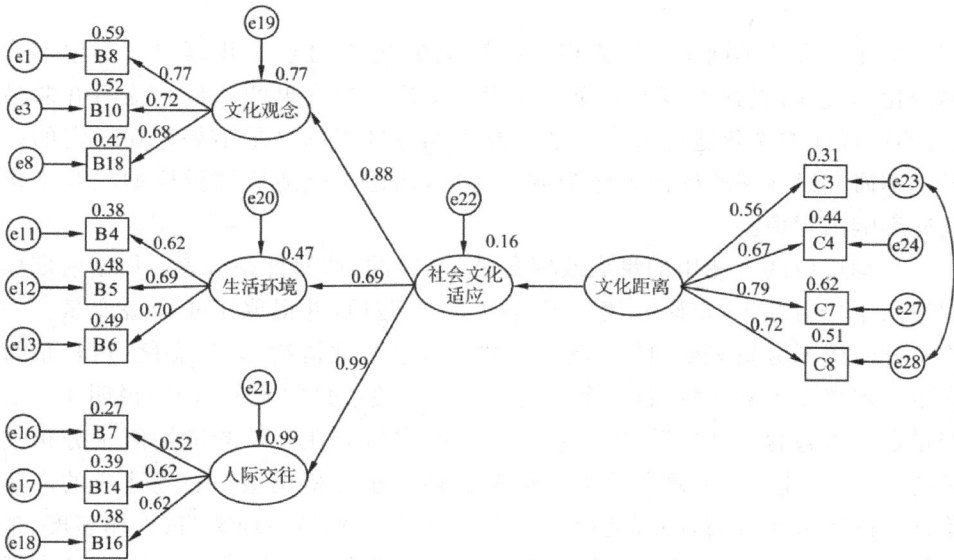

图 6-21　社会文化适应与文化距离关系修正模型

从拟合指数(见表 6-29)来看，修正后模型的绝对拟合指数中调整卡方(CMIN/DF＝1.545，小于 2.000)、拟合优度指数(GFI＝0.902，大于 0.900)和调整的拟合优度指数(AGFI=0.851,大于0.800)均符合适配标准。相对拟合指数中的比较拟合指数(CFI=0.922,大于0.900)也符合适配标准,说明修正后的模型拟合度较好。

表 6-29　社会文化适应和文化距离关系修正模型拟合指数

指数	适配标准或临界值	检验结果
CMIN/DF	<2.000 或<3.000	1.545
RMR	<0.050	0.081
RMSEA	≤0.050,拟合非常好;0.050~0.080,拟合较好;0.080~0.100,拟合一般;>0.100,拟合较差	0.069
GFI	>0.900 或>0.800	0.902
AGFI	>0.900 或>0.800	0.851
CFI	>0.900	0.922

第三节　小　结

　　文化适应是不同文化群体相互接触中在心理、社会文化等层面产生影响和变化的过程,包含了多个层面和维度。文化适应结果的测量和描写并非易事,不同群体的文化适应衡量标准以及不同标准下的测量结果存在一定的差异。本研究以在华非洲商人作为调查对象,构建文化适应测量模型以及文化适应影响因素模型。

　　心理适应调查使用的量表改编自 Zung 氏的《抑郁自评量表》,根据前期探索性因子分析结果,本研究使用了其中 13 个题项,并提取了 4 个潜变量。一阶验证性因子分析表明,13 个题项中共包含了心理情绪、兴趣态度、精神精力和生活习惯 4 个潜变量,且 4 个潜变量间的相关系数均大于 0.50,说明 4 个潜变量还可能包含 1 个二阶的潜变量。因此,本研究在一阶验证性因子分析结果的基础上,建立了心理适应的二阶验证性因子分析模型。心理适应的高阶验证性因子分析说明,心理适应包含 4 个维度,分别是心理情绪、兴趣态度、精神精力和生活习惯。模型拟合中的绝对拟合指数与相对拟合指数均符合标准,模型适配度良好,体现了心理适应测量方式和结果的合理性,说明对于在华非洲商人而言,其心理适应并非一个单一的过程,而是体现在多个方面,主要为情绪变化、精神状况、兴趣态度以及生活习惯。

　　社会文化适应测量所使用的量表改编自 Wilson、Ward、Fetvadjiev 等 (2017)开发的《社会文化适应量表》，该量表共有 18 个题项。前期探索性因子分析显示，18 个题项中包含了 3 个潜变量，分别是文化观念、生活环境和人际交往。依照探索性因子分析的结果，本研究构建了一阶验证性因子分析模型。一阶模型验证结果显示，文化观念、生活环境、人际交往中存在部分题项载荷过低，且与其他题项共线性过强的情况，因此依据 MI 指数对模型进行了修正。修正后模型的各测量变量路径系数均大于 0.50，表明在一定程度上，一阶验证性因子分析模型适配度较好。但同时也发现，3 个潜变量之间的相关系数均大于 0.50，说明还包含一个更高阶的潜变量。依照理论基础和一阶验证性因子分析结果，本研究进一步进行了社会文化适应高阶验证性因子分析。分析结果表明，模型的绝对拟合指标和相对拟合指标较为理想，验证了社会文化适应的测量方式以及测量结果的合理性。同时，这一结果也说明，对于在华非洲商人而言，社会文化适应是一个包含多个维度的概念，针对社会文化适应的描述可以从文化观念、生活环境以及人际交往的困难程度等方面综合考量。

　　本研究在心理适应和社会文化适应的测量模型基础上，构建了文化适应测量模型。模型中包含高阶的文化适应潜变量，二阶因子中的心理适应和社会文化适应潜变量，以及与心理适应相关的 4 个一阶因子和与社会文化适应相关的 3 个一阶因子。模型采用最大似然法进行拟合，并依据拟合结果进行修正，修正后文化适应测量模型的绝对拟合指标和相对拟合指标都较为符合验证标准。结果也验证了文化适应包含心理适应和社会文化适应 2 个维度的理论假设。

　　此外，文化适应的心理适应和社会文化适应还受一系列因素的影响，包括人口统计学因素，也包括在华时间、文化距离等因素。不同因素对心理适应的影响和对社会文化适应的影响不尽相同。从心理适应维度看，心理适应受性别、社会支持、性格、年龄、在华时间、汉语水平、跨文化经历以及对中国了解的影响较为显著，其中心理适应与性别、在华时间以及汉语水平具有负相关性，与社会支持、性格、年龄以及跨文化经历具有正相关性。对于社会文化适应而言，模型验证结果说明，社会文化适应与性别、社会支持、性格、年龄、汉语水平、跨文化经历以及对中国的了解相关；社会文化适应与性别、性格、对中国的了解具有负相关性，与社会支持、年龄、跨文化经历具有正相关性。

　　此外，文化距离也是文化适应的一个重要影响因素。模型拟合结果表明，文化距离作为一个潜在变量，可由 8 个测量变量测得。文化距离与心理适应、社会文化适应均具有正相关性。

文化适应受多方面影响,对在华非洲商人跨文化适应的测量与描述,需要从多维度、多层面考虑,将文化适应看作一个复合变量,既要关注在华非洲商人的心理健康状况,也要关注他们的社会文化适应情况。

第七章　结　语

全球化背景下,世界局势风云变幻,国际环境错综复杂,促和平、谋发展是新时代背景下的重大议题。中国顺应时代潮流,坚持走和平发展道路,坚定不移地奉行互利共赢开放战略,数十年来与非洲国家休戚与共、并肩作战,携手共建人类命运共同体。中非之间深入合作,推动商贸往来与人口流动。受地缘条件、历史发展等因素的影响,中非文化各具特色,于两地往来的商贾在两种文化间穿梭,不同文化碰撞和摩擦的火花给商人们的文化适应带来挑战。

本研究从文化适应的微观角度出发,对在华非洲商人文化适应的心理适应维度和社会文化适应维度进行了详细描述和深入探讨,并基于Berry(1980、2002)双维双向文化适应模型以及Ward等提出的ABC文化适应理论模型,构建在华非洲商人的文化适应模型。

一、研究主要发现

本研究基于Berry(1980、2002)的双维双向适应模型和Ward(2001)的情感、行为和认知模型,考察了在华非洲商人心理适应以及社会文化适应的主要维度,并针对心理适应和社会文化适应各维度的主要特征以及形成机制进行深入探讨,主要发现包括:

第一,研究结果表明,在华非洲商人的文化适应模型包含心理适应和社会文化适应2个维度,符合现有文化适应理论中的双维双向理论模型。文化适应的心理适应维度和社会文化适应维度间既相互独立又相互关联。

第二,本研究剖析了在华非洲商人个体文化适应过程中的心理内部维度,基于探索性因子分析和验证性因子分析,发现在华非洲商人的心理适应包含心理情绪、兴趣态度、精神精力和生活习惯4个维度。根据总分均值结果来看,在华非洲商人整体的心理适应情况一般,呈轻度抑郁趋势。在华非洲商人的心理适应情况在不同维度显示出一定差异性,在情感层面适应较差,在生活习惯维度的适应相对较好。

第三，本研究探索了在华非洲商人的社会文化适应维度。本研究采用Ward(2001)开发的《社会文化适应调查量表》，发现在华非洲商人的社会文化适应主要包含 3 个维度，分别为文化观念、生活环境以及人际交往。在华非洲商人的社会文化适应水平中等，其主要在生活环境方面适应较差，而在工作环境方面适应较好。

第四，本研究探索了文化距离、在华时长、语言水平、性别、性格、对中国的了解、社会支持、年龄、跨文化经历与文化适应之间的关系。研究结果表明，心理适应与性别、在华时间以及汉语水平具有负相关性，与社会支持、性格、年龄以及跨文化经历具有正相关性。社会文化适应与性别、性格、对中国的了解具有负相关性，与社会支持、年龄、跨文化经历具有正相关性。由此可知，在华非洲商人的文化适应在不同程度上受人口统计学因素、文化距离因素的影响。

二、研究的启示

依照本研究调查的在华非洲商人的文化适应结果可知，非洲商人在中国生活和工作过程中的跨文化适应问题有待更多的关注，主要包括：

首先，在华非洲商人须重视自身身心健康。本研究发现，在华非洲商人在文化适应过程中会出现抑郁倾向，且可能出现生理方面的适应性问题。因此，对于在华非洲商人自身而言，他们需要重视身心的健康发展，树立健康的生活意识。在华工作生活期间，在华非洲商人应及时关注自身身心健康，保持良好的生活作息和生活方式，多多参与体育锻炼以强健体魄，注意健康饮食、均衡营养。身体上或心理上若出现不适时，应及时就医，不因惧怕而拖延治疗。如若在文化适应过程中因遭遇文化休克而产生抑郁、焦虑时，应及时进行心理咨询以排解抑郁或焦虑情绪。

其次，商人群体的家人或朋友需要给予足够的支持。商人群体身在异国他乡时难免会产生孤独思乡之情，这时亲友给予的支持就显得尤为重要。家人的理解与支持可以为商人提供安全感和幸福感，商人与亲人之间的沟通也可以帮助他们释放压力、舒缓情绪，给予其情感慰藉。朋友之间的沟通和交流则可以为商人群体提供帮助，尤其是同在东道国的朋友可以给予商人们生活、工作方面更多、更及时的帮助。

再次，商人们在经商贸易期间可以借助商会的平台，寻求商会的帮助。商会是随着经济发展而由商人们组建，促进工商发展的团体。商会作为一个特殊的社会团体，同样可以为在华非洲商人提供一定的社会支持，可以在工作和生活上为其提供帮助。商会在政府、社会、商人之间发挥着桥梁纽带的作用。

商人在商会中可以获得更多与他人、社会接触的机会，可以在商会的引导下更好地开展商业贸易和对外交流活动。

最后，从国家及政府的角度来看，政府须重视外籍商人群体在国内的经济贸易活动以及他们的适应情况，加强与各商会之间的沟通交流。非洲是中国和平发展道路上的重要合作伙伴，非洲商人的经济贸易活动需要国家与政府的支持，以进一步促进中非经济贸易的健康蓬勃发展。

三、研究的贡献和局限性

本研究丰富了文化适应中商人群体文化适应理论的内涵。以往文化适应的研究更多关注移民、难民或留学生群体，仅有少数研究关注到因工作而旅居他国的旅居者，尤其是其中的商人群体。与难民群体相比，商人群体的旅居为自愿而非被迫；与移民团体相比，商人群体在不同国家间的往返频率更高，迁移更为自由灵活；与移民群体相比，商人群体迁移的目的不同，移民群体多以永久居住为目的，商人群体的迁移时长则随工作需求的变化而变化。因此，商人群体的文化适应具有其独特性，针对该群体的文化适应研究可以拓展现有理论的适配范围，丰富现有研究理论的内涵。

本研究在数据分析方法上采用结构方程模型进行多元数据分析，并结合相关性分析、方差分析、因子分析等多种推断性统计方法。推断统计分析与结构方程模型在自然科学及社会科学中应用较广，近年来在跨文化适应的研究中也出现了较多尝试，然而在现有研究中，针对商人群体的结构方程建模仍比较稀少。本研究不仅对在华非洲商人的文化适应进行详尽的描述性分析，还在此基础上进行推断性统计分析，揭示文化适应内部心理适应、社会文化适应与其他要素之间的结构关系。此外，本研究采用结构方程模型对已有的假设进行验证，力求得到更为抽象概括的结构模型，并对已得到的模型进行验证与修订，以提升模型的适配性，揭示文化适应内部要素间的关系。

本研究仍存在一些局限性，亟待日后研究进行补充与验证。在理论层面，本研究从文化适应的微观层面进行研究，主要从在华非洲商人个体适应层面出发，而未能深入涉及宏观层面的政治、经济等对文化适应的影响。

本研究在研究方法上也存在一定的局限性，样本数量较少并且调查对象分布的地区仍较为分散。受到新冠肺炎疫情的影响，在本研究数据搜集的过程中，许多商人无法像疫情前那样往返于中非，最终导致调查对象急剧减少。此外，本研究分析使用的数据主要采用问卷调查法所得，通过线上线下进行搜集，然而由于疫情方面的限制，非洲商人聚居地也因疫情防控要求无法进入，线下实地调查受到限制。

本研究采用量化研究方法，呈现文化适应的结果，但是缺乏对在华非洲商人文化适应机制的探讨。此外，影响因素研究中所调查的因素主要来自现有的理论以及已有的实证研究，其他影响因素涉及较少，有待于进一步探索。

文化适应为一个动态发展的过程，本研究所调查的在华非洲商人文化适应情况仅是一个横截面研究，只描述了该群体在某一阶段的文化适应情况。受研究条件的限制，本研究并未呈现非洲商人在华期间文化适应的动态发展变化。因此，后续研究中可以对在华非洲商人群体的文化适应动态发展过程进行纵向的深入研究。

参考文献

艾周昌,沐涛. 中非关系史[M]. 上海：华东师范大学出版社,1996.

博艾敦. 非洲人在中国：社会文化研究及其对非洲—中国关系的影响[M].
　　李安山,田开芳,李丽莎,译. 北京：社会科学文献出版社,2018.

岑仲勉. 自波斯湾头至东非中部之唐人航线[J]. 东方杂志,1935(18):46-51.

陈纯,蒋爱华. "一带一路"高职留学生跨文化适应对策研究[J]. 高教学刊,
　　2021(9):185-188.

陈公元. 中非历史上最早的外交关系[J]. 西亚非洲,1980(2):68-69.

陈慧,车宏生,朱敏. 跨文化适应影响因素研究述评[J]. 心理科学进展,2003
　　(6):704-710.

陈乐民. 古代中非关系史中的黎轩和"已程不国"究竟在哪里？[J]. 西亚非
　　洲,1994(1):72.

陈秀琼,龚晓芳. 来华非洲留学生跨文化学业适应调查与分析[J]. 教育评论,
　　2018(9):55-59.

丁峰. 背景资料："数"说中非经贸合作五大特点[EB/OL]. (2015-12-04)[2021-
　　01-12]. http://www.xinhuanet.com//world/2015/12/04/c1117363082.htm.

杜葆仁. 从西安唐墓出土的非洲黑人陶俑谈起[J]. 文物,1979(6):88-90.

段泉泉,胜利. 焦虑及抑郁自评量表的临床效度[J]. 中国心理卫生杂志,2012
　　(9):676-679.

冯承钧. 诸蕃志校注[M]. 北京：中华书局,1956.

郭念锋. 国家职业资格培训教程：心理咨询师（三级）[M]. 北京：民族出版
　　社,2012.

何蓓婷,安然. 中方外派管理者的跨文化适应压力及应对机理[J]. 管理案例
　　研究与评论,2019(1):74-92.

和音. 开拓合作共赢新局面[N]. 人民日报,2020-11-10(3).

侯杰泰,温忠麟,成子娟. 结构方程模型及其应用[M]. 北京：教育科学出版

社.2006.

黄慧莹. 法国旅居者在沪的跨文化适应——质和量的研究[D]. 上海:华东师范大学,2010.

姜飞,孙彦然."跨文化协商":广州非洲裔移民身份建构研究[J]. 新疆师范大学学报(哲学社会科学版),2017(1):115-130.

李安山,沈晓雷. 非洲留学生在中国:历史、现实与思考[J]. 西亚非洲,2018(5):61-89.

李小瑞,王占军. 基于深度访谈的来华留学生跨文化适应研究[J]. 山东高等教育,2020(2):71-78.

刘宏宇,贾卓超. 来华留学生跨文化适应研究——以来华中亚留学生为个案[J]. 中央民族大学学报(哲学社会科学版),2014(4):171-176.

刘鸿武. 从战略高度推进中非智库合作建设[J]. 非洲研究,2012(3):11-30.

刘鸿武,林晨. 人文交流推动中非合作行稳致远[J]. 西亚非洲,2020(2):22-32.

陆庭恩. 非洲问题论集[M]. 北京:世界知识出版社,2005.

罗梦云. 在华非洲留学生跨文化适应个案研究[J]. 重庆高教研究,2015,3(5):62-65.

吕红艳,郭定平. 排斥性互动:广州非洲人聚集区治理过程考察[J]. 岭南学刊,2020(1):80-87.

吕俞辉,汝淑媛. 对外汉语教师海外工作跨文化适应研究[J]. 云南师范大学学报(对外汉语教学与研究版),2012(1):57-62.

吕玉兰. 来华欧美留学生的文化适应问题调查与研究[J]. 首都师范大学学报(社会科学版),2000(S3):158-170.

马守敏. 出境入境管理法草案添新意[N]. 人民法院报,2012-04-28(5).

牛冬,张振江. 在华非洲人研究:十年报告[M]//王辉耀,苗绿. 中国国际移民报告(2018). 北京:社会科学文献出版社,2018:107-131.

亓华,李美阳. 在京俄罗斯留学生跨文化适应调查研究[J]. 语言教学与研究,2011(2):36-42.

沈福伟. 中国与非洲:中非关系二千年[M]. 北京:中华书局,1990.

田士达. 中非"一带一路"合作开启新篇章[N]. 经济日报,2020-12-24(8).

王春芳,蔡则环,徐清. 抑郁自评量表——SDS 对 1340 例正常人评定分析[J]. 中国神经精神疾病杂志,1986(5):267-268.

王文菁,谭文艳. Zung 抑郁自评量表的因子分析[J]. 广东医学,2011(16):

2191-2193.

王毅. 二十载命运与共,新时代再攀高峰[N]. 人民日报,2020-10-15(6).

温国砫. 在华非洲留学生文化适应策略研究[J]. 浙江师范大学学报(社会科学版),2020(2):60-68.

文雯,刘金青,胡蝶,等. 来华留学生跨文化适应及其影响因素的实证研究[J]. 复旦教育论坛,2014(5):50-57.

吴长春. 早期中非海上交往方式、途径及相关的几个问题[J]. 西亚非洲,1991(6):57-62.

许涛. 广州地区非洲人的社会交往关系及其行动逻辑[J]. 青年研究,2009(5):71-86.

许永璋. 古代到过中国的非洲人[J]. 史学月刊,1983(3):98-99.

杨军红. 来华留学生跨文化适应问题研究[D]. 上海:华东师范大学,2005.

张绍泽. 新时期推动中非经贸关系进一步发展的对策研究[J]. 价格月刊,2019(7):68-72.

中华人民共和国国务院. 国务院关于外国人入出境及居留、就业管理工作情况的报告[EB/OL]. (2012-04-25)[2012-12-30]. http://www. npc. gov. cn/zgrdw/huiyi/ztbg/wgrrcjglgzbg/2012-08/21/content1872386. htm.

中华人民共和国国家统计局. 2010 年第六次全国人口普查接受普查登记的港澳台居民和外籍人员主要数据[EB/OL]. (2011-04-29)[2011-12-05]. http://www. stats. gov. cn/tjsj/pcsj/rkpc/6rp/indexch. htm.

中华人民共和国教育部. 2018 年来华留学统计[EB/OL]. (2019-04-12)[2020-04-15]. http://www. moe. gov. cn/jybxwfb/gzdtgzdt/s5987/201904/t20190412377692. html.

钟山. 共同谱写新时代中非合作论坛新篇章[N]. 人民日报,2020-10-16(10).

邹多为,戴小河. 中非共建"一带一路"合作取得新进展[EB/OL]. (2022-08-20)[2022-08-30]. https://m. gmw. cn/2022-08/20/content_1303100473. htm.

朱国辉. 高校来华留学生跨文化适应问题研究[D]. 上海:华东师范大学,2011.

Abdullah M C, Adebayo A S. Relationship between demographic factors, social support and sociocultural adjustment among international post graduate students in a Malaysian public university[J]. Journal of educational and social research, 2015, 5(2): 87.

Adler P S. The transitional experience: An alternative view of culture shock

[J]. Journal of humanistic psychology，1975，15(4)：13-23.

Ahmed S R，Kia-Keating M，Tsai K H. A structural model of racial discrimination，acculturative stress，and cultural resources among Arab American adolescents[J]. American journal of community psychology，2011，48(3)：181-192.

Allolio-Näcke L. Interculturality[M]//Teo T (ed.). Encyclopedia of critical psychology. New York：Springer，2014：974-977.

Allport G W. The nature of prejudice[M]. Oxford：Addison-Wesley，1954.

Al-Sharideh K A，Goe W R. Ethnic communities within the university：An examination of factors influencing the personal adjustment of international students[J]. Research in higher education，1998，39(6)：699-725.

Anderson J，Moeschberger M，Chen M S，et al. An acculturation scale for Southeast Asians[J]. Social psychiatry and psychiatric epidemiology，1993，28(3)：134-141.

Argyle M，Furnham A，Graham J A. Social situations[M]. Cambridge：Cambridge University Press，1981.

Armes K，Ward C. Cross-cultural transitions and sojourner adjustment in Singapore[J]. The journal of social psychology，1989，129(2)：273-275.

Arroyo J. Transculturation，syncretism，and hybridity[M]//Miguel Y M-S，Sifuentes-Jáuregui B，Belausteguigoitia M (eds.). Critical terms in Caribbean and Latin American thought：Historical and institutional trajectories. New York：Palgrave Macmillan，2016：133-144.

Arthur Jr W，Bennett Jr W. The international assignee：The relative importance of factors perceived to contribute to success[J]. Personnel psychology，1995，48(1)：99-114.

Ataca B，Berry J W. Psychological，sociocultural，and marital adaptation of Turkish immigrant couples in Canada [J]. International journal of psychology，2002，37(1)：13-26.

Austin J T，Vancouver J B. Goal constructs in psychology：Structure，process，and content [J]. Psychological bulletin，1996，120(3)：338-375.

Baba Y，Hosoda M. Home away home：Better understanding of the role of social support in predicting cross-cultural adjustment among international students[J]. College student journal, 2014, 48(1): 1-15.

Babiker I E, Cox J L, Miller P M. The measurement of cultural distance and its relationship to medical consultations, symptomatology and examination performance of overseas students at Edinburgh University [J]. Social psychiatry, 1980, 15(3): 109-116.

Badea C, Jetten J, Iyer A, et al. Negotiating dual identities: The impact of group-based rejection on identification and acculturation[J]. European journal of social psychology, 2011, 41(5): 586-595.

Baker E H. Socioeconomic status, definition [M]//Cockerham W C, Dingwall R, Quah S (eds.). The Wiley Blackwell encyclopedia of health, illness, behavior, and society. Chichester: John Wiley & Sons, Ltd., 2014: 2210-2214.

Barona A, Miller J A. Short acculturation scale for Hispanic youth (SASH-Y): A preliminary report[J]. Hispanic journal of behavioral sciences, 1994, 16(2): 155-162.

Barratt M F, Huba M E. Factors related to international undergraduate student adjustment in an American community[J]. College student journal, 1994, 28(4): 422-436.

Becker T. Patterns of attitudinal changes among foreign students [J]. American journal of sociology, 1968, 73(4): 431-442.

Bender M, Van Osch Y, Sleegers W, et al. Social support benefits psychological adjustment of international students: Evidence from a meta-analysis[J]. Journal of cross-cultural psychology, 2019, 50(7): 827-847.

Berger R, Safdar S, Spieß E, et al. Acculturation of Erasmus students: Using the multidimensional individual difference acculturation model framework[J]. International journal of psychology, 2019, 54(6): 739-749.

Berry J W. Acculturation as varieties of adaptation[M]//Padilla A (ed.). Acculturation: Theory, models and some new findings. Boulder: Westview, 1980: 9-25.

Berry J W. Acculturation and adaptation: A general framework [M]//

Holtzman W H,Bornemann T H (eds.). Mental health of immigrants and refugees: Proceedings of a conference. Austin: University of Texas, 1990: 90-102.

Berry J W. Psychology of acculturation[M]//Berman J J (ed.). Nebraska symposium on motivation, 1989: Cross-cultural perspectives. Lincoln: University of Nebraska Press, 1990: 201-234.

Berry J W. Multiculturalism and ethnic attitudes in Canada: An overview of the 1991 National Survey[J]. Canadian journal of behavioural science, 1995, 27(3): 301-320.

Berry J W. Immigration, acculturation, and adaptation [J]. Applied psychology, 1997, 46(1): 5-34.

Berry J W. A psychology of immigration[J]. Journal of social issues, 2001, 57(3): 625-631.

Berry J W. Conceptual approaches to acculturation[M]//Chun K, Balls-Organista P, Martin G (eds.). Acculturation: Advances in theory, measurement, and applied research. Washington, D. C. : American Psychological Association Press, 2003: 17-37.

Berry J W. Acculturation: Living successfully in two cultures [J]. International journal of intercultural relations, 2005, 29(6): 697-712.

Berry J W. Acculturative Stress[M]//Wong P T P, Wong L C J (eds.). Handbook of multicultural perspectives on stress and coping. Boston: Springer, 2006: 287-298.

Berry J W. Theories and models of acculturation[M]//Schwartz S J, Unger J B (eds.). The Oxford handbook of acculturation and health. New York: Oxford University Press, 2017: 15-28.

Berry J W, Annis R C. Acculturative stress: The role of ecology, culture and differentiation[J]. Journal of cross-cultural psychology, 1974, 5(4): 382-406.

Berry J W, Kim U, Minde T, et al. Comparative studies of acculturative stress[J]. International migration review, 1987, 21(3): 491-511.

Berry J W, Phinney J S, Sam D L, et al. Immigrant youth in cultural transition: Acculturation, identity, and adaptation across national contexts [M]. Mahwah: Lawrence Erlbaum Associates

Publishers，2006.

Berry J W，Poortinga Y H，Segall M H，et al. Cross-cultural psychology：Research and applications［M］. Cambridge：Cambridge University Press，2002.

Berry J W，Sabatier C. Acculturation，discrimination，and adaptation among second generation immigrant youth in Montreal and Paris［J］. International journal of intercultural relations，2010，34(3)：191-207.

Berry J W，Sam D L. Acculturation and adaptation［M］//Berry J W，Segall M S，Kagitcibasi C（eds.）. Handbook of cross-cultural psychology（Vol. 3）：Social behavior and applications（2nd ed.）. Needham Heights：Allyn & Bacon，1997：291-326.

Berry J W，Sam D L. Accuracy in scientific discourse［J］. Scandinavian journal of psychology，2003，44(1)：65-68.

Bhat P，Dwyer R，Vally H，et al. Acculturation and alcohol：Exploring experiences of alcohol for Asian international students in Australia［J］. International journal of intercultural relations，2021，85：184-190.

Bierwiaczonek K，Waldzus S. Socio-cultural factors as antecedents of cross-cultural adaptation in expatriates，international students，and migrants：A review［J］. Journal of cross-cultural psychology，2016，47（6）：767-817.

Black J S，Mendenhall M. The U-curve adjustment hypothesis revisited：A review and theoretical framework［J］. Journal of international business studies，1991，22(2)：225-247.

Blanchet P，Francard M. Identități culturale［M］//Ferréol G，Jucquois G（eds.）. Dicționarul alterității și al relațiilor interculturale. Iași：Polirom，2005：328-339.

Bochner S. Coping with unfamiliar cultures：Adjustment or culture learning?［J］. Australian journal of psychology，1986，38(3)：347-358.

Bochner S，Hutnik N，Furnham A. The friendship patterns of overseas and host students in an Oxford student residence［J］. The journal of social psychology，1985，125(6)：689-694.

Bochner S，McLeod B M，Lin A. Friendship patterns of overseas students：A functional model［J］. International journal of psychology，1977，12(4)：

277-294.

Boekestijn C. Intercultural migration and the development of personal identity: The dilemma between identity maintenance and cultural adaptation[J]. International journal of intercultural relations, 1988, 12 (2): 83-105.

Brandon N. The power of self-esteem [M]. Deerfield Beach: Health Communications, 1992.

Cao C, Zhu C, Meng Q. Predicting Chinese international students' acculturation strategies from socio-demographic variables and social ties [J]. Asian journal of social psychology, 2017, 20(2): 85-96.

Caplan G. Support systems and community mental health[M]. New York: Behavioural Publication, 1974.

Carling J, Collins F. Aspiration, desire and drivers of migration[J]. Journal of ethnic and migration studies, 2018, 44(6): 909-926.

Chang H B. Attitudes of Chinese students in the United States[J]. Sociology & social research, 1973, 58(1):66-77.

Chavez D V, Moran V R, Reid S L, et al. Acculturative stress in children: A modification of the SAFE scale [J]. Hispanic journal of behavioral sciences, 1997, 19(1): 34-44.

Chen G M, Starosta W J. The development and validation of the Intercultural Sensitivity Scale[J]. Human communication, 2000, 3(1): 1-15.

Chirkov V I, Safdar S, De Guzman J, et al. Further examining the role motivation to study abroad plays in the adaptation of international students in Canada[J]. International journal of intercultural relations, 2008, 32(5): 427-440.

Chirkov V, Vansteenkiste M, Tao R, et al. The role of self-determined motivation and goals for study abroad in the adaptation of international sudents[J]. International journal of intercultural relations, 2007, 31 (2): 199-222.

Chun K M, Organista P B, Marín B G. Acculturation: Advances in theory, measurement, and applied research[M]. Washington, D.C.: American psychological association, 2003.

Chung R H, Kim B S K, Abreu J M. Asian American multidimensional acculturation scale: Development, factor analysis, reliability, and validity[J]. Cultural diversity and ethnic minority psychology, 2004, 10 (1): 66-80.

Church A T. Sojourner adjustment[J]. Psychological bulletin, 1982, 91(3): 540-572.

Clement R, Noels K A, Deneault B. Interethnic contact, identity, and psychological adjustment: The mediating and moderating roles of communication[J]. Journal of social issues, 2001, 57(3): 559-577.

Coleman J S. Social capital in the creation of human capital[J]. American journal of sociology, 1988, 94: S95-S120.

Cortért D E, Rogler L H, Malgady R G. Biculturality among Puerto Rican adults in the United States [J]. American journal of community psychology, 1994, 22(5): 707-721.

Costa Jr P T, McCrae R R. Domains and facets: Hierarchical personality assessment using the revised neo personality inventory[J]. Journal of personality assessment, 1995, 64(1): 21-50.

Cuellar I, Arnold B, Maldonado R. Acculturation rating scale for Mexican Americans-ii: A revision of the original ARSMA scale[J]. Hispanic journal of behavioral sciences, 1995, 17(3): 275-304.

Cuellar I, Harris L C, Jasso R. An acculturation scale for Mexican American normal and clinical populations [J]. Hispanic journal of behavioral sciences, 1980, 2(3): 199-217.

Cuellar I, Roberts R E. Relations of depression, acculturation, and socioeconomic status in a Latino sample [J]. Hispanic journal of behavioral sciences, 1997, 19(2): 230-238.

Davis F J. The two-way mirror and the U-curve: Americans as seen by Turkish students returned home [J]. Sociology and social research, 1971, 56(1): 29-43.

Dean O, Popp G E. Intercultural communication effectiveness as perceived by American managers in Saudi Arabia and French managers in the US[J]. International journal of intercultural relations, 1990, 14(4): 405-424.

Del Pilar J A, Udasco J O. Deculturation: Its lack of validity[J]. Cultural diversity and ethnic minority psychology, 2004, 10(2): 169-176.

Demes K A, Geeraert N. Measures matter: Scales for adaptation, cultural distance, and acculturation orientation revisited[J]. Journal of cross-cultural psychology, 2014, 45(1): 91-109.

Demes K A, Geeraert N. The highs and lows of a cultural transition: A longitudinal analysis of sojourner stress and adaptation across 50 countries[J]. Journal of personality and social psychology, 2015, 109(2): 316-337.

Deutsch S S, Won G Y M. Some factors in the adjustment of foreign nationals in the United States[J]. Journal of social issues, 1963, 19(3): 115-122.

Diener E, Emmons R A, Larsen R J, et al. The satisfaction with life scale[J]. Journal of personality assessment, 1985, 49(1): 71-75.

Dietz G. Multiculturalism, interculturality and diversity in education[M]. Münster: Waxmann Verlag, 2009.

Dietz G. Interculturality [M]//Callan H (ed.). The international encyclopedia of anthropology. New York: John Wiley & Sons, Ltd., 2018: 1-19.

Digman J M. Personality structure: Emergence of the five-factor model[J]. Annual review of psychology, 1990, 41(1): 417-440.

Earley P C, Ang S. Cultural intelligence: Individual interactions across cultures[M]. Palo Alto: Stanford University Press, 2003.

El Khoury S J. Factors that impact the sociocultural adjustment and well-being of Syrian refugees in Stuttgart—Germany[J]. British journal of guidance & counselling, 2019, 47(1): 65-80.

Endler N S, Parker J D A. Assessment of multidimensional coping: Task, emotion, and avoidance strategies[J]. Psychological assessment, 1994, 6(1): 50-60.

Eysenck H J, Eysenck S B G. Manual of the Eysenck personality questionnaire[M]. London: Hodder & Stoughton, 1975.

Felix-Ortiz C M, Newcomb M D, Meyers H. A multidimensional measure of cultural identity for Latino and Latina adolescents[J]. Hispanic journal of behavioral sciences, 1994, 16(2): 99-115.

Fennelly K. Listening to the experts: Provider recommendations on the health needs of immigrants and refugees [J]. Journal of cultural diversity, 2006, 13(4): 190-201.

Fontaine G. Roles of social support systems in overseas relocation: Implications for intercultural training [J]. International journal of intercultural relations, 1986, 10(3): 361-378.

Fox M, Thayer Z M, Wadhwa P D. Acculturation and health: The moderating role of sociocultural context: Context moderates how acculturation affects health[J]. American anthropologist, 2017, 119(3): 405-421.

Franco J N. An acculturation scale for Mexican-American children[J]. The journal of general psychology, 1983, 108(2): 175-181.

Furnham A. Culture shock: A review of the literature for practitioners[J]. Psychology, 2019, 10(13): 1832-1855.

Furnham A, Alibhai N. The friendship networks of foreign students: A replication and extension of the functional model [J]. International journal of psychology, 1985, 20(3—4): 709-722.

Furnham A, Bochner S. Social difficulty in a foreign culture: An empirical analysis[M]//Bochner S (ed.). Cultures in contact: Studies in cross-cultural interaction. Oxford: Pergamon, 1982: 161-198.

Furnham A, Bochner S. Culture shock: Psychological reactions to unfamiliar environments[M]. New York: Methuen, 1986.

Furnham A, Shiekh S. Gender, generational and social support correlates of mental health in Asian immigrants[J]. International journal of social psychiatry, 1993, 39(1): 22-33.

Gadd C J. Code of Hammurabi[M]//Preece W E (ed.). Encyclopaedia Britannica. Chicago: William Benton, 1971: 41-43.

Galchenko I, Van de Vijver F J R. The role of perceived cultural distance in the acculturation of exchange students in Russia [J]. International journal of intercultural relations, 2007, 31(2): 181-197.

Galobardes B, Shaw M, Lawlor D A, et al. Indicators of socioeconomic position (part 1)[J]. Journal of epidemiology & community health, 2006, 60(1): 7-12.

Gangestad S W, Snyder M. Self-monitoring: Appraisal and reappraisal[J].

Psychological bulletin，2000，126（4）：530-555.

Gardner G H. Cross-cultural communication［J］. Journal of social psychology，1962，58（2），241-256.

Ghaffarian S. The acculturation of Iranians in the United States［J］. Journal of social psychology，1987，127（6）：565-571.

Gillin J，Raimy V. Acculturation and personality［J］. American sociological review，1940，5（3）：371-380.

Goldberg L R. The structure of phenotypic personality traits［J］. American psychologist，1993，48（1）：26-34.

Gordon M M. Assimilation in American life：The role of race，religion，and national origins［M］. New York：Oxford University Press，1964.

Graves T D. Psychological acculturation in a tri-ethnic community［J］. Southwestern journal of anthropology，1967，23（4）：337-350.

Graziano W G，Waschull S B. Social development and self-monitoring［M］// Eisenberg （ed.）. Social development. Thousand Oaks：Sage Publications，Inc.，1995：233-260.

Gullahorn J T，Gullahorn J E. An extension of the U-Curve hypothesis［J］. Journal of social issues，1963，19（3）：33-47.

Gundara J S. Interculturalism，education and inclusion［M］. London：Sage Publications，Inc.，2000.

Hallowell A I. Acculturation processes and personality changes as indicated by the Rorschach technique［J］. Rorschach research exchange，1942，6（2）：42-50.

Harris A C，Verven R. The Greek-American acculturation scale：Development and validity［J］. Psychological reports，1996，78（2）：599-610.

Harris J R，Todaro M P. Migration，unemployment and development：A two-sector analysis［J］. The American economic review，1970，60（1）：126-142.

Hayes R L，Lin H-R. Coming to America：Developing social support systems for international students［J］. Journal of multicultural counseling and development，1994，22（1）：7-16.

Heath L. Foreign students attitudes［J］. International education and cultural exchange，1970，5（3）：66-70.

Hecht M L. Communicating prejudice［M］. Thousand Oaks：Sage Publications，Inc. ，1998.

Herfst S L，Van Oudenhoven J P，Timmerman M E. Intercultural effectiveness training in three Western immigrant countries：A cross-cultural evaluation of critical incidents［J］. International journal of intercultural relations，2008，32(1)：67-80.

Herskovits M J. The contribution of Afroamerican studies to Africanist research［J］. American anthropologist，1948，50(1)：1-10.

Hofstede G. Culture's consequences：International differences in work-related values［M］. Beverly Hills：Sage Publications，Inc. ，1980.

Hofstede G，Hofstede G J，Minkov M. Cultures and organizations：Software of the mind（3rd，ed.)［M］. New York：McGraw-Hill，2010.

House J S. Understanding social factors and inequalities in health：20th century progress and 21st century prospects［J］. Journal of health and social behavior，2002，43(2)：125.

HSBC Expat. Expat explorer report 2014［EB/OL］. (2015-10-11)［2021-02-03］. https://expatexplorer. hsbc. com/ survey/files/pdfs/overall-reports/2014.

Hull W F. Foreign students in the US［M］. New York：Praeger，1978.

Hurh W，Kim K C. Adaptation stages and mental health of Korean male immigrants in the United States［J］. International migration review，1990，24：456-479.

Jackson J. Interculturality in international education［M］. New York：Routledge，2018.

Jasinskaja-Lahti I，Liebkind K，Jaakkola M，et al. Perceived discrimination，social support networks，and psychological well-being among three immigrant groups［J］. Journal of cross-cultural psychology，2006，37(3)：293-311.

Jenkins E M，Mokaitis A. You're from where? The influence of distance factors on New Zealand expatriates' cross-cultural adjustment［J］. The international journal of human resource management，2010，21(15)：2694-2715.

Jou Y H, Fukada H. Effects of social support on adjustment of Chinese students in Japan[J]. The journal of social psychology, 1995, 135(1): 39-47.

Juang L P, Cookston J T. Acculturation, discrimination, and depressive symptoms among Chinese American adolescents: A longitudinal study [J]. The journal of primary prevention, 2009, 30(3—4): 475-496.

Kao C, Gansneder B. An assessment of class participation by international graduate students[J]. Journal of college student development, 1995, 36 (2): 132-140.

Kim B S K. Acculturation and enculturation[M]//Leong F L, Inman A G, Ebreo A, et al. (eds.). Handbook of Asian American psychology. Thousand Oaks: Sage Publications, Inc., 2007: 141-158.

Kim B S K, Abreu J M. Acculturation measurement: Theory, current instruments, and future directions[M]//Ponterotto J G, Casas J M, Suzuki L A, et al. (eds.). Handbook of multicultural counseling. Thousand Oaks: Sage Publications, Inc., 2001: 394-424.

Kim B S K, Atkinson D R, Yang P H. The Asian values scale: Development, factor analysis, validation, and reliability[J]. Journal of counseling psychology, 1999, 46(3): 342-352.

Kim B S K, Omizo M M. Behavioral acculturation and enculturation and psychological functioning among Asian American college students[J]. Cultural diversity and ethnic minority psychology, 2006, 12 (2): 245-258.

Kim Y Y. Cross-cultural adaptation: An integrative theory[M]//Wiseman R L (ed.). Intercultural Communication Theory. Thousand Oaks: Sage Publications, Inc., 1995: 170-193.

Kim Y Y. Becoming intercultural: An integrative theory of communication and cross-cultural adaptation[M]. Thousand Oaks: Sage Publications, Inc., 2001.

Kirby J. Overseas Chinese: An accent on harmony[J]. Free China review, 1989, 39(7): 4-9.

Kirkman B L, Chen G. Cultural intelligence and international assignment effectiveness [J]. Academy of management proceedings, 2006 (1):

C1-C6.

Kirshner D H, Meng L. Enculturation and acculturation[M]//Seel N M (ed.). Encyclopedia of the Sciences of Learning. New York: Springer, 2012: 1148-1151.

Klineberg O, Hull W F. At a foreign university: An international study of adaptation and coping[M]. New York: Praeger, 1979.

Klonoff E A, Landrine H. Revising and improving the African American acculturation scale[J]. Journal of black psychology, 2000, 26 (2): 235-261.

Kogut B, Singh H. The effect of national culture on the choice of entry mode [J]. Journal of international business studies, 1988, 19(3): 411-432.

Kosic A. Immigrant adaptation in relation with need for cognitive closure and coping strategies[D]. Rome: University of Rome, 1998.

Kosic A. Acculturation strategies, coping process and acculturative stress [J]. Scandinavian journal of psychology, 2004, 45(4): 269-278.

Kosic A. Personality and individual factors in acculturation[M]//Sam D L, Berry J W (eds.). The Cambridge handbook of acculturation psychology. Cambridge: Cambridge University Press, 2006: 113-128.

Kosic A, Mannetti L, Sam D L. Self-monitoring: A moderating role between acculturation strategies and adaptation of immigrants[J]. International journal of intercultural relations, 2006, 30(2): 141-157.

Kruglanski A W, Shah J Y, Fishbach A, et al. A theory of goal systems [M]//Zanna M P (ed.). Advances in Experimental Social Psychology. London: Academic Press, 2002: 331-378.

Lahtinen A. China-Africa relations [M]//Lahtinen A (ed.). China's diplomacy and economic activities in Africa. Cham: Springer International Publishing, 2018: 1-15.

Landis D, Bhagat R S. Handbook of intercultural training[M]. Thousand Oaks: Sage Publications, Inc., 1996.

Landrine H, Klonoff E A. The African American acculturation scale: Development, reliability, and validity[J]. Journal of black psychology, 1994, 20(2): 104-127.

Landrine H, Klonoff E A. The African American acculturation scale ii:

Cross-validation and short form[J]. Journal of black psychology, 1995, 21(2): 124-152.

Lazarus R S. Coping theory and research: Past, present, and future[J]. Psychosomatic medicine, 1993, 55(3): 234-247.

Lazarus R S, Folkman S. Stress, appraisal, and coping[M]. New York: Springer publishing company, 1984.

Le Brun-Ricalens F. Transculturation versus acculturation: A clarification [M]//Nishiaki Y, Jöris O (eds.). Learning among neanderthals and palaeolithic modern humans: Archaeological evidence. Gateway East: Springer, 2019: 193-206.

Lee J S, Koeske G F, Sales E. Social support buffering of acculturative stress: A study of mental health symptoms among Korean international students[J]. International journal of intercultural relations, 2004, 28 (5): 399-414.

Lee R M. Do ethnic identity and other-group orientation protect against discrimination for Asian Americans? [J]. Journal of counseling psychology, 2003, 50(2): 133-141.

Lennox R D, Wolfe R N. Revision of the self-monitoring scale[J]. Journal of personality and social psychology, 1984, 46(6): 1349-1364.

Leong C H. Predictive validity of the multicultural personality questionnaire: A longitudinal study on the socio-psychological adaptation of Asian undergraduates who took part in a study-abroad program [J]. International journal of intercultural relations, 2007, 31(5): 545-559.

Leslie L. The role of informal support networks in the adjustment of Central American immigrant families[J]. Journal of community psychology, 1992, 20(3): 243-256.

Li A, Gasser M B. Predicting Asian international students' sociocultural adjustment: A test of two mediation models[J]. International journal of intercultural relations, 2005, 29(5): 561-576.

Liebkind K, Jasinskaja-Lahti I. Acculturation and psychological wellbeing among immigrant adolescents in Finland: A comparative study of adolescents from different cultural backgrounds [J]. Journal of adolescent research, 2000, 15(4): 446-469.

Liebkind K, Jasinskaja-Lahti I, Solheim E. Cultural identity, perceived discrimination, and parental support as determinants of immigrants' school adjustments: Vietnamese youth in Finland [J]. Journal of adolescent research, 2004, 19(6): 635-656.

Lifton R J. The protean self: Human resilience in an age of fragmentation [M]. New York: Basic Books, 1993.

Lin J C G, Yi J K. Asian international students' adjustment: Issues and program suggestions [J]. College student journal, 1997, 31 (4): 473-479.

Locke S A, Feinsod F. Psychological preparation for young adults travelling abroad[J]. Adolescence, 1982, 17(68): 815-819.

Lysgaand S. Adjustment in a foreign society: Norwegian Fulbright grantees visiting the United States[J]. International social science bulletin, 1955 (7): 45-51.

Mähönen T, Jasinskaja-Lahti I. Acculturation expectations and experiences as predictors of ethnic migrants' psychological wellbeing[J]. Journal of cross-cultural psychology, 2012, 44(5): 786-806.

Mähönen T, Leinonen E, Jasingskaja-Lahti I. Met expectations and the wellbeing of diaspora immigrants: A longitudinal study[J]. International journal of psychology, 2013, 48(3): 324-333.

Marin G, Gamba R J. A new measurement of acculturation for Hispanics: The bidimensional acculturation scale for Hispanics (BAS)[J]. Hispanic journal of behavioral sciences, 1996, 18(3): 297-316.

Marin G, Sabogal F, Marin B V, et al. Development of a short acculturation scale for Hispanics[J]. Hispanic journal of behavioral sciences, 1987, 9 (2): 183-205.

Martinez R, Norman R D, Delaney H D. A children's Hispanic background scale[J]. Hispanic journal of behavioral sciences, 1984, 6(2): 103-112.

Masgoret A M. Examining the role of language attitudes and motivation on the sociocultural adjustment and the job performance of sojourners in Spain[J]. International journal of intercultural relations, 2006, 30(3): 311-331.

Masgoret A M, Ward C. Culture learning approaches to acculturation[M]//

Sam D L，Berry J W（eds.）. The Cambridge handbook of acculturation psychology. Cambridge：Cambridge University Press，2006：58-77.

Maslow A H. A theory of metamotivation：The biological rooting of the value-life［M］//Chiang H，Maslow A H（eds.）. The healthy personality. New York：Van Nostrand Reinhold，1969：35-56.

Mavreas V，Bebbington P，Der G. The structure and validity of acculturation：Analysis of an acculturation scale［J］. Social psychiatry and psychiatric epidemiology，1989，24(5)：233-240.

Mays V M，Coleman L M，Jackson J S. Perceived race-based discrimination，employment status，and job stress in a national sample of black women：Implications for health outcomes［J］. Journal of occupational health psychology，1996，1(3)：319-329.

McGee W J. Piratical acculturation［J］. American anthropologist，1898，11(8)：243-249.

McKay J. Phoenician farewell：Three generations of Lebanese Christians in Australia［M］. Melbourne：Ashwood House，1989.

Mendenhall M E，Oddou G. The dimensions of expatriate acculturation：A review［J］. Academy of management review，1985，10(1)：39-47.

Mendoza R H. An empirical scale to measure type and degree of acculturation in Mexican American adolescents and adults［J］. Journal of cross-cultural psychology，1989，20(4)：372-385.

Moghaddam F M，Ditto B，Taylor D M. Attitudes and attributions related to psychological symptomatology in Indian immigrant women［J］. Journal of cross-cultural psychology，1990，21(3)：335-350.

Mokhothu T M，Callaghan C W. The management of the international student experience in the South African context：The role of sociocultural adaptation and cultural intelligence［J］. Acta commercii，2018，18(1)：1-11.

Mol S T，Born M，Willemsen M E，et al. Predicting expatriate job performance for selection purposes：A quantitative review［J］. Journal of cross-cultural psychology，2005，36(5)：590-620.

Montagliani A，Giacalone R. Impression management in cross-cultural adaptation［J］. Journal of social psychology，1998，138(5)：598-608.

Montalvo F. Phenotyping, acculturation, and biracial assimilation of Mexican Americans[M]//Sotomayor M (ed.). Empowering Hispanic families: A critical issue for the 90s. Milwaukee: Family service America, 1991: 97-119.

Montgomery G T, Orozco S. Validation of a measure of acculturation for Mexican Americans[J]. Hispanic journal of behavioral sciences, 1984, 6(1): 53-63.

Mor S, Morris M W, Joh J. Identifying and training adaptive cross-cultural management skills: The crucial role of cultural metacognition [J]. Academy of management learning and education, 2013, 12(3): 453-475.

Mori S C. Addressing the mental health concerns of international students [J]. Journal of counseling & development, 2000, 78(2): 137-144.

Morris R T. The two-way mirror: National status in foreign students' adjustment[M]. Minneapolis: University of Minnesota Press, 1960.

Morse L T, Doob L W. Becoming more civilized: A psychological exploration [J]. The American Catholic sociological review, 1961, 22(3): 281.

Moyerman D R, Forman B D. Acculturation and adjustment: A meta-analytic study[J]. Hispanic journal of behavioral sciences, 1992, 14 (2): 163-200.

Negy C, Woods D J. A note on the relationship between acculturation and socioeconomic status[J]. Hispanic journal of behavioral sciences, 1992a, 14(2): 248-251.

Negy C, Woods D J. The importance of acculturation in understanding research with Hispanic-Americans [J]. Hispanic journal of behavioral sciences, 1992b, 14(2): 224-247.

Nesdale D, Mak A. Ethnic identification, self-esteem and immigrant psychological health[J]. International journal of intercultural relations, 2003, 27(1): 23-40.

Nguyen H H, Messé L A, Stollak G E. Toward a more complex understanding of acculturation and adjustment [J]. Journal of cross-cultural psychology, 1999, 30(1): 5-31.

Norris A E, Ford K, Bova C A. Psychometrics of a brief acculturation scale for Hispanics in a probability sample of urban Hispanic adolescents and young adults[J]. Hispanic journal of behavioral sciences, 1996, 18(1): 29-38.

Nwadiora E, McAdoo H. Acculturative stress among Amerasian refugees: Gender and racial differences[J]. Adolescence, 1996, 31(122): 477-487.

Oberg K. Cultural shock: Adjustment to new cultural environments[J]. Practical anthropology, 1960,7(4): 177-182.

Olmedo E L. Acculturation: A psychometric perspective[J]. American psychologist, 1979, 34(11): 1061.

Ones D S, Viswesvaran C. Personality determinants in the prediction of aspects of expatriate job success[M]//Aycan Z (ed.). New approaches to employee management (Vol. 4): Expatriate management: Theory and research. Greenwich: Elsevier Science Press, 1997: 63-92.

Ones D S, Viswesvaran C. Relative importance of personality dimensions for expatriate selection: A policy capturing study[J]. Human performance, 1999, 12(3—4): 275-294.

Ong A S J, Ward C. The construction and validation of a social support measure for sojourners: The index of sojourner social support (ISSS) scale[J]. Journal of cross-cultural psychology, 2005, 36(6): 637-661.

Oppedal B, Røysamb E, Sam D L. The effect of acculturation and social support on change in mental health among young immigrants[J]. International journal of behavioral development, 2004, 28(6): 481-494.

Ortiz F. Contrapunteo cubano del tabaco y el aúcar[M]. Ayacucho: Fundacion Biblioteca Ayacuch, 1987.

Ozer S. Predictors of international students' psychological and sociocultural adjustment to the context of reception while studying at Aarhus University, Denmark[J]. Scandinavian journal of psychology, 2015, 56(6): 717-725.

Padilla A M, Wagatsuma Y, Lindholm K J. Acculturation and personality as predictors of stress in Japanese and Japanese-Americans[J]. The journal of social psychology, 1985, 125(3): 295-305.

Pak A, Dion K L, Dion K K. Social-psychological correlates of experienced discrimination: Test of the double jeopardy hypothesis[J]. International journal of intercultural relations, 1991, 15(2): 243-253.

Park R E, Burgess E W. Introduction to the science of sociology [M]. Chicago: University of Chicago Press, 1921.

Pettigrew T F. Intergroup contact theory[J]. Annual review of psychology, 1998, 49(1): 49, 65-85.

Pettigrew T F, Tropp L R. A meta-analytic test of intergroup contact theory [J]. Journal of personality and social psychology, 2006, 90 (5): 751-783.

Phinney J S. Foreword[M]//Sam D L, Berry J W (eds). The Cambridge handbook of acculturation psychology. New York: Cambridge University Press, 2006: xx.

Phinney J S, Ong A D. Conceptualization and measurement of ethnic identity: Current status and future directions[J]. Journal of counseling psychology, 2007, 54(3): 271.

Pilegge A J, Holtz R. The effects of social identity on the self-set goals and task performance of high and low self-esteem individuals [J]. Organizational behavior and human decision processes, 1997, 70(1): 17-26.

Ponterotto J G, Baluch S, Carielli D. The Suinn-Lew Asian self-identity acculturation scale (SL-ASIA): Critique and research recommendations [J]. Measurement and evaluation in counseling and development, 1998, 31(2): 109-124.

Powell J W. Introduction to the study of Indian languages [M]. 2nd ed. Washington, D.C.: U.S. Government Printing Office, 1880.

Powell J W. Human evolution. Annual address of the president, JW Powell, delivered November 6, 1883 [J]. Transactions of the anthropological society of Washington, 1883, 2: 176-208.

Poyrazli S, Arbona C, Nora A, et al. Relation between assertiveness, academic self-efficacy, and psychosocial adjustment among international graduate students[J]. Journal of college student development, 2002, 43 (5): 632.

Pruitt F J. The adaptation of African students to American society [J]. International Journal of Intercultural Relations, 1978, 2(1): 90-118.

Puck J F, Kittler M G, Wright C. Does it really work? Re-assessing the impact of pre-departure cross-cultural training on expatriate adjustment [J]. The international journal of human resource management, 2008, 19 (12): 2182-2197.

Rahman O, Rollock D. Acculturation, competence and mental health among South Asian students in the United States[J]. Journal of multicultural counseling and development, 2004, 32(3): 130-142.

Ramirez A G, Cousins J H, Santos Y. A media-based acculturation scale for Mexican-Americans: Application to public health education programs [J]. Family & community health, 1986, 9(3): 63-71.

Ramos M R, Cassidy C, Reicher S, et al. A longitudinal study of the effects of discrimination on the acculturation strategies of international students [J]. Journal of cross-cultural psychology, 2016, 47(3): 401-420.

Redfield R, Linton R, Herskovits M J. Memorandum for the study of acculturation[J]. American anthropologist, 1936, 38(1): 149-152.

Redmond M V, Bunyi J M. The relationship of intercultural communication competence with stress and the handling of stress as reported by international students [J]. International journal of intercultural relations, 1993, 17(2): 235-254.

Rehg M T, Gundlach M J, Grigorian R A. Examining the influence of cross-cultural training on cultural intelligence and specific self-efficacy[J]. Cross-cultural management, 2012, 19(2): 215-232.

Reid R J, Brown T L, Andrew Peterson N, et al. Testing the factor structure of a scale to assess African American acculturation: A confirmatory factor analysis [J]. Journal of community psychology, 2009, 37(3): 293-304.

Richmond A H. Reactive migration: Sociological perspectives on refugee movements[J]. Journal of refugee studies, 1993, 6(1): 7-24.

Ritsner M, Modai I, Ponizovsky A. The stress-support patterns and psychological distress of immigrants[J]. Stress medicine, 2000, 16(3): 139-147.

Rodat S. Interculturality and social integration of migrants: Framing the issues[J]. Romanian journal of sociological studies, 2018 (2): 137-147.

Rodriguez N, Myers H F, Mira C B, et al. Development of the

multidimensional acculturative stress inventory for adults of Mexican origin[J]. Psychological assessment, 2002, 14(4): 451-461.

Rosenberg M. Society and the adolescent self-image [M]. Princeton: Princeton University Press, 1965.

Ruben B D. Intrapersonal, interpersonal, and mass communication processes in individual and multi-person systems[M]//Ruben B D, Kim J Y (eds.). General systems theory and human communication. Rochelle Park: Hayden, 1975: 164-190.

Rudmin F W. Critical history of the acculturation psychology of assimilation, separation, integration, and marginalization[J]. Review of general psychology, 2003, 7(1): 3-37.

Rudmin F W. Constructs, measurements and models of acculturation and acculturative stress[J]. International journal of intercultural relations, 2009, 33(2): 106-123.

Rudmin F W, Ahmadzadeh V. Psychometric critique of acculturation psychology: The case of Iranian migrants in Norway[J]. Scandinavian journal of psychology, 2001, 42(1): 41-56.

Ryff C D, Singer B H. Psychological well-being: Meaning, measurement, and implications for psychotherapy research[J]. Psychotherapy and psychosomatics, 1996, 65(1): 14-23.

Ryff C D, Singer B H. Best news yet on the six-factor model of well-being [J]. Social science research, 2006, 35(4): 1103-1119.

Sales A L, Mirvis P H. When cultures collide: Issues in acquisition[M]// Kimberly J R, Quinn R E (eds.). Managing organizational transitions, Homewood: Richard D Irwin Inc., 1984: 107-133.

Sam D L. Satisfaction with life among international students: An exploratory study[J]. Social indicators research, 2001, 53(3): 315-337.

Sam D L, Berry J W. The Cambridge handbook of acculturation psychology [M]. Cambridge: Cambridge University Press, 2006.

Sam D L, Vedder P, Ward C, et al. Psychological and sociocultural adaptation of immigrant youth[M]// Berry J W, Phinney J S, Sam D L, Vedder P (eds.). Immigrant youth in cultural transition: Acculturation, identity, and adaptation across national contexts. London: Routledge,

2006：119-143.

Sam D L, Virta E. Social group identity and its effect on the self-esteem of adolescents with immigrant background[M]//Craven R G, Marsh H W, McInerney D M (eds.). International advances in self research. Sydney: Information age publishers, 2003：347-373.

Sánchez-Hernzndez A. A mixed-methods study of the impact of sociocultural adaptation on the development of pragmatic production[J]. System, 2018, 75：93-105.

Schmitz P G. Acculturation and adaptation processes among immigrants in Germany[M]//Bouvy A, Van de Vijver F J R, Boski P, Schmitz P (eds.). Journeys into cross-cultural psychology: Selected papers from the eleventh international conference of the International Association for Cross-Cultural Psychology held in Liège, Belgium. Lisse: Swets & Zeitlinger Publishers, 1994：142-157.

Schwartz S J, Zamboanga B L. Testing Berry's model of acculturation: A confirmatory latent class approach[J]. Cultural diversity and ethnic minority psychology, 2008, 14(4)：275-285.

Searle W, Ward C. The prediction of psychological and sociocultural adjustment during cross-cultural transitions[J]. International journal of intercultural relations, 1990, 14(4)：449-464.

Segall M H, Dasen P R, Berry J W, et al. Human behavior in global perspective: An introduction to cross-cultural psychology[M]. Oxford: Pergamon Press, 1999.

Selby H A, Woods C M. Foreign students at a high pressure university[J]. Sociology and education, 1966, 39(2)：138-54

Sewell W H, Davidsen O M. Scandinavian students on an American campus [M]. Minneapolis: University of Minnesota Press, 1961.

Shin D C, Johnson D M. Avowed happiness as an overall assessment of the quality of life[J]. Social indicators research, 1978, 5(1—4)：475-492.

Shu F, Ahmed S F, Pickett M L, et al. Social support perceptions, network characteristics, and international student adjustment[J]. International journal of intercultural relations, 2020, 74：136-148.

Simons S E. Social assimilation (VII): Assimilation in the modern world[J].

American journal of sociology, 1901, 7(2): 234-248.

Smith S T. Askut in Nubia: The economics and ideology of Egyptian imperialism in the second millennium B. C. [M]. New York: Kegan Paul International, 1995.

Snowden L R, Hines A M. A scale to assess African American acculturation [J]. Journal of black psychology, 1999, 25(1): 36-47.

Snyder M. Self-monitoring of expressive behavior[J]. Journal of personality and social psychology, 1974, 30(4): 526-537.

Social Science Research Council. Acculturation: An exploratory formulation [J]. American anthropologist, 1954, 56(6): 973-1000.

Sodowsky G R, Lai J, Plake B S. Psychometric properties of the American-international relations scale [J]. Educational and psychological measurement, 1991, 51(1): 207-216.

Sondregger R, Barrett P M, Creed P A. Models of cultural adjustment for child and adolescent migrants to Australia: Internal processes and situational factors[J]. Journal of child and family studies, 2004, 13(3): 357-371.

Spencer-Oatey H, Xiong Z. Chinese students' psychological and sociocultural adjustments to Britain: An empirical study[J]. Language, culture and curriculum, 2006, 19(1): 37-53.

Stewart A, Healy J. Personality and adaptation to change[M]//Hogan R, Jones W (eds.). Perspectives in personality. Greenwich: Elsevier Science Press, 1985: 117-144.

Stone S, Han M. Perceived school environments, perceived discrimination, and school performance among children of Mexican immigrants [J]. Children and youth services review, 2005, 27(1): 51-66.

Suanet I, Van de Vijver F J R. Perceived cultural distance and acculturation among exchange students in Russia[J]. Journal of community & applied social psychology, 2009, 19(3): 182-197.

Suarez-Morales L, Dillon F R, Szapocznik J. Validation of the acculturative stress inventory for children[J]. Cultural diversity and ethnic minority psychology, 2007, 13(3): 216-224.

Suinn R M, Ahuna C, Khoo G. The Suinn-Lew Asian self-identity acculturation scale: Concurrent and factorial validation[J]. Educational and psychological measurement, 1992, 52(4): 1041-1046.

Suinn R M, Khoo G, Ahuna C. The Suinn-Lew Asian self-identity acculturation scale: Cross-cultural information [J]. Journal of multicultural counseling and development, 1995, 23(3): 139-148.

Suinn R M, Rickard-Figueroa K, Lew S, et al. The Suinn-Lew Asian self-identity acculturation scale: An initial report [J]. Educational and psychological measurement, 1987, 47(2): 401-407.

Suldo S M, Huebner E S. Does life satisfaction moderate the effects of stressful life events on psychopathological behavior during adolescence? [J]. School psychology quarterly, 2004, 19(2): 93-105.

Surdam J C, Collins J R. Adaptation of international students: A cause for concern[J]. Journal of college student personnel, 1984, 25 (3): 240-245.

Swami V. Predictors of sociocultural adjustment among sojourning Malaysian students in Britain[J]. International journal of psychology, 2009, 44 (4): 266-273.

Swami V, Arteche A, Chamorro-Premuzic T, et al. Sociocultural adjustment among sojourning Malaysian students in Britain: A replication and path analytic extension[J]. Social psychiatry and psychiatric epidemiology, 2010, 45(1): 57-65.

Szapocznik J, Scopetta M A, Kurtines W, et al. Theory and measurement of acculturation[J]. Interamerican journal of psychology, 1978, 12 (2): 113-130.

Taft R. Coping with unfamiliar cultures[M]//Warren N (ed.), Studies in cross-cultural psychology. London: Academic Press, 1977: 121-153.

Tajfel H. The social psychology of minorities[M]. London: Minority Rights Group, 1978.

Tang T N, Dion K L. Gender and acculturation in relation to traditionalism: Perceptions of self and parents among Chinese students[J]. Sex roles, 1999, 41(1): 17-29.

Taušová J, Bender M, Dimitrova R, et al. The role of perceived cultural distance, personal growth initiative, language proficiencies, and tridimensional acculturation orientations for psychological adjustment among international students[J]. International journal of intercultural relations, 2019, 69: 11-23.

Taylor D. Transculturating transculturation[J]. Performing arts journal, 1991, 13(2): 90-104.

Templer K J, Tay C, Chandrasekar N A. Motivational cultural intelligence, realistic job preview, realistic living conditions preview, and cross-cultural adjustment[J]. Group & organization management, 2006, 31 (1): 154-173.

Teske Jr R H C, Nelson B H. Acculturation and assimilation: A clarification [J]. American ethnologist, 1974, 1(2): 351-367.

Tharenou P. Employee self-esteem: A review of the literature[J]. Journal of vocational behavior, 1979, 15(3): 316-346.

Thomas M, Choi J B. Acculturative stress and social support among Korean and Indian immigrant adolescents in the United States[J]. Journal of sociology and social welfare, 2006, 33: 123-143.

Thurnwald R. The psychology of acculturation [J]. American anthropologist, 1932, 34(4): 557-569.

Torbiörn I. Living abroad: Personal adjustment and personnel policy in the overseas setting[M]. John Wiley & Sons, 1982.

Trice A D, Elliott J. Japanese students in America: II. College friendship patterns[J]. Journal of instructional psychology, 1993, 20(3): 262-264.

Trimble J E. Introduction: Social change and acculturation[M]// Chun K, Balls-Organista P, Martin G (eds.). Acculturation: Advances in theory, measurement, and applied research. Washington, D. C.: American Psychological Association Press, 2003: 3-13.

Tropp L R, Erku S, Coll C G, et al. Psychological acculturation: Development of a new measure for Puerto Ricans on the US mainland [J]. Educational and psychological measurement, 1999, 59 (2): 351-367.

Tropp L R, Pettigrew T F. Differential relationships between intergroup contact and affective and cognitive dimensions of prejudice [J]. Personality and social psychology bulletin, 2005, 31(8): 1145-1158.

Trower P, Bryant B, Argyle M. Social skills and mental health[M]. London: Methuen, 1978.

Udahemuka M, Pernice R. Does motivation to migrate matter? Voluntary and forced African migrants and their acculturation preferences in New Zealand[J]. Journal of pacific rim psychology, 2010, 4(1): 44-52.

Unger J B, Gallaher P, Shakib S, et al. The AHIMSA acculturation scale: A new measure of acculturation for adolescents in a multicultural society [J]. The journal of early adolescence, 2002, 22(3): 225-251.

Valentine S. Self-esteem, cultural identity, and generation status as determinants of Hispanic acculturation [J]. Hispanic journal of behavioral sciences, 2001, 23(4): 459-468.

Valenzuela M A, Rogers S E. Strategizing personality traits: An acculturation approach to person-environment fit and expatriate adjustment [J]. The international journal of human resource management, 2021, 32(7): 1591-1619.

Van der Zee K I, Atsma N, Brodbeck F. The influence of social identity and personality on outcomes of cultural diversity in teams[J]. Journal of cross-cultural psychology, 2004, 35(3): 283-303.

Van der Zee K I, Van Oudenhoven J P. The multicultural personality questionnaire: A multidimensional instrument of multicultural effectiveness[J]. European journal of personality, 2000, 14(4): 291-309.

Van der Zee K I, Van Oudenhoven J P. The multicultural personality questionnaire: Reliability and validity of self- and other ratings of multicultural effectiveness[J]. Journal of research in personality, 2001, 35(3): 278-288.

Vega W, Kolody B, Valle R, et al. Social networks, social support, and their relationship to depression among immigrant Mexican women[J]. Human organization, 1991, 50(2): 154-162.

Vishkin A, Horenczyk G, Ben-nun Bloom P. A motivational framework of acculturation[J]. Brain and behavior, 2021, 11(8): 1-14.

Viswesvaran C, Ones D S. Meta-analyses of fakability estimates: Implications for personality measurement [J]. Educational and psychological measurement，1999，59(2)：197-210.

Vivero V N，Jenkins S R. Existential hazards of the multicultural individual：Defining and understanding "cultural homelessness"[J]. Cultural diversity and ethnic minority psychology，1999，5(1)：6.

Walton S. Stress management training for overseas effectiveness[J]. International journal of intercultural relations，1990，14：507-527.

Ward C. The A，B，Cs of acculturation[M]//Matsumoto D (ed.). The handbook of culture and psychology. Oxford：Oxford University Press，2001：411-445.

Ward C，Berno T，Main A. Can the cross-cultural adaptability inventory predict sojourner adjustment?[M]//Boski P F，Van de Vijver J R，Chodnicka A M (eds.). New directions in cross-cultural psychology. Warsaw：Polish Psychological Association，2002：409-423.

Ward C，Bochner S，Furnham A. The psychology of culture shock[M]. London：Routledge，2001.

Ward C，Chang W C. "Cultural fit"：A new perspective on personality and sojourner adjustment[J]. International journal of intercultural relations，1997，21(4)：525-533.

Ward C，Fischer R，Lam F S Z，et al. Convergent，discriminant and incremental validity of a self-report measure of cultural intelligence[J]. Educational and psychological measurement，2009，69(1)：85-105.

Ward C，Kennedy A. Locus of control，mood disturbance，and social difficulty during cross-cultural transitions[J]. International journal of intercultural relations，1992，16(2)：175-194.

Ward C，Kennedy A. Psychological and socio-cultural adjustment during cross-cultural transitions：A comparison of secondary students overseas and at home[J]. International journal of psychology，1993，28(2)：129-147.

Ward C，Kennedy A. Where's the "culture" in cross-cultural transition? Comparative studies of sojourner adjustment[J]. Journal of cross-cultural psychology，1993，24(2)：221-249.

Ward C，Kennedy A. Acculturation strategies，psychological adjustment，and sociocultural competence during cross-cultural transitions[J].

International journal of intercultural relations, 1994, 18(3): 329-343.

Ward C, Kennedy A. Crossing cultures: The relationship between psychological and socio-cultural dimensions of cross-cultural adjustment [M]//Pandey J, Sinha D, Bhawuk D P S (eds.). Asian contributions to cross-cultural psychology. Thousand Oaks: Sage Publications, Inc., 1996: 289-306.

Ward C, Kennedy A. The measurement of sociocultural adaptation[J]. International journal of intercultural relations, 1999, 23(4): 659-677.

Ward C, Kus L. Back to and beyond Berry's basics: The conceptualization, operationalization and classification of acculturation[J]. International journal of intercultural relations, 2012, 36(4): 472-485.

Ward C, Leong C H, Low M. Personality and sojourner adjustment: An exploration of the Big Five and the cultural fit proposition[J]. Journal of cross-cultural psychology, 2004, 35(2): 137-151.

Ward C, Okura Y, Kennedy A, et al. The U-curve on trial: A longitudinal study of psychological and sociocultural adjustment during cross-cultural transition[J]. International journal of intercultural relations, 1998, 22 (3): 277-291.

Ward C, Rana-Deuba A. Acculturation and adaptation revisited[J]. Journal of cross-cultural psychology, 1999, 30(4): 422-442.

Ward C, Rana-Deuba A. Home and host culture influences on sojourner adjustment[J]. International journal of intercultural relations, 2000, 24 (3): 291-306.

Ward C, Searle W. The impact of value discrepancies and cultural identity on psychological and sociocultural adjustment of sojourners [J]. International journal of intercultural relations, 1991, 15(2): 209-224.

Ward C, Szabó Á. Affect, behavior, cognition, and development: Adding to the alphabet of acculturation[M]//Matsumoto D, Hwang H (eds.). The handbook of culture and psychology. Oxford: Oxford University Press, 2019: 640-692.

Ward C, Szabó Á, Schwartz S J, et al. Acculturative stress and cultural identity styles as predictors of psychosocial functioning in Hispanic Americans[J]. International journal of intercultural relations, 2021, 80:

274-284.

Wellman B. Which types of ties and networks provide what kinds of social support[J]. Advances in group processes, 1992, 9: 207-235.

Williams C, Westermeyer J. Psychiatric problems among adolescent Southeast Asian refugees: A descriptive study [J]. Pacific/Asian American mental health research center newsletter, 1983, 5 (3—4): 22-24.

Williams C L, Berry J W. Primary prevention of acculturative stress among refugees: Application of psychological theory and practice[J]. American psychologist, 1991, 46(6): 632-641.

Williams C T, Johnson L R. Why can't we be friends?: Multicultural attitudes and friendships with international students[J]. International journal of intercultural relations, 2011, 35(1): 41-48.

Wilson J, Ward C, Fetvadjiev V H, et al. Measuring cultural competencies: The development and validation of a revised measure of sociocultural adaptation[J]. Journal of cross-cultural psychology, 2017, 48 (10): 1475-1506.

Wilson J, Ward C, Fischer R. Beyond culture learning theory: What can personality tell us about cultural competence? [J]. Journal of cross-cultural psychology, 2013, 44(6): 900-927.

Wiseman D J. Hammurabi [M]//Preece W E (ed.). Encyclopaedia Britannica. Chicago: William Benton, 1971: 40-41.

Wong-Rieger D, Quintana D. Comparative acculturation of Southeast Asian and Hispanic immigrants and sojourners[J]. Journal of cross-cultural psychology, 1987, 18(3): 345-362.

Woolf M. Impossible things before breakfast: Myths in education abroad[J]. Journal of studies in international education, 2007, 11(3—4): 496-509.

Worchel S. The role of cooperation in reducing intergroup conflict[M]// Worchel S, Austin W G (eds.). Psychology of intergroup relations. Chicago: Nelson-Hall, 1986: 288-304.

Wright S C, Aron A, Tropp L R. Including others (and groups) in the self: Self-expansion and intergroup relations[M]//Forgas J P, Williams K D (eds.). The social self: Cognitive, interpersonal, and intergroup perspectives. New York: Psychology Press, 2002: 343-363.

Wu P C, Ang S H. The impact of expatriate supporting practices and cultural intelligence on cross-cultural adjustment and performance of expatriates in Singapore [J]. The international journal of human resource management, 2011, 22(13): 2683-2702.

Yeh C J. Age, acculturation, cultural adjustment, and mental health symptoms of Chinese, Korean, and Japanese immigrant youths[J]. Cultural diversity and ethnic minority psychology, 2003, 9(1): 34-48.

Yeh C J, Inose M. International students' reported English fluency, social support satisfaction, and social connectedness as predictors of acculturative stress[J]. Counselling psychology quarterly, 2003, 16(1): 15-28.

Yum J. Locus of control and communication patterns of immigrants[M]// Kim Y Y (ed.). Interethnic communication: Current research. Beverly Hills: Sage Publications, Inc., 1986: 191-211.

Zee K V D, Benet-Martínez V, Oudenhoven J P V. Personality and acculturation[M]//Sam D L, Berry J W (eds.). The Cambridge handbook of acculturation psychology (2nd ed.). Cambridge: Cambridge University Press, 2016: 50-70.

Zhang J, Goodson P. Predictors of international students' psychosocial adjustment to life in the United States: A systematic review [J]. International journal of intercultural relations, 2011, 35(2): 139-162.

Zhang Y. Expatriate development for cross-cultural adjustment: Effects of cultural distance and cultural intelligence [J]. Human resource development review, 2013, 12(2): 177-199.

Zimmermann S. Perceptions of intercultural communication competence and international student adaptation to an American campus [J]. Communication education, 1995, 44(4): 321-335.

Zung W W K. A self-rating depression scale[J]. Archives of general psychiatry, 1965, 12(1): 63-70.

致　谢

从课题的立项到本书的出版，共历时 5 年。在此期间，本团队得到了许多的关心和帮助，在此致以最诚挚的感谢！

首先，感谢课题参与人员沈婷玉、王赛妮、楼小婧、沈莉、李雯静等人的艰辛努力和巨大贡献。沈婷玉参与了数据整理、文稿撰写和文字校对等工作，王赛妮参与了文稿撰写和文字校对等工作，楼小婧参与了数据搜集和整理等工作，沈莉参与了文献搜集和数据整理等工作，李雯静参与了文字校对工作。没有她们的参与，本书难以顺利地完成。

其次，感谢教育部"长江学者"特聘教授、浙江师范大学刘鸿武教授。一直以来，刘教授对我们的研究和书稿予以悉心指导，百忙之中对书稿提出深刻、专业的建议，并欣然为本书作序，提携后辈不遗余力。感谢刘教授的关心、爱护、鼓励和指导，在此谨向他致以最诚挚的感谢和敬意。

最后，感谢浙江大学出版社编辑黄静芬的专业建议和热心帮助，也感谢她对我们未能按时交稿的理解和包容。感谢浙江师范大学科研院和外国语学院对本书的资助，也感谢各位领导和同事对本书的支持。本书的引用资料和主要参考文献均有说明，在此也一并对这些作者予以致谢。

本书虽经多次校对，但难免疏漏错误之处，敬请各位专家和读者批评指正！